TUIN
NOORD
SC

Tuinenreisgids

Noord-Engeland en Schotland

Hanneke van Dijk
met foto's van George M. Otter

GOTTMER • HAARLEM

Foto omslag: Cawdor Castle (blz. 67)

Voor de foto's in deze gids heeft de fotograaf George M. Otter vanwege de kwaliteit Kodak-films gebruikt

Omslagontwerp: Ton Ellemers
Cartografie: G-O Graphics, Wijk bij Duurstede
ISBN 90 257 2787 5 / NUGI 471/411

CIP-GEGEVENS KONINKLIJKE BIBLIOTHEEK DEN HAAG

Inhoud

Woord vooraf

Alle tuinen, van grote landschapsparken tot kleine cottagetuintjes, hebben hun eigen verhaal. Sommige tuineigenaren erfden de tuin van hun voorouders, die er al generaties lang woonden. Zij koesteren hun bezit en bewaren het voor hun kinderen. In deze tuinen vinden we een stukje geschiedenis. Veel grote tuinen en landgoederen zijn echter geen particulier eigendom meer, maar bijvoorbeeld overgenomen door The National Trust. Er zijn ook veel tuinen bij die de mensen zelf hebben aangelegd en gemaakt tot wat ze nu zijn.

De keuze van tuinen in dit boek is een zeer persoonlijke geweest, maar zo divers mogelijk. U treft hier dus grote landschapsparken aan, maar ook intieme cottagetuinen. Alle tuinen zijn in alfabetische volgorde opgenomen en niet per *county* gerangschikt. Wel hebben we achter in het boek een opsomming van de tuinen per graafschap opgenomen. De tuinen zijn allemaal genummerd; de nummers zijn op de kaart op blz. 8 en 9 terug te vinden.

Omdat sommige tuinen moeilijk te vinden zijn, hebben we bij de routebeschrijving de *AA Big Road Atlas Britain* gebruikt. Het eerste getal achter AA verwijst naar het kaartnummer. Van de vier cijfers die erachter staan, zijn het eerste en derde cijfer vet gedrukt. Zo staat bij Kellie Castle (109) AA 83 **5**2**0**5. We kijken dus op kaart 83. Bij de cijfers onderaan de kaart zoeken we eerst de 5; de eerste twee cijfers zijn 52, dus ligt de tuin op 2/10 rechts van de 5. Aan de linkerkant (van de uitgeklapte atlas) staan ook weer cijfers en daar nemen we de 0 en 5/10 deel daarboven. Trekken we deze twee lijnen door, dan komen we bij Kellie Castle uit. Deze cijfers zijn vaak niet op de millimeter nauwkeurig, want soms is het dichtstbijzijnde plaatsje aangegeven. Door bij de routebeschrijving wegnummers op te geven wordt het zoeken vergemakkelijkt.

Achter in het boek vindt u informatie over typisch Engelse en Schotse instituten zoals de *National Council for the Conservation of Plants & Gardens, The National Gardens Scheme Charitable Trust, Scotland's Garden Scheme, The National Trust* en *The National Trust for Scotland.* Hiernaar wordt in de beschrijvingen van de tuinen regelmatig verwezen.

Hanneke van Dijk, auteur, en George M. Otter, fotograaf

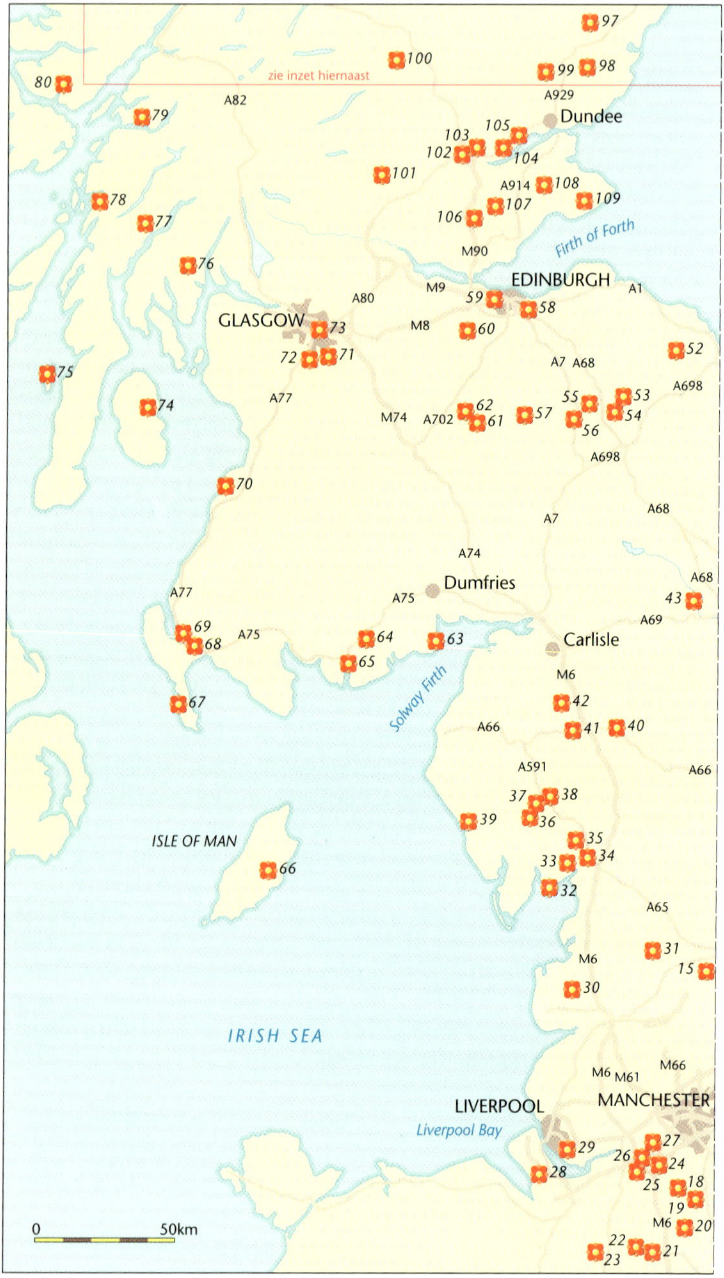
zie inzet hiernaast
97
100
99
98
80
A82
A929
Dundee
79
105
103
102
104
101
A914
108
109
78
107
77
106
Firth of Forth
M90
76
EDINBURGH
M9
A1
A80
59
58
GLASGOW
73
M8
60
72
71
52
75
A7
A68
A698
74
A77
55
53
62
M74
A702
57
54
61
56
A698
70
A68
A7
A74
A68
Dumfries
A77
A75
43
A69
69
A75
64
63
Carlisle
68
65
Solway Firth
M6
67
42
A66
41
40
A591
A66
37
38
39
36
35
ISLE OF MAN
33
34
66
32
A65
31
15
M6
30
IRISH SEA
M6
M61
M66
MANCHESTER
LIVERPOOL
Liverpool Bay
27
29
26
24
28
25
18
19
M6
20
0
50km
22
21
23

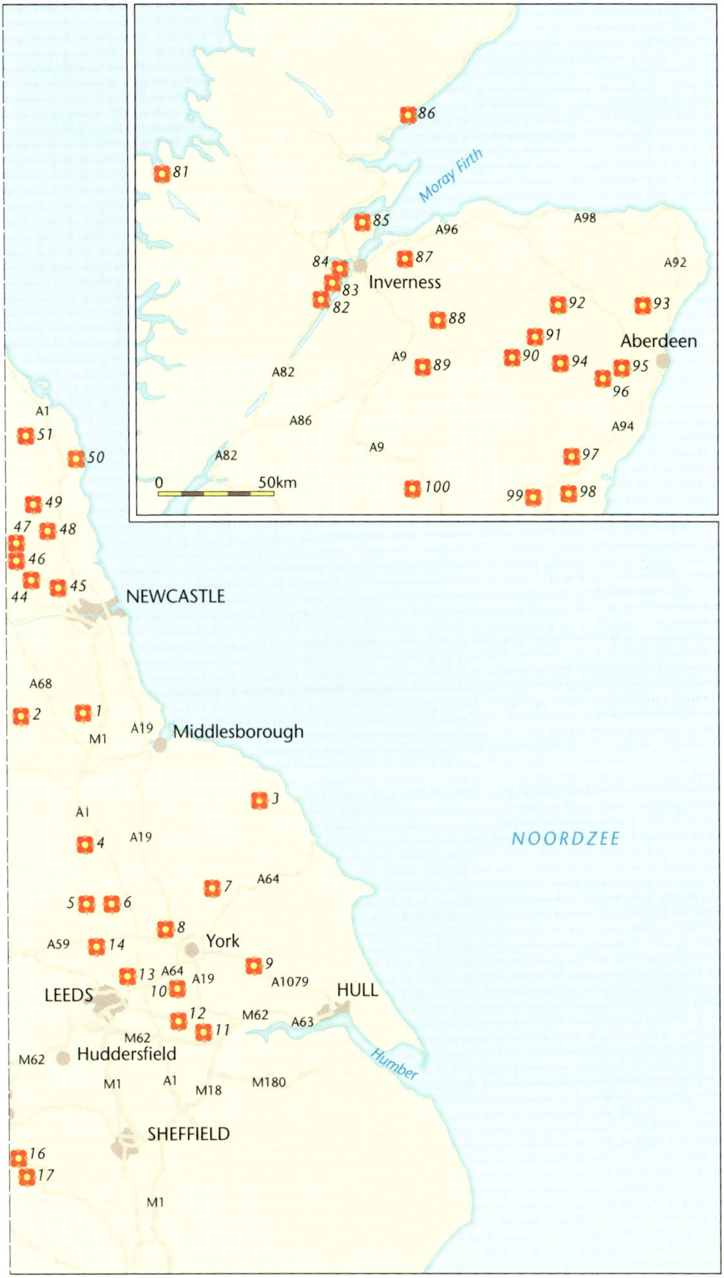
86
81
Moray Firth
85
A96
A98
84
87
A92
83
Inverness
82
92
93
88
91
Aberdeen
A9
90
94
95
89
A82
96
A86
A94
A9
A82
97
0
50km
100
99
98
A1
51
50
49
47
48
46
45
44
NEWCASTLE
A68
2
1
A19
Middlesborough
M1
3
A1
4
A19
NOORDZEE
7
A64
5
6
8
A59
14
York
9
13
A64
A19
A1079
LEEDS
10
HULL
12
M62
A63
11
M62
Huddersfield
M62
Humber
M1
A1
M18
M180
SHEFFIELD
16
17
M1

Legenda

1 Houghall College Gardens
2 Rookhope Nurseries
3 Perry's Plants
4 Thorp Perrow Arboretum
5 Studley Royal
6 Newby Hall
7 Castle Howard
8 Beningbrough Hall
9 Burnby Hall
10 Stillingfleet Lodge Nurseries
11 Norden Alpines
12 Yorkshire Garden World
13 Bramham Park
14 Harlow Carr Botanical Gardens
15 Tan Cottage
16 Lyme Park
17 Dunge Farm Gardens
18 Capesthorne Hall
19 Gawsworth Hall
20 Little Moreton Hall
21 Bridgemere Garden World
22 Stapeley Water Gardens
23 Cholmondeley Castle
24 Tatton Park
25 Arley Hall
26 Caddick's Clematis Nursery
27 Dunham Massey
28 Ness Botanic Gardens
29 Calderstones Park
30 Catforth Gardens
31 Holden Clough Nursery
32 Holker Hall
33 Halecat
34 Levens Hall
35 Sizergh Castle
36 Hill Top
37 Brockhole
38 Holehird Gardens
39 Muncaster Castle
40 Acorn Bank
41 Dalemain
42 Hutton-in-the-Forest
43 Hexham Herbs
44 Belsay Hall
45 Kirkley Hall College
46 Wallington
47 Herterton House
48 Bide-a-Wee Cottage
49 Cragside
50 Howick Hall
51 Chillingham Castle
52 Manderston
53 Mellerstain
54 Mertoun Gardens
55 Priorwood
56 Abbotsford
57 Kailzie Gardens
58 Inveresk Lodge
59 Royal Botanic Garden Edinburgh
60 Malleny House
61 Dawyck Botanic Garden
62 Broughton Place
63 Arbigland
64 Threave Garden
65 Broughton House
66 Ballalheannagh Gardens
67 Logan Botanic Garden
68 Glenwhan Garden
69 Castle Kennedy
70 Culzean Castle
71 Kittoch Mill
72 Greenbank Garden
73 Glasgow Botanic Gardens
74 Brodick Castle
75 Achamore Gardens
76 Younger Botanic Garden
77 Crarae Gardens
78 Arduaine Garden
79 Ardchattan Priory
80 Ardtornish
81 Inverewe
82 Abriachan Nurseries
83 Dochfour Estate
84 Ardfearn Nursery
85 Poyntzfield Herb Nursery
86 Dunrobin Castle
87 Cawdor Castle
88 Speyside Heather
89 Inshriach Nursery
90 Candacraig Gardens
91 Kildrummy Castle Gardens
92 Leith Hall
93 Pitmedden Garden
94 The Scottish Bamboo Nursery
95 Drum Castle
96 Crathes Castle
97 Edzell Castle
98 House of Pitmuies
99 Glamis Castle
100 Cluny House
101 Drummond Castle
102 Bell's Cherrybank Gardens
103 Branklyn Garden
104 Glendoick Gardens
105 Megginch Castle
106 Kinross House
107 Falkland Palace
108 Hill of Tarvit
109 Kellie Castle

ABBOTSFORD (56), BORDERS, SCHOTLAND

What a romance of a house I am making which is to be neither castle or abbey (God forbid) but an old Scottish manor house (...) it is in the bravura style of building or, if you will, what a romance is in poetry or a melo-drama in modern theatricals.

Abbotsford was voor Sir Walter Scott (1771–1832) een gedicht in steen, de zevende Waverley-roman, zijn trots, maar ook zijn ondergang. In 1811 kocht hij een boerderij aan de oever van de rivier de Tweed. De naam van het huis werd veranderd in Abbotsford en het huis werd in de loop der jaren uitgebouwd tot wat we nu zien. Hij kon het huis en de bijbehorende grond kopen, omdat hij veel verdiend had met zijn gedichten. Scott was een van de weinigen die tijdens zijn leven bestsellers schreef, die in oplagen werden verkocht waar we nu nog jaloers op kunnen zijn. In Abbotsford begon Scott met het schrijven van zijn Waverley-romans, die ook zeer goed verkochten. Het vele geld dat hij hiermee verdiende, stopte hij in zijn huis. Niet alleen zijn boeken en gedichten hadden destijds grote invloed, maar ook zijn huis. Koningin Victoria en prins Albert waren grote bewonderaars van hem en mede daardoor was Sir Walter niet alleen in Schotland bekend, maar in heel Engeland. Toen in 1826 de Londense banken bankroet gingen ontdekte Scott dat hij geruïneerd was. Vrienden boden aan hem te helpen, maar Scott antwoordde: 'My own right hand shall pay my debt.' Hij zette zich zo fanatiek aan het schrijven, dat hij dit met zijn dood moest betalen, maar hij zorgde er wel voor dat Abbotsford voor zijn kinderen bewaard bleef. Al vrij snel na zijn overlijden werd Abbotsford een bedevaartsoord voor bewonderaars en dat is het nog steeds.

Zijn rechtstreekse afstammelingen Patricia Maxwell-Scott en haar zus Dame Jean Maxwell-Scott wonen er nu. Hun vader was de achter-achterkleinzoon van Sir Walter Scott. Zij wonen in de Victoriaanse vleugel die in 1855 aan het huis werd gebouwd om de massa's mensen die het huis bezochten te kunnen ontvluchten. Destijds mochten de bezoekers nog niet in de tuinen lopen, nu wel. Alleen de ommuurde tuin houden ze dicht tot de aardbeien en frambozen op zijn, maar daarna kan iedereen genieten van de mooie borders van eenjarigen, die zorgvuldig zijn gekweekt door tuinman Andrew en zijn *under gardeners*. Met deze border op de voorgrond is het huis – een gruwel voor architecten – een sprookjeskasteel. Rozenbogen, buxushaagjes, groente, fruit en een stijlvol kasje completeren de ommuurde tuin. Achter het huis liggen terrassen met gazons en onderaan zien we een lange buxushaag met een poort. Door de poort loopt een pad naar de rivier de Tweed. Mrs. Patricia Maxwell-Scott vertelt dat deze haag door

Abbotsford, het sprookjeskasteel van Sir Walter Scott.

hun grootvader werd aangeplant. Hij speelde graag tennis, ook 's zondags, en iedere keer als de dominee langskwam kreeg hij commentaar. Door de taxushaag en een trellis met rozen kon de dominee hem niet meer zien. Op het voorplein van het huis staan taxusbollen en een fontein en in een taxushaag tegen een muur zitten vijf medaillons van het oude kruis van Edinburgh om en om met zes stenen uit een Romeinse nederzetting bij Old Penrith. Voor de ingang staat een stenen grafbeeld van Maida, de *deerhound* van Sir Walter Scott. De Latijnse inscriptie op de sokkel luidde volgens Scott in het Engels:

Beneath the sculptured form which late you wore
Sleep soundly, Maida, at your master's door.

Maida was een van de meer dan dertig honden die Scott in zijn leven heeft gehad. Zijn kleine hondjes gaf hij namen als Cinnamon, Ketchup, Salt, Vinegar, Spice en Ginger. Binnen zien we een klein schilderijtje van Ginger, de border terriër.
Natuurlijk moeten we het huis bekijken waar Sir Walter Scott woonde en werkte, de bibliotheek met de 9000 door hem verzamelde boeken, zijn studeerkamer met zijn bureau, waar in 1935 in een paar geheime laden 57 brieven werden gevonden. Deze brieven, een gedeelte van de correspondentie tussen Sir Walter en zijn vrouw, zijn in 1937 gepubliceerd onder de titel *The Letters of Sir Walter Scott.* In de wapenkamer zijn alle muren behangen met door hem verzamelde wapens en andere curiositeiten. We zien er ook de dolk en de beurs van Rob Roy. Sir Walter Scott schreef als eerste een boek over Rob Roy, waarin hij van deze bandiet, die van

1671 tot 1731 leefde, een romantische held maakte. Rob Roy wordt wel de Schotse Robin Hood genoemd. Scott verzamelde al deze voorwerpen, omdat hij een zeer grote belangstelling had voor het verleden en als schrijver wilde hij dit verleden toegankelijk maken voor zijn tijdgenoten. Hoewel we nu zijn historische romans moeilijk leesbaar vinden (de Lady van de winkel bekende dat zij nooit verder was gekomen dan bladzijde 70), waren zijn boeken destijds van grote invloed op de manier waarop men tegen de geschiedenis aankeek. Misschien lijkt Scott in huis wat meer aanwezig dan in de tuin, maar vergezeld van zijn honden zal hij er net als Mrs. Patricia Maxwell-Scott menige wandeling hebben gemaakt.

ADRES

Abbotsford, Melrose, Roxburghshire, Borders TD6 9BQ, Schotland, tel. 01896-752043.

ROUTEBSCHRIJVING

AA 76 **5134**: 5 km ten westen van Melrose, via de A6091 en de B6360.

EIGENAAR

Mrs. Patricia Maxwell-Scott.

OPENINGSTIJDEN

Dagelijks van de derde maandag in maart tot 31 oktober van 10.00 tot 17.00 uur. Zondag van 14.00 tot 17.00 uur.

FACILITEITEN

Tearoom, winkel.

SPECIALITEITEN

Uitzicht, ommuurde tuin.

IN DE BUURT

Mellerstain (53), Mertoun Gardens (54), Priorwood (55).

ABRIACHAN NURSERIES (82), Highland, Schotland

De kwekerij ligt op een zuidhelling, slechts een weg verwijderd van Loch Ness, en is gespecialiseerd in bijzondere vaste planten en rotsplanten. Rond de kwekerij is geen plekje onbeplant. De rotsplanten staan in verhoogde bedden en voelen zich in deze ruige omgeving op hun best. De eigenaren van de kwekerij zijn echter gespecialiseerd in primula's en vooral in de ouderwetse soorten en cultivars. In een stukje tuin, het hazelaarbosje, groeien behalve alle inheemse primula's ook de primula's die zij op hun kwekerij verkopen. Elk jaar komen daar een aantal nieuwe bij en ze hebben nu al meer dan 75 verschillende soorten in hun catalogus staan. 'April Rose' is een laatbloeiende primula met rode, gevulde bloemen. Blutenkissen heeft grote, donkerrode bloemen. De primula's van de Butterscotch-groep variëren van botergeel tot caramelbruin. Tot de Blue Striped Victorian Group behoren primula's die blauw en violet geaderd en gestreept zijn. De Muted Vic-

Een schitterende combinatie van eenjarigen bij Abriachan Nurseries.

torians zijn violet, grijs en blauw van kleur. In de tuin, die helemaal naar boven doorloopt, is behalve het hazelaarbosje ook een Jekyll-border te zien, met planten die van koele naar warme kleuren verlopen. In de tuin zijn veel eenjarigen verwerkt in subtiele combinaties en we zagen *Nicotiana* 'Lime Green' gecombineerd met groot trilgras, *Briza maxima* en witte slaapmutsjes *Eschscholtzia californica* 'Albion'. Liefhebbers van primula's kunnen hier hun hart ophalen. We vinden hier ook andere onbekende planten, zoals de sterk geurende kamperfoelie *Lonicera japonica* 'Cream Cascade'. Vergeet vooral niet van bovenaf richting Loch Ness te kijken: een kwekerij met zo'n uitzicht heeft niet iedereen.

ADRES

Abriachan Nurseries, Loch Ness Side, bij Inverness, Highland IV3 6LA, Schotland, tel. 0146-3861232.

ROUTEBSCHRIJVING

AA 92 5634: 13 km ten zuidwesten van Inverness, langs de A82. Neem niet een zijweg die naar Abriachan zelf gaat.

EIGENAAR

Mr. en Mrs. D. Davidson.

OPENINGSTIJDEN

Van 1 februari tot eind november dagelijks van 9.00 tot 19.00 uur.

FACILITEITEN

Tearoom van 11.00 tot 18.00 uur.

SPECIALITEITEN

Kwekerij.

IN DE BUURT

Dochfour Estate (83), Ardfearn Nursery (84), Poyntzfield Herb Nursery (85).

ACHAMORE GARDENS (75), STRATHCLYDE, SCHOTLAND

In 1944 kocht Sir James Horlick een eiland, Gigha genaamd. Op dit eiland stond het Achamore House, in 1884 gebouwd door Captain William Scarlett. Omdat de Captain van jagen hield, had hij grote delen van het eiland beplant met bomen. In zijn tuin plantte hij een aantal rhododendrons. Sir James Horlick hield niet van jagen, maar wel van rhododendrons. De cultivars van zijn voorganger hadden het niet overleefd, maar de onderstammen hiervan, *Rhododendron ponticum*, wel. Sir James kapte kleine open plekken in het bos, verwijderde de ponticums en plantte zijn eigen rhododendrons, en allerlei bijzondere heesters en bomen, zoals camellia's, *Eucryphia*, verschillende soorten *Nothofagus*, *N. cunninghammii* en *N. dombeyi*. In de ommuurde tuin, die uit twee gedeelten bestaat, plantte hij bijzondere coniferen en kweekte hij zijn rhododendrons in kassen. Hij maakte een Pond Garden en beplantte die met hosta, astilbe, gunnera, primula's en *Lysichitum*. Hij plantte lijsterbessen, berken en sierkersen. De Malcolm Allan Garden is genoemd naar de *head gardener* die de tuin onder zijn leiding van 1918 tot 1970 zag groeien. Door het zachte klimaat van het eiland – er is nooit strenge vorst – groeien in de tuinen van Achamore veel planten die bij ons niet winterhard zijn. Men zegt dat Achamore Gardens een van de mooiste collecties rhododendrons van Schotland heeft, en dat de collectie zoveel andere, bijzondere planten bevat, dat het wel een botanische tuin lijkt. In de tuin zijn twee wandelingen uitgezet, één van 30–40 minuten en een langere van ongeveer twee uur. Natuurlijk is het ook mogelijk om zonder de pijlen te volgen door de tuin te dwalen en je te verbazen over deze bijzondere tuin. Voor wie ook de rest van het kleine eiland wil bekijken en aan één dag niet genoeg heeft, bestaat de mogelijkheid om in een van de cottages of in het Gigha Hotel te overnachten. Onder het genot van een *large bitter* zal de familie Holt, nu eigenaar van het eiland en dus ook van de tuin, er ongetwijfeld alles over vertellen.

ADRES

Achamore Gardens, Isle of Gigha, Argyll, Strathclyde PA41 7AA, Schotland, tel. 01583-505254.

ROUTEBSCHRIJVING

AA 72 **6348**: de A83 naar Tayinloan, vandaar de pont naar Gigha.

EIGENAAR

Mr. en Mrs. Derek en June Holt.

OPENINGSTIJDEN

Dagelijks van zonsopgang tot zonsondergang.

FACILITEITEN

Hotel.

SPECIALITEITEN

Rhododendrons, camellia's.

ACORN BANK (40), Cumbria

'Staie, Passenger, tell me my name and thy nature.'
'Thy name is Dieall, I a mortal creature.'
'Since my name and thy nature soe agree
Think of thyself when thou looks upon me.'

Na dit tweegesprek met de 17de-eeuwse zonnewijzer die op het voorplein staat, wordt al snel duidelijk dat we het huis niet kunnen bezoeken. Dit met klimrozen ('Gloire de Dijon') begroeide huis is een tehuis voor oudere gehandicapten. Via de duiventil komen we in de ommuurde tuin. De muren werden eind 17de eeuw gebouwd om een beschutte plaats voor fruit en groente te scheppen. Tegen de muren werd leifruit geplant en er was zelfs een muur die door een ingenieus systeem werd verwarmd (door terracotta-buizen werd warme lucht geblazen), zodat vorstschade werd voorkomen en het fruit eerder rijp was. Meteen rechtsom leidt een poort naar de trots van *head gardener* Chris Braithwaite: hij maakte hier een kruidentuin die met zijn meer dan 250 soorten kruiden de grootste van Noord-Engeland is. De kruiden staan niet in door buxus omhaagde perken, maar zijn in drie lange borders gerangschikt. Hierdoor lijken het op het eerste gezicht gewone vaste-plantenborders. In de tuin staan zowel keuken- als medicinale kruiden, verfkruiden en strooikruiden. Tussen de vaste planten, heesters en halfheesters mogen de eenjarige kruiden zich vrijelijk uitzaaien. De enige kruiden die Chris Braithwaite wat erg opdringerig vindt zijn de muntsoorten, het zeepkruid (*Saponaria officinalis*) en de kruidvlier (*Sambucus ebulus*). Hij houdt deze binnen de perken door er eenjarigen omheen te planten. De munten verjongt hij elk jaar door nieuwe uitlopers te planten, stekken te nemen en de oude planten te verwijderen. Met munt in potten in de grond heeft hij minder goede ervaringen. In een kasje uit de jaren dertig dat in 1987 werd gerestaureerd, kweekt hij de niet geheel winterharde kruiden. Speurend naar kruiden die vroeger in Engeland veel werden gebruikt kwamen we wede (*Isatis tinctoria*), echte heemst (*Althaea officinalis*) en *Meum athamanticum* tegen. De wortels van deze laatste plant, die *baldmoney* of *spignel* wordt genoemd, werden in de Schotse hooglanden als groente gegeten. Met wede, *woad*, verfden de Britten zichzelf in de 1ste eeuw donkerblauw om de Romeinse soldaten te laten schrikken. Marsh mallows kent iedereen als de roze en witte 'spekjes' waarvan je eet tot je er misselijk van wordt. De Engelse naam voor echte heemst is *marsh mallow* en van de wortels van die planten werden vroeger de echte marsh mallows gemaakt.
Het andere gedeelte van de ommuurde tuin bestaat uit een boomgaard met oude appel- en perenrassen, morellen, kweeperen,

Een van de kruidenborders van Acorn Bank.

moerbeien en mispels. In het voorjaar komen onder de bomen tussen het gras de narcissen, anemonen en tulpen te voorschijn en in juni zelfs Turkse lelies (*Lilium martagon*). In het gras worden paden uitgemaaid. Chris Braithwaite heeft eens ter gelegenheid van Apple Day een figuur in het gras uitgemaaid, een Snake in the Grass. Hij vond het wel toepasselijk dat een slang vanuit de boomgaard op weg was naar de Eden Valley. Rondom de boomgaard liggen tegen de muren borders met heesters en vaste planten en de boomgaard wordt in tweeën gedeeld door een pad dat afgezet is met taxushagen en rijen *Prunus cerasus* 'Rhexii'. Deze sierkersen zorgen half mei met hun witte gevulde bloemen voor een spectaculaire show.

Door een hek komen we vanuit de ommuurde tuin in het paradijs voor wilde planten en dieren, het Wildlife Sanctuary van Dorothy McGrigor Phillips. Deze schrijfster kocht het huis in 1930 en maakte de tuinen zoals ze nu zijn, met uitzondering van de kruidentuin, die de National Trust aanlegde nadat zij het huis in 1950 van haar hadden gekregen. Deze wilde tuin is vooral in het voorjaar een plaatje, want dan bloeien er massa's sneeuwklokjes, anemoontjes en wilde narcissen (*Narcissus pseudonarcissus*). Dit wilde narcisje is slechts een van de meer dan 60 verschillende soorten die hier bloeien. Hier zien we ook waaraan het huis zijn naam te danken heeft, want er staan veel 'eikels' (*acorns*). Vlak bij het huis ligt een ronde vijver in een verdiepte tuin, waar kleine rotsplantjes vrolijk over de trap en het terras kruipen. Een prachtig hekwerk uit Verona completeert het geheel. Door het bos kan een wandeling gemaakt worden naar een oude molen.

ADRES

Acorn Bank, Temple Sowerby, bij Penrith, Cumbria CA10 1SP, tel. 017683-61893.

ROUTEBSCHRIJVING

AA 59 **6**1**2**8: 10 km ten oosten van Penrith, langs de A66.

EIGENAAR

The National Trust.

OPENINGSTIJDEN

Van 1 april tot 31 oktober dagelijks van 10.00 tot 17.30 uur.

FACILITEITEN

Kleine winkel, plantenverkoop. Tearoom van Hazel Dene Nursery een paar km verder langs de B6412 (zijweg van de A66), dagelijks geopend van 10.00 tot 17.00 uur (zaterdag en zondag tot 6 uur).

SPECIALITEITEN

Kruidentuin, narcissen, borders.

IN DE BUURT

Dalemain (41), Hutton-in-the-Forest (42).

ARBIGLAND (63), Dumfries & Galloway, Schotland

During our lifetime we are only trustees for generations yet unborn.

Met deze wijze woorden van koning George VI in gedachten besloot Captain Beauchamp Blackett om de tuin van zijn grootmoeder in stand te houden. Toen zij in 1919 in Arbigland kwam wonen, legde zij de verdiepte tuin aan, de terrassen met uitzicht op zee, en liet zij het House-on-the-Shore bouwen. Doordat ze zelf voor de stenen zorgde en toezicht hield op de bouw, kostte dit huis in 1936 slechts £2000. Het oorspronkelijke huis van Arbigland werd in 1500 gebouwd, maar om de een of andere reden voldeed dit niet, en omstreeks 1750 werd het grote huis, Arbigland Hall, gebouwd zoals we het nu zien. Vanaf deze plaats is het uitzicht veel mooier, maar het is minder geschikt voor planten, daarom liggen er ook geen tuinen dicht bij het huis.
De ommuurde tuin uit 1745 wordt op het moment niet meer gebruikt. In oude boeken is nog het een en ander over de tuin te vinden en zo lezen we dat er in 1894 drie tuinlieden waren die respectievelijk £1, 11s en 10s per week verdienden, en dat de totale uitgaven voor de tuin in dat jaar £241 9s 2d bedroegen, inclusief lonen, kolen voor de kas en planten. In 1907 kostten 24 azalea's uit Holland £1 11s. Dat waren nog eens tijden!
Arbigland maakt deel uit van 560 ha bouwland, dat elk jaar duizenden tonnen graan produceert plus het wintervoer voor 500 koeien en 1000 schapen en bos voor timmerhout. Daarom is het

De romantische tuin van Arbigland komt uit bij zee.

niet verwonderlijk dat in deze tuin geen overweldigende borders te vinden zijn en geen vlekkeloze gazons. De eigenaar vindt dat een tuin leeft en niet altijd in de hand te houden is, zodat niet elk hoekje even opgeruimd kan zijn, en dat is juist de charme van Arbigland. Het is een romantische tuin met een bospad – de Broad Walk – onder prachtige grote bomen, en onder die bomen een zachte, groene vloer van mos, klaver en varens. Dit pad leidt naar de zee en hier zien we de Devil Stone, een stuk steen dat de duivel uit de aarde heeft gebeten toen deze nog warm was, en op deze plaats uitgespuugd. Zijn tandafdrukken staan er nog in. In de verdiepte tuin, die grootmoeder op de fundamenten van het oorspronkelijke huis aanlegde, staan rozen, lavendel en tuinanjertjes. Vanaf deze tuin loopt een pad naar een grote vijver en daarachter ligt Japan, een stuk tuin met Japanse esdoorns en azalea's.
In het bos staan niet alleen veel bijzondere en grote bomen, maar ook veel rhododendrons, hortensia's, viburnums, kornoeljes en toverhazelaars. Honderd van deze bomen en heesters staan op een lijst en zijn met een nummer aangegeven. Op deze top 100-lijst staat een plattegrond waar ze in de tuin te vinden zijn. Arbigland is echt een tuin om rustig rond te dwalen en te genieten van het uitzicht naar zee.

ADRES

Arbigland, Kirkbean, Dumfries & Galloway DG2 8BQ, Schotland, tel. 01387-880283.

ROUTEBESCHRIJVING

AA 66 **9857**: 20 km ten zuiden van Dumfries, langs de A710.

EIGENAAR

Captain en Mrs. J.B. Blackett.

OPENINGSTIJDEN

Van 1 mei tot eind september dagelijks, behalve op maandag (wel op Bank Holidays) van 14.00 tot 18.00 uur.

FACILITEITEN

Tearoom.

SPECIALITEITEN

Oude bomen, rhododendrons, verdiepte tuin, uitzicht op zee.

IN DE BUURT

Threave Garden (64), Broughton House (65).

ARDCHATTAN PRIORY (79), Strathclyde, Schotland

De monniken van de orde der Valliscaulianen mochten niet praten, geen vlees eten, moesten zonder matras slapen en zevenmaal per 24 uur een dienst bijwonen. Dat was bepaald geen pretje, maar ze kozen er zelf voor. Ze waren afkomstig uit Val des Choux in Frankrijk en op verschillende plaatsen zijn in steen gebeitelde koolbladeren te zien. Alexander II, die van 1213 tot 1249 in Schotland regeerde, tolereerde deze orde omdat ze geen contacten hadden met Engeland. Over monniken zijn natuurlijk altijd leuke verhalen te vertellen. Zo was er aan de overkant van het klooster van Ardchattan een nonnenklooster; soms nam de abt een non mee naar het klooster. Toen er eens een onverwachte bezoeker langskwam, werd de non verborgen in een geheime bergplaats onder de vloer. De bezoeker bleef echter overnachten en het verhaal gaat dat de non er nog steeds verstopt zit. Na de reformatie werd Ardchattan Priory eigendom van de laatste abt en werd het een woonhuis. Zijn vader, Sir John Campbell, was in 1510 al uit de orde gestapt en getrouwd met Mureil Calder (nu Cawdor).
Aan de naam is te zien dat het huis nog steeds in bezit is van de familie. In de tuin worden we aan de monniken herinnerd door de Monk's Pond, waar geen water meer in staat, maar waarin de monniken hun vis vers hielden. De monniken hadden, net als de tegenwoordige Laird (landheer) van Ardchattan, het recht om in de monding van de rivier de Awe zalm en zeeforel te vissen. De tuinen, die slechts door een smalle weg van Loch Etive gescheiden zijn, werden pas in 1830 aangelegd. Achter en rond de vijver staan verschillende heesters waaronder 18 verschillende lijsterbessen. Vanaf het huis naar het *loch* ligt een border met vaste planten en heesters en in het aangrenzende gazon een bed met azalea's uit 1900. Aan de zijkant van het huis bevinden zich een rotstuin en een gemengde border met oude rozen. In dit gedeelte liggen de

Ardchattan Priory is een combinatie van huis, tuin, klooster en ruïne.

ruïnen van de oude kapel. De kerk is in de 17de eeuw door brand verwoest. Over de reden daarvan zijn verschillende verhalen in omloop en de recentste is dat de Laird van Ardchattan in februari 1654 deelnam aan een beweging die tegen de regering van Cromwell was en dat de mannen van Cromwell toen de boel in brand gestoken hebben. De ruïne is goed onderhouden en ligt er zeer schilderachtig bij. Het huis dat uit het klooster is ontstaan bevat nog heel veel overblijfselen daarvan en is het op een na oudste bewoonde huis van Schotland. De combinatie van huis, tuin, klooster, ruïne en uitzicht maken het de moeite waard even de Connel Bridge over te steken om ervan te genieten. Vergeet niet om thee te gaan drinken; de scones zijn zelfgebakken en de jam is zelfgemaakt.

ADRES

Ardchattan Priory, Benderloch, Loch Etive, Strathclyde, Schotland.

ROUTEBSCHRIJVING

AA 80 **97**3**5**: 20 km ten noordoosten van Oban (kaart 79), via de A85, dan linksaf de A828, de Connel Bridge, en meteen over het water rechtsaf. Langs Loch Etive blijven rijden. Ardchattan wordt aangegeven.

EIGENAAR

Lieutenant-Colonel R. Campbell-Preston.

OPENINGSTIJDEN

Van 1 april (of Pasen als dit eerder valt) tot 31 oktober van 9.00 tot 21.00 uur.

FACILITEITEN

Tearoom, plantenverkoop.

SPECIALITEITEN

Ruïnen van klooster, uitzicht, rozen.

ARDFEARN NURSERY (84), HIGHLAND, SCHOTLAND

De kwekerij ligt op een mooie plaats aan de zuidkant van het water de Beauly Firth met uitzicht op de berg Ben Wyvis, de Strathconon-heuvels en het Black Isle. En waaien dat het er doet! Toch heeft Jim Sutherland deze plaats met opzet gekozen, zodat hij planten kan kweken die goed tegen het ruige Schotse klimaat kunnen. Het sortiment planten dat hij samen met zijn zoon Alasdair kweekt is zeer bijzonder. De planten zijn afkomstig uit de hele wereld en Jim en Alasdair introduceren voortdurend nieuwe soorten en cultivars. Vaak gaan ze zelf op (verre) reis om zaden en planten te verzamelen. Al bij de ingang zien we planten in troggen, verhoogde bedden en borders. In het verkoopgedeelte staan niet alleen rots- en alpiene planten op alfabet gerangschikt, maar er is ook een mooie collectie zelfgekweekte heesters, fruitbomen en borderplanten.
Voor een bezoek aan de kwekerij moet je toestemming vragen, maar de echte liefhebber moet zich deze kans niet laten ontgaan. Op uiterst moderne manier worden hier de planten in bakken gekweekt, die in de winter door glas worden afgedekt. Ze krijgen water van onderaf door een ingenieus systeem dat berust op capillaire werking. Als mensen die op deze kwekerij rondlopen af en toe een plantje zouden optillen om het beter te bekijken, wordt de capillariteit verbroken en als de plant dan weer wordt teruggezet krijgt hij geen water meer en gaat hij dood. Hier worden heel bijzondere planten gekweekt, die nergens anders te vinden zijn. Van *Cyananthus*, een aan *Campanula* verwante plant, zijn tot nu toe alleen maar blauwbloeiende verkrijgbaar, maar Ardfearn Nursery introduceert binnenkort een *Cyananthus* met gele bloemen. Vader en zoon Sutherland, autoriteiten op rotsplantengebied, zijn nog steeds bezig met de uitbreiding van de kwekerij. Ondanks drukke bezigheden hebben zij altijd tijd om bezoekers te adviseren. Voor de rotsplantenliefhebber is Ardfearn Nursery een luilekkerland.

ADRES

Ardfearn Nursery, Bunchrew, bij Inverness, Highland IV3 6RH, Schotland, tel. 01463-243250.

ROUTEBESCHRIJVING

AA 92 **6246**: 6 km ten westen van Inverness, via de A862.

EIGENAAR

Jim en Alasdair Sutherland.

OPENINGSTIJDEN

Dagelijks van 9.00 tot 17.00 uur.

SPECIALITEITEN

Kwekerij van rotsplanten en alpiene planten.

Bij Ardfearn Nursery worden zeer bijzondere rotsplanten gekweekt.

IN DE BUURT

Abriachan Nurseries (82), Dochfour Estate (83), Poyntzfield Herb Nursery (85).

ARDTORNISH (80), HIGHLAND, SCHOTLAND

Toen Owen en Emmeline Hugh Smith, de ouders van de tegenwoordige eigenares, in 1930 Ardtornish kochten, kregen ze hierbij de acht tuinlieden cadeau. De groep tuinlieden werd uitgebreid tot twaalf, die onder leiding kwamen te staan van William Besant, de *head gardener*. Mr. Besant leidde veel tuinlieden op en kreeg zelf later de leiding van alle parken in Glasgow. Hij zorgde ook voor de groente en het fruit. Faith Raven herinnert zich nog heel goed hoe produkten uit de kassen van de ommuurde moestuin naar het huis werden gebracht, en hoe zij bij de tuinlieden bedelde om een rijpe vijg of een sappige perzik. Tijdens de Tweede Wereldoorlog is een aantal kassen verdwenen, maar nu is de moestuin weer in ere hersteld door Ian en Helen Lamb. Zij verkopen zelfgekweekte groente, fruit en planten. Vooral vakantiegangers maken hier dankbaar gebruik van want, behalve een rijdende winkel, is er maar een winkel in Lochaline.

Ardtornish House, eens bewoond door Faith Raven, haar zus Fortune – nu eigenares van Halecat (33) – en hun ouders, is verdeeld in een aantal appartementen, waar de vakantieganger zich even eigenaar van een landgoed kan wanen en de tuin uitgebreid kan bekijken. Er zijn ook cottages te huur. Het hele landgoed beslaat 90 km^2 en heeft een kustlijn van 30 km lang. De tuinen bij het huis beslaan ongeveer 10 ha en werden in het begin van deze eeuw door de toenmalige eigenaren aangelegd. Vroeger kwamen de gasten

per jacht via de zee en meerden aan de zuidkant van Loch Aline aan. De tuin wordt begrensd door twee rivieren die uitkomen in dit Loch Aline. Door de hoge regenval en de zure grond is het een ideale plaats voor rhododendrons. *Rhododendron auriculatum*, *R. barbatum*, *R. falconeri*, *R. fulgens*, *R. fulvum*, *R. hodgsonii*, *R. macabeanum*, *R. rex* en *R. sino-grande* zijn maar een paar van de vele soorten die de familie Smith aanplantte. Na het overlijden van haar ouders hebben Faith Raven en haar (in 1980 overleden) echtgenoot John veel toegevoegd aan de beplanting. Net als in hun tuin in Shepreth (Cambridgeshire), Dowcra's Manor, staan ook hier veel bijzondere planten. De ligging van de tuin is spectaculair. Er staan natuurlijk niet alleen maar rhododendrons in de tuin, maar ook veel grote bomen, bijzondere heesters, bluebells in mei en esdoorns die in de herfst mooi verkleuren.
Voor de echte natuurliefhebber is er meer te zien dan de tuin en de moestuin. Je kunt langs de kust en over de heuvels heerlijk wandelen. De flora en fauna zijn zeer rijk en er zijn 136 verschillende vogelsoorten waargenomen. Vissen in de zee en het meer is ook mogelijk en dat alles in een schitterende Schotse omgeving. Ardtornish biedt meer dan tuin alleen.

ADRES

Ardtornish, Lochaline, Morvern, bij Oban, Argyll, Highland PA34 5XA, Schotland, tel. 01967-421288.

ROUTEBESCHRIJVING

AA 79 **7148**: 45 km van Corran (AA 86 **0264**). In Corran de pont nemen (tel. 08555-243) naar Movern; deze gaat elk half uur van 8.00 tot 21.00 uur, 's zondags vanaf 9.00 uur en 's winters tot 18.30 uur. (De pont kan vermeden worden door rond Loch Linnhe te rijden, dat kost een uur.) Eenmaal overgestoken de A861 linksaf, en daarna de A884 linksaf naar Loch Aline. Ardtornish staat 3 km voor dit dorp aangegeven (linksaf).

EIGENAAR

Mrs. Faith Raven.

OPENINGSTIJDEN

Van 1 april tot eind oktober dagelijks van 10.00 tot 16.30 uur.

FACILITEITEN

Planten- en groenteverkoop in moestuin, mogelijkheid om gedeelten van het huis en cottages te huren.

SPECIALITEITEN

Bijzondere heesters en bomen, veel rhododendrons, moestuin, uitzicht.

ARDUAINE GARDEN (78), STRATHCLYDE, SCHOTLAND

Arduaine House, dat in 1905 voor James Campbell en zijn echtgenote werd gebouwd, is nu een hotel, vandaar het gemeenschappelijke parkeerterrein van tuin en hotel. De Campbells waren goede vrienden van Osgood Mackenzie en logeerden weleens bij hem

De bomen in Arduaine Garden geven beschutting tegen de zilte zeewind.

in Inverewe. Waarschijnlijk zijn deze bekende tuinen van grote invloed geweest op hun eigen tuin. Ze begonnen met het aanplanten van een windsingel van 2000 Japanse lariksen (*Larix kaempferi*); deze bomen geven nu nog beschutting tegen de zilte zeewind. Veel andere grote bomen die we nu in Arduaine Garden zien, zijn door Campbell of door zijn zoon geplant. Na de dood van James Campbell in 1927 ging zijn zoon Bruce samen met zes tuinlieden verder met het ontwikkelen van de tuin. Na de Tweede Wereldoorlog heeft Bruce's zoon huis en tuin met veel moeite en veel minder personeel bijgehouden, totdat het huis in 1964 werd verkocht als hotel en er aan de tuinen verder niets gebeurde. De gebroeders Edmund en Harry Wright ging dit zo aan het hart, dat zij de tuin in 1971 kochten met de bedoeling het werk van de Campbells weer in ere te herstellen. De eerste jaren hebben zij alleen maar gewied en omgevallen bomen opgeruimd. Pas toen dat was gebeurd konden ze nieuwe planten neerzetten, de watertuin uitbreiden en paden aanleggen. Ze waren vooral geïnteresseerd in rhododendrons en plantten hiervan veel nieuwe exemplaren. Om de toekomst van de tuin veilig te stellen, schonken ze hem in 1991 aan de National Trust for Scotland. Dat Edmund en Harry Wright hier achteraf spijt van hebben gekregen, blijkt uit de bordentwist die voor elke bezoeker te zien is. Aan hun kant van de tuin uiten ze hun misnoegen op een aanplakbord, terwijl de Trust aan zijn eigen kant daarop reageert. Het zal dan ook niet meevallen een tuin, waarin je zoveel jaren hard hebt gewerkt, aan anderen over te laten.

Maar afgezien van de borden is Arduaine een prachtige tuin met heel veel bijzondere bomen, heesters en vaste planten, zoals *Eu-*

phorbia mellifera, Berberis darwinii en *Olearia macrodonta.* Er is ook de Nationale Collectie van 19 soorten en 2 cultivars (zie blz. 222) wingerd (*Ampelopsis* & *Parthenocissus*). Dat al deze planten zich in Arduaine Garden uitermate goed thuisvoelen komt door het gunstige microklimaat in de tuin en de ligging aan het water. De tuin is zeer verrassend en bestaat eigenlijk uit aparte delen die ongemerkt in elkaar overgaan. Wat opvalt is de prachtige, felrood bloeiende *Tropaeolum speciosum,* die zich als een ketting door de heesters slingert. Deze voor ons onbekende Oostindische kers komen we in de Schotse tuinen vaker tegen. De plant houdt van de vochtige koelte die daar heerst. Het is aan te raden om door te klimmen tot bovenop de heuvel, waar je van een adembenemend uitzicht over het Loch Melfort kunt genieten.

ADRES

Arduaine Garden, bij Oban, Argyll, Strathclyde PA34 4XG, Schotland, tel. 01852-200366.

ROUTEBSCHRIJVING

AA 79 **79**1**0**: 30 km ten zuiden van Oban, langs de A816.

EIGENAAR

The National Trust for Scotland.

OPENINGSTIJDEN

Het hele jaar dagelijks van 9.30 uur tot zonsondergang.

FACILITEITEN

Voor koffie, thee en lunches: Loch Melfort Hotel naast de tuin.

SPECIALITEITEN

Rododendrons, azalea's, magnolia's, Nationale Collectie van wingerd.

IN DE BUURT

Crarae Gardens (77).

ARLEY HALL (25), CHESHIRE

The herbaceous border much improved and altogether lovely.

Dit werd in 1886 in het gastenboek van Arley Hall geschreven. De lange, dubbele border die al in 1846 was aangelegd, was toen net door taxushagen, in de vorm van fraai gevormde steunberen, in vakken verdeeld. Dat was inderdaad een beter idee en hierdoor kwamen de planten nog mooier uit. Deze dubbele border met aan een kant een muur en aan de andere kant een taxushaag als achtergrond is waarschijnlijk de oudste van Engeland. Zelfs Gertrude Jekyll, de grote voorvechtster van borders, nam ze op in haar in 1904 uitgegeven boek *Some English Gardens.* De borders werden aangelegd door de over-overgrootouders van de tegenwoordige eigenaar en het is aan zijn moeder te danken dat we nu nog zo'n mooie tuin kunnen bewonderen. Lady Ashbrook kwam in 1939 in Arley Hall wonen en samen met haar *head gardener* en

Arley Hall is beroemd om zijn borders.

echtgenoot maakte zij de tuin zo, dat er geen hele staf tuinlieden nodig zou zijn om hem bij te houden. Die tijden waren voorbij. Ze besloot om de doolhof en de parterre van William Nesfield niet te restaureren. De ommuurde tuin had in de oorlog zijn nut bewezen door veel groente en fruit op te leveren. Dit werd echter te arbeidsintensief en bovendien is al die groente veel te veel voor de huidige bewoners. Lady Ashbrook kan zich nog goed herinneren hoe voor de oorlog kruiwagens groente en fruit werden aangevoerd voor de familie en hun gasten. Als de familie in Londen verbleef, werden manden met groente, fruit en bloemen gevuld en per trein verstuurd. Lady Ashbrook vertelde dat zij en haar zusje bij het zien hiervan altijd heimwee kregen naar Arley Hall. In 1960 werd in de ommuurde tuin geen groente meer gekweekt, maar werden er borders en gazons in gemaakt. De vijver die nu in het midden van de ommuurde tuin ligt, is afkomstig van de parterre van Nesfield. De vier op hun achterpootjes zittende heraldische dieren hieromheen komen van een gedeelte van het huis dat gesloopt werd. 'Schneewitchen' rozen (die in Engeland 'Iceberg' worden genoemd) zijn gecombineerd met zuilvormige beuken, *Fagus sylvatica* 'Dawyck'. Binnen de muren is het klimaat zo beschut, dat zelfs *Abutilon* tegen de muur kan groeien.

Rowland en Mary Egerton-Warburton, die de oorspronkelijke tuinen aanlegden, zouden deze verandering vast wel goedgekeurd hebben. Zij reisden veel en zullen veel tuinen bekeken hebben voor ze overgingen tot het aanleggen van hun eigen tuin. Rowland was een zeer aimabele man en een *ideal country squire*, die graag gasten ontving en vermaakte. Boven de voordeur van Arley Hall staat dan ook

This gate is free to all good men and true
Right welcome thou if worthy to pass through

Behalve op dichten was hij ook verzot op paarden. In de Fish Garden heeft hij op de grafsteen van het paard Saltfish geschreven:

For hungry worms here lies a noble dish;
Horseflesh by nature and by name Saltfish.

De Ilex Avenue vormt een van de blikvangers van de tuin. Nu moeten we hierbij niet aan hulst denken – die als wetenschappelijke naam *Ilex* heeft – maar het zijn steeneiken (*Quercus ilex*). Toen Rowland de 14 steeneiken in 1850 plantte, liet hij ze in een kegelvorm knippen. Tijdens de Eerste Wereldoorlog kwam er echter niet veel van knippen en daarna waren ze zo hoog geworden, dat ze een kopje kleiner gemaakt werden door de top er horizontaal af te snoeien. Wat we nu zien is een breed graspad met zeer indrukwekkende, tot een soort dikke pilaren gesnoeide steeneiken. Rowland was de laatste twintig jaar van zijn leven blind, maar bleef alle zaken van zijn landgoed zelf behartigen. Overal ging een bediende met hem mee die hem leidde door een leren riem aan zijn broekriem. Langs de Furlong Walk kon hij echter zonder hulp wandelen door met zijn wandelstok een strak gespannen draad te volgen. Aan het eind van de draad zat een bel, waardoor hij wist wanneer hij moest omkeren. Toen hij in 1892 stierf, tien jaar na zijn vrouw, erfde zijn zoon Piers Arley Hall. Deze heeft (gelukkig) weinig aan de tuin veranderd. Zijn echtgenote Antoinette maakte in 1900 de Flag Garden, zo genoemd omdat de paden uit flagstones bestaan. De planten die in deze tuin staan zijn net als in de tijd van Antoinette rozen, clematis, lavendel, Japanse anemonen en eenjarigen. In dit charmante tuintje staat een beeldje van een engeltje met een vis. De tegenwoordige eigenaar van Arley Hall heeft ook weer het zijne aan de tuin toegevoegd door de Grove te beplanten met rhododendrons, magnolia's, sierkersen, sierappels, berken, eiken en esdoorns. Vergeleken met de rest van de toch vrij formele tuin vormt dit gedeelte een plezierig contrast. De tuin van Arley Hall is altijd een familietuin geweest, waar elke generatie iets aan toegevoegd heeft. Hoewel de tuin perfect is bijgehouden, is het beslist geen kille showtuin, maar een zeer aantrekkelijk en sfeervol geheel.

ADRES

Arley Hall, bij Northwich, Cheshire CW9 6NA, tel. 01565-777353/777284.

ROUTEBSCHRIJVING

AA 47 **6881**: 8 km ten noordwesten van Knutsford.

EIGENAAR

The Hon. Michael Flower.

OPENINGSTIJDEN

Eerste of tweede week van april (verschilt elk jaar) tot 1 oktober dagelijks, behalve op maandag, van 12.00 tot 17.00 uur. Open op Bank Holidays. Huis van 13.00 tot 16.30 uur, behalve in april en september (dan alleen de weekeinden en Bank Holidays).

FACILITEITEN

Tearoom.

SPECIALITEITEN

Borders, geknipte steeneiken, ommuurde tuin.

IN DE BUURT

Tatton Park (24), Caddick's Clematis Nursery (26), Dunham Massey (27).

BALLALHEANNAGH GARDENS (66), Isle of Man

Clifford en Maureen Dadd kwamen in 1976 naar het eiland Man met al hun kwekerijplanten onder de arm. Meestal is het andersom en beginnen mensen eerst een tuin en dan een kwekerij, maar bij hen kwam de kwekerij op de eerste plaats, en pas daarna gingen ze de *glen*, de nauwe vallei, vol planten. Verwacht geen tuin met gazons en keurig geknipte hagen, maar eerder een wilde bostuin met smalle paadjes, watervallen, stroompjes en trapjes. Veel planten komen uit andere landen zoals Nieuw-Zeeland en Chili en doen het hier zo goed door het vochtige klimaat dat overeenkomt met dat van de westkust van Schotland en het zuiden van Ierland. Steile paden, bij elkaar zo'n 6 km, lopen door de tuin van 4 ha en het is de bedoeling de tuin uit te breiden tot 12 ha. Ondanks dat het een vrij jonge tuin is, hebben de heesters en bomen al een aardige hoogte bereikt. De tuin is in de maanden maart, april, mei en juni het mooiste om te zien, omdat dan de rhododendrons en de *Pieris* bloeien. Maar ook in de zomer en de herfst is er nog genoeg moois te ontdekken, want tienduizenden planten staan hier hun best te doen om groot te worden. In deze tuin is op een knappe manier gebruik gemaakt van de natuurlijke omgeving. De kwekerij voert een uitgebreid sortiment, waarin houtige gewassen de hoofdrol spelen. Ze zijn gespecialiseerd in rhododendrons, *Ericaceae*, *Eucryphia*, *Pieris*, berken, elzen en lijsterbessen.
Wandelen door de tuin is een belevenis, want zoiets verwacht je niet aan te treffen op een eiland.

ADRES

Ballalheannagh Gardens, Glen Roy, Lonan IM4 7QB, Isle of Man, tel. 01624-861875.

ROUTEBESCHRIJVING

AA 52 **4284**: het eiland Man is zowel vanaf Ierland als Engeland met de boot te bereiken. De tuin ligt aan de oostzijde van het eiland, 3 km ten zuidwesten van Laxey, langs de B12.

EIGENAAR

Mr. en Mrs. Clifford en Maureen Dadd.

OPENINGSTIJDEN

Het hele jaar van 10.00 tot 13.00 uur en van 14.00 tot 17.00 uur. 's Winters eerder gesloten.

FACILITEITEN

Door de steile paden moeilijk toegankelijk voor rolstoelgebruikers.

SPECIALITEITEN

Rododendrons, *Ericaceae, Pieris, Eucryphia,* berken, elzen en lijsterbessen. Kwekerij.

BELL'S CHERRYBANK GARDENS (102), Tayside, Schotland

'It may be pertinacy, but to my eye these grey hills, and all this wild border country, have beauties peculiar to themselves. I like the very nakedness of the land; It has something bold, and stern, and solitary about it. When I have been for some time in the rich scenery about Edinburgh, which is like ornamental garden land, I begin to wish myself back again among my honest grey hill; And if I did not see the Heather, at least once a year, I think I should die!'

Sir Walter Scott

Schotland en heide horen bij elkaar, net als Schotland en whisky. Een derde mogelijkheid is heide en whisky en daarvoor zijn we bij Bell's Cherrybank Gardens aan het goede adres. Toen het kantoor van een grote whisky-distilleerderij in 1973 naar de rand van Perth verhuisde, lieten ze hierbij een tuin van 4,5 ha aanleggen, de Arthur Bell Garden. Met een natuurlijk stroompje als uitgangspunt, 45.000 heesters en 1200 bomen werd naar een ontwerp van Robert Matthew Johnson-Marshall een landschappelijke tuin aangelegd. In de tuin ligt een zonnewijzer van Ian Hamilton Findlay van roestvrij staal gecombineerd met porselein, in een iets opgehoogde ronde bestrating van porfierkeitjes. Het wapen van Bell met het motto Nunc et Semper ('nu en altijd') is door Sadie McLellan van Italiaans mozaïekglas gemaakt. Van dezelfde kunstenares is het kunstwerk A Seed In Time. Het draait elke 24 seconden en stelt de zon, de maan, de aarde en het zaad voor, waarschijnlijk om eraan te herinneren dat graan de grondstof is van whisky. De korenaren hadden we ook al in het hek gezien.
Toen de tuin in 1984 met ruim 2,5 ha werd uitgebreid ontstond het idee om hier een heidecollectie te beginnen. Nu telt de collectie in deze Bell's Cherrybank Garden ongeveer 1000 heidesoorten en cultivars. Bij het ontwerp (van Hazel Huddleston) is er rekening mee gehouden dat er in elk perk het hele jaar door kleur aanwezig is. De heidecultivars worden in groepen van 40 stuks geplant

Schotland, heide en whisky vinden elkaar in Bell's Cherrybank Gardens.

en de planten zijn uitermate goed benaamd. Deze naamgeving gebeurt samen met de Harlow Carr Gardens. Per vierkante meter wordt 160 kg grof zand en 150 liter turfmolm gebruikt. Hierdoor wordt de grond opgehoogd, waardoor de waterdoorlatendheid wordt bevorderd. Norrie Robertson, de *head gardener*, zorgt er met zijn vier tuinlieden voor dat de heide indien nodig wordt teruggesnoeid. Dit is nodig bij alle struikheide (*Calluna*) en bij bepaalde soorten en hiervan afgeleide cultivars van dopheide, *Erica ciliaris*, *Erica cinerea*, *Erica tetralix*, *Erica vagans* en *E.* x *watsonii.*

In de Bell's Cherrybank Gardens is niet alleen heide te zien, er is ook een fontein, waarlangs clematis aan touwen groeit, een vijver met een haren-wassende-dame van Iain MacKintosh, waar het bewegende water een steeds wisselend geluid maakt. Op de *tubular bells*, een soort grote *windchime*, kun je een liedje spelen. Leuk voor de kinderen, net als de speelplaats, waar zelfs een draaimolen voor gehandicapte kinderen is.

De hele tuin ziet er zo perfect onderhouden uit, dat het af en toe wat kil aandoet, maar dat neemt niet weg dat de tuin in het programma van heidefanaten zeker niet overgeslagen mag worden.

ADRES

Bell's Cherrybank Gardens, Perth, Tayside PH2 0NG, Schotland, 01738-627330/452317.

ROUTEBSCHRIJVING

AA 82 **1123**: bij afslag 11 van de M90 richting Perth centrum. De tuinen liggen 2 km verder aan de rechterkant en worden aangegeven.

EIGENAAR

United Distillers UK.

OPENINGSTIJDEN

Van 1 mei tot eind september (soms een paar dagen eerder open of later gesloten) dagelijks van 9.00 tot 17.00 uur.

FACILITEITEN

Tearoom, speelplaats.

SPECIALITEITEN

Nationale Collectie van heide.

IN DE BUURT

Branklyn Garden (103), Glendoick Gardens (104), Megginch Castle (105).

BELSAY HALL (44), NORTHUMBERLAND

Eerste kerstdag 1817 verhuisde Sir Charles Monck van Belsay Castle naar Belsay Hall. Tien jaar hadden de bouwers erover gedaan en nog waren alleen de hal en een slaapkamer boven klaar. Toen de excentrieke eigenaar Sir Charles (1779–1867) in 1806 van een twee jaar durende huwelijksreis terugkeerde, was hij zeer onder de indruk van de bouwkunst van de oude Grieken. Dat is dan ook duidelijk aan Belsay Hall te zien. Niet alleen aan de buitenkant staan een paar forse zuilen, ook de zuilenhal doet zijn naam eer aan: je waant je in een Griekse tempel. Om plaats te maken voor dit nieuwe huis moesten een heel middeleeuws dorpje en een kapel gesloopt worden. Een eind uit het zicht werd een nieuw dorpje opgebouwd. Aan de zuidkant van de Hall werd een ha-ha (een natuurlijke overgang tussen tuin en omgeving – soms een weiland, maar vaak een droge sloot) met bogen gemaakt naar een model van Repton. Hierdoor leek het of het landschap tot aan het huis doorliep. Op het laagste terras dat daardoor ontstond werden eenvoudige, formele perken aangelegd. Sir Charles creëerde zijn eigen uitzicht en hij beplantte de steile, rotsachtige heuvel met pas geïntroduceerde naaldbomen. Zij vormden een donkere achtergrond voor het door hem aangelegde meer. De opmerkelijkste tuin die Sir Charles aanlegde was de Quarry Garden. Toen de stenen voor zijn huis uit deze steengroeve werden gehaald, werd al rekening gehouden met de aanleg van een tuin. De Quarry Garden vormt de verbinding van het nieuwe huis met het oude kasteel, en wat voor verbinding! Na het zien van het imposante, vierkante huis dat er wat kaal bijligt met een groot rond grasveld ervoor, de terrastuinen, de taxustuin die daarnaast ligt en de winter- en magnoliatuin kom je in de Quarry Garden via het croquetveld, waar door de plaatselijke croquetclub, keurig in het wit gekleed, nog menig partijtje croquet wordt gespeeld. Dan eindigt de formele tuin en kom je via een deur in een andere wereld. Het gekke is dat je denkt door een rotslandschap te lopen, maar het pad is volkomen vlak en horizontaal. In die tijd hadden vooral de dames met hun uitgebreide garderobe wel het comfort van een

De schitterende quarrytuin van Belsay Hall.

grindpad nodig. Eerst werden heel weinig planten neergezet en er werd ook geen grond aangebracht, om het zo natuurlijk mogelijk te houden, maar later kwam er toch een aantal exoten te staan. Het kasteel werd gedeeltelijk afgebroken en door een ha-ha aan de zuid- en oostkant aan te leggen leek het, als je uit de Quarry Garden kwam, alsof het in het landschap lag. Je kunt je voorstellen hoe Sir Charles zijn bezoekers voor een wandeling in de romantische, sombere Quarry Garden meenam en hoe zij komende uit het donker, knipperend tegen de zon, het kasteel als een folly zagen liggen.

Zijn kleinzoon Sir Arthur Middleton (1867–1933) heeft veel aan de tuin toegevoegd. Hij liet het ontwerp intact, maar zorgde voor veel nieuwe planten, want hij was een verwoed plantenverzamelaar. Hij maakte een rhododendrontuin vlak bij het meer, waarin veel nieuwe cultivars uit die tijd een plaatsje vonden. Doordat de rhododendrons op eigen wortel stonden en niet geënt waren op *Rhododendron ponticum*, zijn de cultivars er nog steeds. Zouden ze wel geënt zijn, dan zouden de onderstammen van de *Rhododendron ponticum* de cultivars overleefd hebben. Arthur maakte ook een wintertuin, waarin hij heide, *Daphne*, *Mahonia*, *Asarum* en andere heesters en vaste planten zette die 's winters ook mooi waren. Naast de Quarry Garden van zijn grootvader werd nog steeds steen weggehaald en dit gebeurde op dezelfde zorgvuldige manier. Hierdoor ontstond naast de oorspronkelijke tuin nog zo'n romantisch deel. Grootvader Sir Charles en kleinzoon Sir Arthur hebben wat bijzonders gemaakt van de tuinen van Belsay Hall. Sinds kort is het mogelijk om een wandeling langs de rhododendrontuin en door het bos te maken, de Crag Wood Walk. Hiervandaan is de mooie ha-ha goed te zien.

ADRES

Belsay Hall, Belsay, bij Newcastle-upon-Tyne, Northumberland NE20 0DX, tel. 01661-881636.

ROUTEBESCHRIJVING

AA 68 **0979**: 20 km ten noordwesten van Newcastle-upon-Tyne (AA 69), via de A696.

EIGENAAR

The Belsay Trust/English Heritage.

OPENINGSTIJDEN

Van 1 april tot eind oktober dagelijks van 10.00 tot 18.00 uur. Van 1 november tot eind maart dagelijks, behalve maandag, van 10.00 tot 16.00 uur. Eerste en tweede kerstdag en nieuwjaarsdag gesloten.

FACILITEITEN

Tearoom, van Pasen tot eind september van 11.00 tot 17.00 uur.

SPECIALITEITEN

Romantisch beplante steengroeve, terrassen.

IN DE BUURT

Kirkley Hall College (45), Wallington (46), Cragside (49).

BENINGBROUGH HALL (8), North Yorkshire

In de ommuurde tuin van Beningbrough Hall wordt geen groente meer gekweekt. In plaats daarvan kun je er nu picknicken op het gras. De peren zijn het enige dat aan vroeger doet denken. Het zijn niet zomaar 'Pitmaston', 'Conference' en 'Black Worcester' peren, maar ze zijn geleid tot een brede boog. Tegen de muren groeit klimop, clematis, klimhortensia en hop. In de volle zon staan vijgen tegen een zuidmuur en laurierkers (*Prunus laurocerasus*) staat op schaduwplaatsen. Beningbrough Hall heeft ook een Amerikaanse tuin. Halverwege de 18de eeuw was het mode om zo'n tuin te maken; dan wist tenminste iedereen dat je geld genoeg had om heesters en bomen uit Noord-Amerika te laten komen. We zien hier de tulpeboom (*Liriodendron tulipifera*), de zwarte walnoot (*Juglans nigra*), de Amerikaanse eik (*Quercus rubra*) en magnolia's, kalmia's en rhododendrons. In de formele tuin vinden we borders en gazons. Langs een pad dat in de noord-zuidrichting loopt ligt aan elke kant een border van heesterrozen (vooral veel muskushybriden), vaste planten en bollen. Vroeger waren deze borders alleen 's zomers mooi, maar nu is met bollen in het voorjaar en Japanse anemonen, lelies en hosta's aan het eind van de zomer het seizoen uitgebreid. *Buddleja davidii* 'Dartmoor', een vlinderstruik met donkerpaarse bloemtrossen, wordt in de

Benningbrough Hall.

winter altijd sterk teruggesnoeid, waardoor deze heester met fris nieuw blad weer terugkomt en bloeit op eenjarig hout. Op deze manier is een heester goed in een border te verwerken. Een van de borders heeft als achtergrond de muur van de ommuurde tuin en tegen deze muur staan verschillende clematis-cultivars en Japanse kamperfoelie (*Lonicera japonica* 'Halliana'). Deze vrij onbekende kamperfoelie houdt 's winters zijn blad en bloeit met bloemen die eerst lichtgeel zijn en later donkergeel verbloeien. De bloemen gaan tegen de avond heerlijk geuren.
Een andere border, die naar het huis toeloopt, is in 1970 door Graham Thomas ontworpen en heeft aan de ene kant koele en aan de andere kant warme kleuren. Kijk je van de warme naar de koele kant, dan lijkt de border langer en andersom lijkt hij korter. Twee kleine formele tuinen zijn omringd met een taxushaag. Een van deze tuinen heeft bloemen en bladeren met koele kleuren, zoals *Phlomis*, lelies en blauwgrijze *Euphorbia*. De andere tuin heeft warme kleuren en hierin bloeien goudsbloemen, verbena's, bruinrode potentilla's en bruinbladige heuchera's.
In een oude Potting Shed is allerlei oud tuingereedschap uitgestald en in de kas groeien twee druiven, 'Foster's Seedling' en 'Lady Downe's Seedling', die door Thomas Foster, de toenmalige *head gardener* van Beningbrough Hall, halverwege de vorige eeuw werden geïntroduceerd. In de oude *laundry* zien we hoe vroeger de was werd gedaan. De Victoriaanse kas stamt uit dezelfde tijd als de Amerikaanse tuin. Het huis is ook een bezoek waard, er is mooi houtsnijwerk te zien en er hangen 100 portretten, te leen van de National Portrait Gallery. Vlakbij is het heerlijk wandelen naar de rivier de Ouse en de Pike Ponds.

ADRES

Beningbrough Hall, Shipton-by-Beningbrough, bij York, North Yorkshire YO6 1DD, tel. 01904-470666.

ROUTEBESCHRIJVING

AA 56 5458: 12 km ten noordwesten van York via de A19 en kleinere wegen.

EIGENAAR

The National Trust.

OPENINGSTIJDEN

Van 1 april tot en met 31 oktober dagelijks behalve donderdag en vrijdag (wel Goede Vrijdag) van 11.00 tot 17.30. Huis van 11.00 tot 17.00 uur. In juli en augustus ook op vrijdag open.

FACILITEITEN

Restaurant, winkel.

SPECIALITEITEN

Ommuurde tuin, perenboog, borders.

IN DE BUURT

Harlow Carr Botanical Gardens (14), Studley Royal (5), Newby Hall (6).

BIDE-A-WEE COTTAGE (48), NORTHUMBERLAND

De tuin van Bide-a-Wee Cottage is pas twee decennia oud en de maker van de tuin pas drie decennia. Dit betekent dat Mark Robson al op tienjarige leeftijd met de aanleg van de tuin is begonnen. Geen wonder dat hij van zijn hobby zijn beroep heeft gemaakt en nu landschapsarchitect is. Het huis waar hij met zijn ouders woont is omgeven met een oude steengroeve en Mark begon destijds met het graven van een vijver in het diepste gedeelte van de tuin. Nu liggen er drie vijvers met een prachtige beplanting eromheen. Niet erin, want Mark wil dat de lucht zich in het water kan spiegelen. Het bijzondere is dat bijna alle planten die nu in de tuin staan door Mark zelf uit zaad of stekken zijn gekweekt. Dit zaad vergaart hij bij de clubs waar hij lid van is, de Royal Horticultural Society, de Scottish Rock Garden Club, de Alpine Garden Society en de Hardy Plant Society. Geen wonder dat hij nu ook een kwekerij heeft, waarvan de planten op open dagen te koop zijn. De beplanting is in cottagestijl en veel planten die uit zichzelf opkomen, zoals vingerhoedskruid, worden getolereerd. In de border dicht bij huis staan roze en witte *Malva moschata*, spoorbloem (*Centhranthus ruber*), geraniums, judaspenning, *Erigeron* en andere bekende cottageplanten. Rond de vijvers voelen veel soorten primula's zich thuis, bloeit de gele *Lysichiton americanus* en staan forse bladplanten zoals gunnera's, rodgersia's en inula's. Mark heeft altijd veel aan grondverbetering gedaan, maar als hij de planten eenmaal geplant of gezaaid heeft moeten ze het verder zelf maar uitzoeken. In het maken van muren zonder cement, de bekende Engelse *drystone walls*, is Mark ook een meester en hij

Mark Robson begon als tienjarige met de tuin van Bide-a-Wee Cottage.

heeft er al verschillende gemaakt. Bij het poortje in de tuin heeft hij echter wel cement gebruikt. Als je de tuin op een mooie zomerse dag ziet, zou je niet zeggen dat het er in de winter behoorlijk kan spoken en dat de hele steengroeve soms tot de rand gevuld is met sneeuw.
Het leuke van deze tuin is dat je er ideeën voor je eigen tuin kunt opdoen, omdat het formaat iets meer in de buurt komt dan dat van een kasteeltuin. Hoewel Mark Robson door zijn werk als landschapsarchitect niet zo gek veel tijd meer heeft voor zijn tuin, is hij er toch elk vrij moment in te vinden. En omdat steeds meer mensen over de muur gluurden, heeft hij hem maar elke zaterdag opengesteld.

ADRES

Bide-a-Wee Cottage, Stanton, bij Netherwitton, Morpeth, Northumberland NE65 8PR, tel. 01670-772262.

ROUTEBSCHRIJVING

AA 69 **13**9**0**: 12 km ten noordwesten van Morpeth, via de A697, afslag Stanton.

EIGENAAR

Mr. en Mrs. N.M. Robson.

OPENINGSTIJDEN

Begin mei tot eind augustus 's zaterdags van 13.30 tot 17.00 uur.

FACILITEITEN

Plantenverkoop.

SPECIALITEITEN

Vijvers, bijzondere planten.

IN DE BUURT

Cragside (49), Wallington (46), Belsay Hall (44), Kirkley Hall College (45).

Vroeger stroomde water uit de bek van dit monster in Bramham Park.

BRAMHAM PARK (13), WEST YORKSHIRE

Het is heel bijzonder om in Engeland een Frans georiënteerde tuin à la André le Nôtre aan te treffen. Eind 17de, begin 18de eeuw waren er wel meer van dergelijke tuinen, maar bijna geen een is onaangetast uit de strijd gekomen, want ook tuinstijlen zijn aan mode onderhevig en veel formele tuinen werden veranderd in landschapsparken. Dit is niet gebeurd met de tuinen van Bramham Park, aangelegd door Robert Benson. Benson nam de ideeën voor zijn tuin mee van zijn Grand Tour door Europa, waar hij de tuinen van Versailles en Vaux-le-Vicomte bewonderde. Zijn vader, die in 1676 stierf, liet hem een fortuin na en een groot stuk land. Hij had dus alle middelen om eens flink uit te pakken. Het huis dat er nu staat is slechts een flauwe afspiegeling van het huis dat Robert Benson in 1710 liet bouwen. In 1828 brandde dit bijna geheel af en er konden maar een paar kamers worden gered. Het huis stond er toen 80 jaar als een ruïne bij, maar gelukkig voor ons werd de tuin wel bijgehouden.
Maar nu dan toch de tuin. Een beetje geschiedenis is wel nodig, want waarom zijn de zichtassen niet op het huis gericht? De verklaring die daarvoor gegeven wordt, is dat Robert Benson de tuin toch een Engels tintje wilde geven en ook dat de tuin werd gemaakt aan het eind van de formele periode. Misschien wilde Robert Benson de geheimen van zijn tuin niet meteen prijsgeven, want het resultaat van deze aanleg is dat er zeer verrassende en onverwachte uitzichten zijn ontstaan. Aangeraden wordt om de wandeling te beginnen bij de dicht bij het huis gelegen kapel. Dit was oorspronkelijk een oranjerie, die door James Paine tussen

1750 en 1760 werd gebouwd voor Harriet, de dochter van Robert Benson. Als we met de rug naar de kapel staan, zien we het huis, de formele vijvers in de verte, het bos (Black Fen) erachter en de Round House Temple, waarbovenuit een 30 m hoge obelisk te voorschijn komt. Deze obelisk plaatste Harriet ter nagedachtenis aan haar in 1768 overleden zoon. Lopen we verder (met het gezicht naar de kapel linksaf), dan gaat het pad door een van de vele beukenalleeën. De indrukwekkende beukenhagen zijn 7,5 m hoog en de totale lengte aan beukenhagen in deze tuin is 3 km. Vroeger waren er twee tuinlieden voor nodig, die het hele jaar aan het knippen waren. Nu doen drie tuinlieden er, dankzij de techniek, nog maar negen weken over. Na het oversteken van een pad zien we een stenen nimf en daar vlakbij een grote urn op een hoge sokkel, de Four Faces. De kinderen noemden deze urn de Wishing Stone, want als je eromheen liep, driemaal de ene en driemaal de andere kant, dan mocht je een wens doen. Vanaf deze plaats zijn er ook weer schitterende uitzichten. Neem het middelste pad en bij een kruising van paden zien we links de ommuurde moestuin bij het huis en rechts de Open Temple. De grote beuken stammen uit Harriets tijd, maar de kleinere zijn in de jaren zestig geplant, toen 400 grote beuken door een storm waren geveld. We staan nu vlak bij de T-Pond, een variatie van een Grand Canal, waarvan de scheve T-vorm meegaat met het padenpatroon. Kijk je nu naar links, dan zie je het huis weer. Vlakbij zijn het hondenkerkhof en de Gothic Temple. Je kunt je voorstellen hoe de familie hier vroeger theedronk. Lopen we verder, dan komen we bij de Obelisk Pond, een bijzonder ontwerp uit het begin van de 18de eeuw. Een indrukwekkende serie vijvers, met vazen op de muren, loopt in elkaar over en water stroomt uit de bekken van de vriendelijk kijkende monsters met oren als vleugels. We kunnen weer genieten van hetzelfde uitzicht als in het begin vanaf de kapel en zien de Round House Temple en de Obelisk weer in het bos liggen.

We kunnen nu op onze schreden terugkeren en zien onderweg een aantal borders tegen hagen, onderbroken door vijvers met een fontein, of we wagen ons een stap verder. Bij slecht weer is het aan te raden laarzen aan te trekken als je de twee tempels en de obelisk in de Black Fen wilt bezoeken. Het is verrassend om te zien hoe ook dit 'bos' doorsneden is met paden, alleen al bij de obelisk komen tien paden uit. Het wordt dus wel wat dwalen, maar je zult niet verdwalen, je komt altijd wel weer op een plek waar je je kunt oriënteren. Vlak bij het huis ligt een verdiepte rozentuin en het terras bij het huis doet verdacht Jekyll-achtig aan. Voor ons een verademing na al die grote lijnen van vroeger, want dit is geen tuin van details, maar echt een van de grote lijnen. Het is echter wel een tuin om, net als de tuinman die er al jaren werkt, van te genieten.

ADRES

Bramham Park, Wetherby, West Yorkshire LS23 6ND, tel. 01937-844265.

ROUTEBSCHRIJVING

AA 55 **41**4**2**: 7 km ten zuiden van Wetherby, via de A1 en kleine wegen.

EIGENAAR

Mr. en Mrs. George Lane Fox.

OPENINGSTIJDEN

Paasweekeinde, Spring Bank Holiday Weekend, May Day Weekend en vanaf half juni tot begin september: zondag, dinsdag, woensdag en donderdag van 15.15 tot 17.30 uur (de eerste en laatste openingsdag is elk jaar anders, maar meestal een zondag). Het huis is ook te bezichtigen, maar niet tijdens de drie eerstgenoemde weekeinden.

FACILITEITEN

Red Lion Pub in het dorpje Bramham.

SPECIALITEITEN

Achttiende-eeuwse formele tuin, water, uitzichten.

IN DE BUURT

Beningbrough Hall (8), Harlow Carr Botanical Gardens (14), Stillingfleet Lodge Nurseries (10), Yorkshire Garden World (12).

BRANKLYN GARDEN (103), TAYSIDE, SCHOTLAND

In 1922 kochten John en Dorothy Renton een stukje grond aan de rand van Perth en bouwden hier een huis op. Om zich te beschermen tegen de oprukkende stad kochten ze nog een stuk boomgaard en hun tuin was nu 8000 m^2 groot. In 40 jaar tijd bouwden ze een prachtige collectie planten op. Na de dood van zijn echtgenote schonk John Renton de tuin aan de National Trust for Scotland als aandenken aan het werk van Dorothy.
De Rentons maakten gebruik van het hoogteverschil en specialiseerden zich in rots- en alpiene planten. Zij creëerden een aantal verschillende rotstuinen, een voor planten die van zure grond houden en een voor kalkminnende planten. In hun tuin staat een prachtige collectie schijnpapavers, *Meconopsis*, planten waar wij alleen maar jaloers naar kunnen kijken, omdat ze het bij ons meestal niet doen. De blauwe *Meconopsis grandis* 'Branklyn', in hun tuin ontstaan, kreeg zelfs een prijs van de Royal Horticultural Society. In mei en juni bloeien de vele dwergrhododendrons en azalea's. De Rentons maakten voor deze zuurminnende planten speciale turfbedden. In dit gedeelte vinden we ook de Nationale Collectie van 6 soorten en 19 cultivars *Cassiope* (zie blz. 222). Deze groenblijvende, lage heestertjes, die vroeg in het voorjaar bloeien, horen tot de heidefamilie. Op allerlei plaatsen in de tuin staan planten van waarde, want de Rentons vonden het een sport om moeilijke en bijzondere planten te kweken. De planten die overal ter wereld hun oorsprong hebben moesten hier in Branklyn Garden een *home from home* krij-

Branklyn Garden herbergt een prachtige collectie schijnpapavers (*Meconopsis* Crewdson Hybriden).

gen, vond Dorothy Renton. En zo te zien voelen de planten zich met hulp van de goede zorgen van de NTS nog steeds thuis in de oase die voor hen zo liefdevol werd geschapen.

ADRES

Branklyn Garden, Dundee Road, Perth, Tayside PH2 7BB, Schotland, tel. 01738-25535.

ROUTEBESCHRIJVING

AA 82 **1423**: dicht bij Queen's Bridge, de brug over de rivier de Tay aan de oostkant van Perth. Afslag 11 van de M90, langs de A85.

EIGENAAR

The National Trust for Scotland.

OPENINGSTIJDEN

Van 1 maart tot eind oktober dagelijks van 9.30 uur tot zonsondergang.

FACILITEITEN

Plantenverkoop.

SPECIALITEITEN

Rotsplanten, rhododendrons, Nationale Collectie van *Cassiope*.

IN DE BUURT

Bell's Cherrybank Gardens (102), Glendoick Gardens (104), Megginch Castle (105).

BRIDGEMERE GARDEN WORLD (21), CHESHIRE

Het is niet te geloven, zoiets groots. In eerste instantie lijkt het een uit de kluiten gewassen tuincentrum waar een enorm scala aan planten keurig op naam gerangschikt staat. We komen eigenlijk voor het Garden Kingdom, een oppervlakte van 2,4 ha met 25

Een van de 25 voorbeeldtuinen in Bridgemere Garden World.

voorbeeldtuinen. De tuinen zijn gemaakt om te laten zien wat je met de planten allemaal kunt doen. Er zijn drie gouden-medaillewinnaars bij. Deze tuinen zijn, nadat ze op de grote Chelsea Flower Show tentoongesteld waren, weer in dit koninkrijk opgebouwd. Vanaf het vroege voorjaar tot het late najaar is hier veel te bekijken. De folly-tuin bijvoorbeeld, of de cottagetuin. Er is een wintertuin, met planten die in de winter aantrekkelijk blad of een mooie bast hebben, een rots- en watertuin, waar in het water de waterlelies bloeien en eromheen de rotsplanten tussen de stenen kruipen. In een rozentuin zien we romantische rozenbogen en een prieel. In de bostuin bloeien eerst de narcissen, gevolgd door de bluebells. De rhododendron- en azaleatuin is in mei en juni een regenboog van kleur. Er is ook een televisietuin, waar elke week het televisieprogramma 'Gardener's Diary' wordt opgenomen. Er zijn voorbeeldborders, zoals een grijze border, een herfstborder, een vaste-planten-en een eenjarigenborder. En alles, ja werkelijk elk plantje is benaamd. Dit werkt natuurlijk verkoopbevorderend, want iedereen rent meteen naar de gigantische verkoopafdeling om dat ene plantje aan te schaffen. Er zijn rondleidingen door deze tuinen, voor de liefhebbers gecombineerd met een bezoek aan de Wedgewood-fabriek die vlakbij is, en met een lekkere lunch tussendoor. Op afspraak (01270-520264/375/376) zijn twee Nationale Collecties te bewonderen: 14 soorten en 4 cultivars zilverkaarsen (*Cimicifuga*) en 14 soorten en 3 cultivars ruit (*Thalictrum*) (zie blz. 222).
Het is verstandig de afdeling plantenverkoop over te slaan en eerst de tuinen, die achterin liggen, te gaan bekijken, want zelfs voor de fanatiekste plantenliefhebber kan het iets te veel van het goede

worden. Uiteraard is er ook een winkel met alle tuinbenodigdheden, kamerplanten en geschenken en alles wat de tuinier nog meer denkt nodig te hebben.

ADRES

Bridgemere Garden World, bij Nantwich, Cheshire CW5 7QB, tel. 01270-520381/520239.

ROUTEBSCHRIJVING

AA 47 **7245**: 9 km ten zuidoosten van Nantwich, langs de A51. Afslag 15 of 16 van de M6, hierna staat het aangegeven.

EIGENAAR

Mr. John Ravenscroft.

OPENINGSTIJDEN

Het hele jaar (behalve eerste en tweede kerstdag) dagelijks van 9.00 tot 20.00 uur ('s zomers) of tot 17.00 uur ('s winters).

FACILITEITEN

Tearoom, plantenverkoop, winkel.

SPECIALITEITEN

Voorbeeldtuinen, Nationale Collecties van *Cimicifuga* en *Thalictrum.*

IN DE BUURT

Stapeley Water Gardens (22), Cholmondeley Castle (23).

BROCKHOLE (37), CUMBRIA

Mr. William Gaddum wist wel waar hij zijn huis bouwde: hoog op een heuvel met uitzicht over Lake Windermere naar de heuvels van het beroemde Lakeland-district. Deze vermogende zijdefabrikant liet Brockhole rond de eeuwwisseling bouwen. De 12 ha grond rondom werd vormgegeven door Thomas Mawson, een plaatselijke landschapsarchitect. Het hoogteverschil heeft Mawson verdeeld over terrassen met glooiende gazons, omhoog gehouden door keermuren. Tegen het vriendelijke, witte huis legde hij een groot terras aan, want:

The immediate surroundings of an English home must, before all things, possess and express a spirit of restfulness, a quality which is generally secured most effectively by means of a more or less formal terrace scheme.

Een huis zonder terras vond hij maar niets, een mening waar veel bezoekers het mee eens zullen zijn. In het huis zijn nu een restaurant en tearoom gevestigd en bij mooi weer is het heerlijk theedrinken op het terras. Het uitzicht is, zoals gezegd, fantastisch. Vlak bij het huis ligt een geurig, formeel vormgegeven tuintje met buxushaagjes en de oranjerie is aan het huis vast gebouwd. Een druif die over de hele lengte van de kas groeit zorgt voor schaduw. Op het bovenste terras waakt een rij taxusbollen over een blauw

Brockhole maakt deel uit van het Lake District National Park.

met roze border. De apenboom (*Araucaria araucana*) werd in 1901 geplant. Via een trap komen we bij een pergola, die pas in 1989 is gemaakt, maar wel volgens een ontwerp van Mawson. Via een verdiepte rozentuin komen we in twee terrastuintjes met leiappels tegen de muren. Naast een border, die alleen uit phloxen bestaat, ligt de moestuin en een vaste-plantenborder. Aan de Putting en Croquet Green grenst een border waarin planten met mooi blad staan. Dalen we verder af, dan komen we ten slotte bij het water terecht. Via een pad langs het meer kom je in de wilde-bloemenweide en vandaar kun je, naar boven kijkend, de hele tuin overzien. Nadat William Gaddum in 1945 stierf, werd het huis tot 1968 gebruikt als herstellingsoord en daarna werd het een bezoekerscentrum en kantoor van de Lake District National Park Authority. Pas sinds 1986 is begonnen met de restauratie van de tuinen. Hoewel de *bones* van de tuin natuurlijk aanwezig waren, is het toch opmerkelijk hoeveel er in die korte tijd aan de invulling is gedaan. Dat komt ook doordat de *head gardener* goede connecties heeft met collega's bij Kew Gardens, Wakehurst Place, Ventnor Botanic Gardens en Batsford Arboretum.
Er is echter nog meer te doen in Brockhole. Er worden regelmatig tentoonstellingen gehouden over het Lake District National Park en er is ook alle informatie beschikbaar over het grootste en meest bezochte National Park, waar Brockhole deel van uitmaakt.

ADRES

Brockhole, National Park Visitor Centre, Windermere, Cumbria LA23 1LJ, tel. 015394-46601.

ROUTEBESCHRIJVING

AA 59 **3901**: 3 km ten noordwesten van Windermere, langs de A591. Het staat aangegeven als Brockhole National Park Centre.

EIGENAAR

Lake District National Park.

OPENINGSTIJDEN

Het hele jaar dagelijks van 10.00 uur tot zonsondergang. Het bezoekerscentrum is dagelijks open van begin april tot begin november.

FACILITEITEN

Restaurant, avontuurlijke speelplaats. Alleen parkeergeld, geen toegangsprijs.

SPECIALITEITEN

Uitzicht, borders.

IN DE BUURT

Halecat (33), Levens Hall (34), Sizergh Castle (35), Hill Top (36), Holehird Gardens (38).

BRODICK CASTLE (74), STRATHCLYDE, SCHOTLAND

Boven het hoog staande kasteel torenen de bergen van Arran uit, de 874 m hoge Goatfell en de 792 m hoge Beinn Nuis, maar Brodick zelf ligt zo'n 40 m hoger dan zijn omgeving en daardoor heb je een mooi uitzicht over de Firth of Clyde naar de westkust van Schotland. Het landschap rond Brodick is ruig, maar dat kun je van de tuin niet zeggen. Het kasteel waarvan het oudste gedeelte uit de 14de en het nieuwste uit de 19de eeuw stamt, was in het bezit van de graven van Hamilton. De laatste bewoonster, Marie Louise Duchesse of Montrose, was de dochter van de twaalfde graaf en de tuin zoals we die nu zien is door haar gemaakt. Zij begon na de Eerste Wereldoorlog met het planten van rhododendrons, want daar was ze zo gek op, dat ze zelfs de beroemde plantenjager George Forrest sponsorde om rhododendrons in China te zoeken. George Forrest (1873–1932), die in Schotland was geboren, woonde 28 jaar in Yunnan in China. Hij werkte in opdracht van kwekers, botanische tuinen en liefhebbers en verzamelde onbekende planten. In zijn hele leven ontdekte hij meer dan 1200 plantensoorten. Planten waar we nu niet meer van opkijken, zoals *Gentiana sino-ornata*, *Clematis chrysocoma*, *Pleione forrestii* en *Mahonia lomariifolia*, werden door hem in de westerse wereld geïntroduceerd. Dat planten zoeken niet altijd zonder gevaar was blijkt uit het verhaal dat hij in 1905 voor Tibetaanse monniken moest vluchten, die al zijn helpers al hadden vermoord. Een mooie roze rhododendron noemde hij naar de Duchess of Montrose. Deze *Rhododendron montroseanum* (die eerst *R. mollyanum* werd genoemd) ontbreekt uiteraard niet in haar tuin. Ook grote exemplaren van de door Forrest ontdekte *Rhododendron sinogrande* en *Rhododendron protistum var. giganteum* (in de tijd van Forrest *R. giganteum*) ontbreken niet. Toen haar dochter met John Boscawen van Tresco Abbey trouwde, kreeg zij veel planten per boot

Rododendrons vormen de specialiteit van Brodick Castle (*Rhododendron sinogrande*).

aangevoerd van de Scilly Eilanden, waar de tuinen van Tresco lagen. Nu vinden we in de tuinen van Brodick Castle een van de grootste verzamelingen grootbladige rhododendrons van Groot-Brittannië. We vinden er drie Nationale Collecties (zie blz. 222): 20 soorten en cultivars *Rhododendron* (subsectie *Falconera*), 39 soorten en cultivars *R.* (subsectie *Grandia*) en 32 soorten en cultivars *R.* (subsectie *Maddenia*). Behalve rhododendrons staan er nog meer bijzondere bomen en heesters. De NTS heeft de ommuurde tuin uit 1710 in 1980 weer hersteld zoals de Duchess of Montrose deze had bedoeld, met perken kleurige eenjarigen en rozen. Bij het kasteel hoort een Country Park van 3000 ha, waar verschillende wandelingen in uitgezet zijn. Er zijn veel wilde planten en dieren te zien, hoewel de Duchess wel heeft meegeholpen aan natuurvervalsing. Zij liet namelijk een aantal eekhoorns los, en hun nazaten hebben gezelschap gekregen van de nakomelingen van een Amerikaanse nerts, die net na de Tweede Wereldoorlog van een boerderij ontsnapte.

ADRES

Brodick Castle, Isle of Arran, Strathclyde KA27 8HY, Schotland, tel. 01770-2202.

ROUTEBESCHRIJVING

AA 72 **01**38: 3 km van Brodick op de Arran Eilanden. Met de boot van Ardrossan naar Brodick (55 minuten). 's Zomers gaat er ook een boot van de noordkant van het eiland naar Kintyre (Lochranza-Claonaig).

EIGENAAR

The National Trust for Scotland.

OPENINGSTIJDEN

Tuin en Country Park: het hele jaar dagelijks van 9.30 uur tot zonsondergang.

Kasteel: van Goede Vrijdag tot eind september dagelijks en de eerste drie weken van oktober op zaterdag en zondag van 11.30 tot 17.00 uur.

FACILITEITEN

Restaurant, winkel (zelfde dagen open als kasteel).

SPECIALITEITEN

Rhododendrons, formele tuin, Nationale Collecties van *Rhododendron* (subsectie *Falconera*), *R.* (subsectie *Grandia*) en *R.* (subsectie *Maddenia*).

BROUGHTON HOUSE (65), Dumfries & Galloway, Schotland

My love is like a red, red rose.

Met het schaamrood op de kaken bekenden we de tuinman nog nooit van Robert Burns gehoord te hebben, maar toen hij bovenstaande zin declameerde, begon er toch iets te dagen. Zeg in Schotland nooit dat je niet weet wie Robert Burns is, de *most famous Scotsman ever*, zeker niet als je Broughton House bezoekt, want in de bibliotheek staan 2500 boeken van Robert Burns, die net als de 17.500 andere verzameld zijn door Edward Atkinson Hornel. Edward werd in 1864 in Australië geboren en kwam in 1866 met zijn ouders in Kirkcudbright wonen. Dit plaatsje aan de zuidwestkust van Schotland was rond 1900 een soort Schots Laren en er woonden veel artiesten. Edward Hornel, die erg goed kon schilderen, hoorde tot de groep artiesten die bekendstonden als de Glasgow Boys. Hij had bijzonder veel succes met zijn schilderijen waarop kinderen met rode wangetjes bloemen aan het plukken zijn. Een aantal van deze romantische schilderijen hangt in Broughton House, zoals een schilderij van drie meisjes op het strand, dat 'Brighouse Bay: Wild and Burnet Roses' heet. Ongetwijfeld liet Hornel zich door zijn omgeving inspireren, want vanuit zijn tuin keek hij op het water van Kircudbright Bay. Broughton House was niet het ouderlijk huis van Hornel; hij kocht het in 1901 en woonde er tot zijn dood in 1933. Hij had zoveel succes met zijn schilderijen, dat hij er niet alleen een huis van kon kopen, maar ook boeken en planten kon verzamelen en kon reizen. Net als veel kunstenaars uit die tijd was hij gefascineerd door Japanse prenten en nog voor hij Broughton House kocht maakte hij zijn eerste lange reis naar Japan. Hij bleef hier twee jaar en deze periode was van grote invloed op zijn manier van denken, schilderen en... tuinieren. In het huis zien we dus niet alleen schilderijen van Schotse rode koontjes, maar ook met Japanse en Birmese voorstellingen. De bibliothecaris haalde speciaal voor ons een prachtige Japanse catalogus uit een vitrine en vertelde dat Hornel alleen de catalogus uit Japan had meegenomen, de planten vond hij te duur.

Waterbak in het Japanse gedeelte van de tuin van Broughton House.

De tuin die Hornel maakte is een juweeltje en dat is niet in de laatste plaats te danken aan de tuinman David Russell. De tuin was lange tijd zwaar verwaarloosd, maar daar is nu niets meer van te zien. Hornel bewaarde veel en gelukkig ook de bestellingen van zijn planten, en daardoor staan er weer precies dezelfde planten in de tuin als in zijn tijd. De tuin is net als toen voor een derde Japans en voor twee derde Schots. Dat lijkt een merkwaardige combinatie, maar de verschillende stijlen lopen vloeiend in elkaar over en de Japanse tuin heeft ook een Schots tintje, terwijl de Schotse tuin wel wat Japans heeft. Als we het museum en het atelier bekeken hebben, komen we via de achterdeur in de tuin, die veel weg heeft van een *secret garden*. In het Japanse gedeelte zijn veel natuurstenen bakjes, al dan niet met water gevuld, en stapstenen die over het water leiden. David Russell heeft al dit water weer werkend gemaakt en verbonden met de grote tank die Hornel had geïnstalleerd om het regenwater van het dak op te vangen. Vanuit het Japanse deel komen we in romantische cottagetuintjes met buxushaagjes en weelderig bloeiende planten. Aan het eind van de tuin had de schilder een beschutte plaats gemaakt van *Aucuba* en clematis om het uitzicht te schilderen. In zijn tijd was er nog geen haventje zoals nu. In de tuin staat een tuinhuisje dat kan draaien en ook hierin zat hij vaak te schilderen. Hij kon het huisje dan zo draaien, dat hij het goede licht opving. Het is haast onmogelijk om niet betoverd te raken door deze bijzondere tuin en er ideeën op te doen.

ADRES

Broughton House, 12 High Street, Kirkcudbright, Dumfries & Galloway DG6 4JX, Schotland, tel. 01557-30437.

ROUTEBSCHRIJVING

AA 65 **6850**: in het centrum van het plaatsje Kirkcudbright.

EIGENAAR

The National Trust for Scotland.

OPENINGSTIJDEN

Van 1 april tot en met de derde week van oktober van 13.00 tot 17.30 uur.

SPECIALITEITEN

Japans/Schotse tuin.

IN DE BUURT

Arbigland (63), Threave Garden (64).

BROUGHTON PLACE (62), BORDERS, SCHOTLAND

Hij verzamelt *Tropaeolum*, zij spaart *Thalictrum*, samen hebben ze een galerie en ze wonen in een kasteel. Wat wil een mens nog meer? Graham en Jane Buchanan-Dunlop zijn dan ook zeer tevreden mensen. Hun kasteel, dat pas in 1938 werd gebouwd, ligt in het mooie landschap van Zuid-Schotland. In hun galerie exposeren ze werk van eigentijdse Britse kunstenaars. De Broughton Gallery is een van de drie galeries van Schotland die door de Crafts Council zijn uitgekozen om hun hoge kwaliteit van de geëxposeerde kunst. Op weg naar de tuin is een bezoek aan de galerie niet te versmaden, vooral ook omdat er altijd wel wat bij is dat bloemen of landschappen als onderwerp heeft.
De tuin is een verrassing en een kasteel waardig: glooiende gazons, patronen van buxushagen, oude rozen, borders aan weerszijden van een pad, muren met klimplanten en de twee Nationale Collecties (zie blz. 222). Hij laat de *Tropaeolum* zien en zij de *Thalictrum*. Veel planten staan verspreid in de tuin op een plaats waar ze het naar hun zin hebben en de niet-winterharde exemplaren staan in de kas of in een koude bak.
Vooral bij de Oostindische kersen zijn nogal wat niet-winterharde soorten. Graham verzamelt echter alleen Oostindische-kerssoorten en een paar cultivars ervan, maar niet de eenjarige Oostindische kers *Tropaeolum majus* met zijn ontelbaar vele cultivars. Deze bekende Oostindische kers wordt in het Engels *nasturtium* genoemd en dit wil nogal eens verwarring geven bij niet-vakvertalers, die er dan waterkers van maken; de wetenschappelijke naam voor waterkers is namelijk *Nasturtium*. Wij kennen dat probleem niet, omdat we alles wat *Tropaeolum* heet gewoon Oostindische kers noemen. Of toch niet alles, want de eenjarige, klimmende *Tropaeolum peregrinum* noemen wij kanariekers. Bij de 15 soorten en 4 cultivars die deze Nationale Collectie telt, zit uiteraard ook de Scottish Flame Flower, *Tropaeolum speciosum*. Dit is een van de spectaculairste Oostindische-kerssoorten, die overblijvend is. Omdat de plant thuishoort in de koele, vochtige bergge-

Behalve de tuin is ook de galerie van Broughton Place te bezoeken.

bieden van Chili, voelt hij zich kennelijk ook goed thuis in Schotland. De plant houdt van zure grond en wil net als een clematis een koele voet. Overal in Schotland kom je deze prachtige, felroodbloeiende plant tegen en vaak slingert hij zich over een donkergroene taxushaag, alsof deze plant weet dat zijn rode bloemen en blauwe bessen dan extra mooi uitkomen. Een heel bijzondere Oostindische kers uit de verzameling is *Tropaeolum tricolor*. Deze overblijvende soort is echter niet winterhard, maar hij is de moeite waard om in een alpiene kas of serre te kweken. De plant, die heel bijzondere rood-met-geel- en iets blauwgetinte bloemen heeft en uit Bolivia en Chili komt, is niet echt gemakkelijk te kweken. Het probleem zit hem vaak in het overhouden. De knollen van de soorten die niet-winterhard zijn, zoals van *Tropaeolum tuberosum*, moeten vorstvrij overgehouden worden, en dat is niet altijd even gemakkelijk. Ook de vermeerdering levert vaak problemen op. Daarom zijn de knollen van *Tropaeolum polyphyllum* zo duur, maar op goed-doorlatende grond zal deze mooie, grijsbladige plant met gele bloemen zich best thuisvoelen. Veel thalictrums van de 41 soorten en 4 cultivars tellende collectie van Jane hebben een plaatsje in de borders gekregen. Thalictrums, ook wel ruit genoemd, zijn er in alle soorten en maten. Het zijn sierlijke planten met pluimen van kleine bloemetjes met uitstekende meeldraden. De bladeren zijn meestal heel fijn gedeeld en er zijn zeer lage tot zeer hoge soorten. Oostindische kers en ruit lijken wat betreft hun grote variatie en sierlijke bloemen wel wat op elkaar. Bij het afscheid kregen we een ansichtkaart van Broughton Place in de winter met sneeuw op de hoge bergen rondom, om ons eraan te herinneren dat het daar niet altijd zomer is.

ADRES

Broughton Place, Broughton, bij Biggar, Borders ML12 6HJ, Schotland, tel. 01899-830234.

ROUTEBSCHRIJVING

AA 75 **1**136: 9 km ten oosten van Biggar, via de B7016. Borden volgen naar Broughton Gallery.

EIGENAAR

Mr. en Mrs. Graham en Jane Buchanan-Dunlop.

OPENINGSTIJDEN

Van 1 april tot eind oktober dagelijks, behalve op woensdag, van 10.30 tot 18.00 uur.

FACILITEITEN

Plantenverkoop, galerie.

SPECIALITEITEN

Nationale Collecties van *Tropaeolum* (soorten) en *Thalictrum*.

IN DE BUURT

Malleny House (60), Dawyck Botanic Garden (61), Kailzie Gardens (57).

BURNBY HALL (9), HUMBERSIDE

The Water-lily

Thence, o fragrant form of light,
Hast thou drifted through the night,
Swanlike, to a leafy nest,
On the restless waves, at rest?

Art Thou from the snowy zone
Of a mountain-summit blown,
Or the blossoms of a dream,
Fashioned in the foamy stream?

Nay; methinks the maiden moon,
When the daylight came too soon,
Fleeting from her bath to hide,
Left her garment in the tide.

John B. Tabb (19de eeuw)

De maan heeft in Burnby Hall heel wat jurkjes in het water achtergelaten: twee grote vijvers vol. Deze vijvers werden gegraven door de directeur van de plaatselijke dorpsschool, omdat hij zo van vissen hield. Maar zijn vrouw vond die vijvers met forellen een saaie boel en stelde voor om er waterlelies in te zetten. En zo geschiedde.
Percy Malborough Stewart, een afstammeling van de Earls of Gal-

loway en petekind van de Duke of Malborough, studeerde in Cambridge Semitische talen en theologie. In 1901 werd hij assistent *headmaster* van de dorpsschool van Pocklington en hij trouwde met Catherine Priestman. In 1904 kochten ze Ivy Hall met het stuk grond eromheen en onmiddellijk werd begonnen met de aanleg van een vijver, het Upper Water. De 3000 m^2 werd geheel met de hand uitgespit en de grond per kruiwagen afgevoerd. Tegelijkertijd ontdekte Mr. Stewart dat hij naast vissen een andere passie had: reizen. Eerst ging hij op reis door Europa, daarna naar Amerika en Azië. In 1906 maakte hij met zijn echtgenote zijn eerste reis rond de wereld. In de twintig daaropvolgende jaren zou hij dit nog zevenmaal doen. Tussen de reizen door was hij steeds even in Engeland om zijn zaken te regelen en te zien hoe het met zijn tuin ging (hoe hij dat met zijn school regelde vermelden de annalen niet). In de Eerste Wereldoorlog werd hij onder de wapenen geroepen en omdat hij toen te oud was voor actieve dienst werd hij in Engeland gestationeerd. In deze tijd begon hij met de aanleg van nog een vijver, het Lower Water, en maakte hij het Upper Water tweemaal zo groot. Zij veranderden de naam van Ivy Hall in Burnby Hall. De inmiddels tot majoor verheven Stewart viste niet alleen in zijn tuinvijvers, maar ook in Florida op haaien, in Mexico op tarpoen en in Nieuw-Zeeland op reusachtige palingen. De jacht beperkte zich niet tot vissen; hij hield zich ook bezig met de jacht op groot wild. Als we het museum in de tuin van Burnby Hall bezoeken, kunnen we er nog van meegenieten. In dit gruwelkabinet zien we asbakken van buffelhoef en neushoornbot, grote olifantstanden, een opgezette Afrikaanse leeuw (waar de majoor maar één kogel voor nodig had om hem te doden) en een opgezette mangoest. Toen de majoor en zijn echtgenote rond 1926 zo'n beetje uitgereisd waren, begon hij met het schrijven van boeken. Catherine Stewart stierf in 1939 en Major Stewart verhuisde naar een cottage dicht bij Burnby Hall. Hij besteedde steeds meer tijd aan zijn tuin en toen hij in 1962 op negentigjarige leeftijd stierf, liet hij huis en tuin als een Trust achter. Het huis hoort er nu niet meer bij, maar de tuin is al vanaf 1964 opengesteld en het museum vanaf 1968.

Je kunt de Nationale Collectie (zie blz. 222) van waterlelies niet missen, want al bij binnenkomst zie je het Upper Lake liggen met daarin heel veel verschillende cultivars. De *warden* vindt het eigenlijk maar niks dat er duidelijk leesbare bordjes met de namen bij staan. Liever had hij een plattegrond met de namen, maar daar wil Stapely Water Gardens, die de collectie van 86 cultivars beheren, weer niets van weten. Hoewel dit allemaal winterharde waterlelies zijn die zomer en winter in de vijvers kunnen blijven, moet er toch wel wat onderhoud aan geschieden. Ze moeten uitgedund worden, omdat je anders de bloemen niet meer ziet tussen het vele

Waar eerst de forellen zwommen, bloeien nu de waterlelies: Burnby Hall.

blad. Er zijn sprookjes van bloemen bij, echte feestjurken. Ertussen en eronderdoor zwemmen vissen, waaronder tamme karpers die uit je hand komen eten. Rond de twee vijvers loopt een pad, en over de kleinste vijver is zelfs een brug. Behalve waterlelies zijn er rozen te vinden in de ommuurde tuin waar vroeger groente en fruit werd gekweekt. Rotsplanten groeien in een rotstuin, en Victoriaanse bloemperken liggen in het gras. Maar de *blossoms of a dream* vormen toch wel de hoofdschotel.

ADRES

Burnby Hall, Pocklington, Humberside YO4 2QE, tel. 01759-302068.

ROUTEBESCHRIJVING

AA 56 **82**4**7**: 21 km ten zuidoosten van York, via de A1079 en kleinere wegen.

EIGENAAR

Burnby Hall Gardens and Museum Trust.

OPENINGSTIJDEN

Vanaf de eerste zaterdag in april tot eind september dagelijks van 10.00 tot 18.00 uur.

FACILITEITEN

Café, museum.

SPECIALITEITEN

Nationale Collectie van waterlelies.

IN DE BUURT

Castle Howard (7), Beningbrough Hall (8), Stillingfleet Lodge Nurseries (10).

CADDICK'S CLEMATIS NURSERY (26), CHESHIRE

Toen Harry en Denny Caddick in 1977 met vakantie in het Lake District waren, zagen ze een prachtig exemplaar van *good old* clematis 'Nelly Moser' met adembenemende bloemen. Vanaf dat moment liet de clematis hen niet meer los en bezochten ze veel clematiskwekerijen en verzamelden heel veel cultivars. Ze gingen ze ook vermeerderen en deelden de planten uit aan vrienden en kennissen. Harry was geen kweker van beroep, maar sluiswachter en door zijn onregelmatige werktijden had hij veel tijd voor zijn nieuwe hobby. Omdat de collectie clematis langzamerhand zeer veel verschillende soorten en cultivars bevatte, maakten zij een catalogus en begonnen vanuit hun huis een *mail order*-bedrijf. Zij verzonden de planten door heel Groot-Brittannië en ontwierpen hun eigen verpakkingsmateriaal, zodat de planten onbeschadigd arriveerden. Er kwamen echter steeds meer mensen naar hun grote tuin met de vijf kassen waarin zij de clematis kweekten en daarom kochten ze een stukje grond iets verder weg. Hier plaatsten ze een kas, een kantoor en showruimte waar ze de clematis konden laten zien. Hoewel ze nu een officiële kwekerij hadden bleef het nog steeds hun hobby. In 1987 hield Harry het sluiswachterschap voor gezien en een jaar later zegde ook Denny haar baan op. Beiden gingen ze full-time op de kwekerij werken. Ze leverden hun planten aan tuincentra, andere kwekerijen en particulieren. In 1991 verhuisden ze naar de plaats waar ze nu zitten. De Caddicks zijn stichtingsleden van de International Clematis Society en uiteraard ook lid van de British Clematis Society. De Caddicks hebben enkele favorieten. We noemen 'The Vagabond', een nieuwe cultivar, gewonnen door Mr. Ken Pyne van de Clematis Society: de hele plant, van onder tot boven, bloeit van mei tot oktober met paarse bloemen. 'Chalcedony', een kruising tussen 'Vyvyan Pennel' en 'Marie Boisselot' is een gevuldbloemige, ijsblauwe clematis met een crèmekleurig hart. Hij bloeit zowel de eerste keer in mei–juni met gevulde bloemen als in augustus–september; de tweede keer zijn de bloemen wel wat kleiner, maar niet enkel, zoals meestal het geval is bij de tweede bloei van een gevuldbloemige clematis. *Clematis tangutica* 'Lambton Park' is een pas ontdekte cultivar. De gele, knikkende bloemen zijn veel groter dan die van de soort en hebben aantrekkelijk vruchtpluis in de winter. 'Rhapsody' heeft grote, indigoblauwe bloemen met een geelgroen hart. Caddicks Clematis Nursery heeft nog zo'n 300 andere soorten en cultivars. Ze hebben zich volledig toegelegd op clematis en dat is dan ook het enige dat ze kweken en verkopen, afgezien van wat clematisboeken. De sluiswachter en zijn vrouw zijn voorgoed verslingerd aan deze mooie planten.

ADRES

Caddick's Clematis Nursery, Lymm Road, Thelwall, Warrington, Cheshire WA13 0UF, tel. 01925-757196.

ROUTEBSCHRIJVING

AA 47 **6688**: 9 km ten zuidoosten van Warrington. Afslag 20 van de M6 of afslag 9 van de M56. Hierna de A50 naar Warrington. Rechtsaf bij de eerste stoplichten, dit is de A56 naar Altrincham. Na ongeveer 1,5 km onderaan een heuvel linksaf. De kwekerij ligt ongeveer 100 m verder aan de rechterkant, nog net voor het viaduct.

EIGENAAR

Mr. en Mrs. Harry en Denny Caddick.

OPENINGSTIJDEN

Van 1 februari tot eind oktober dinsdag tot en met zondag (ook Bank Holidays) van 10.00 tot 17.00 uur. Van 1 november tot 30 november dinsdag tot en met zaterdag van 10.00 tot 16.00 uur. In december tot de 15de op afspraak.

FACILITEITEN

Dichtbij is de pub The Pickering Arms.

SPECIALITEITEN

Clematis.

IN DE BUURT

Tatton Park (24), Arley Hall (25), Dunham Massey (27), Capesthorne Hall (18), Gawsworth Hall (19).

CALDERSTONES PARK (29), Merseyside

Het park is genoemd naar de Calderstones, de groep prehistorische stenen die sinds de 16de eeuw een historisch monument vormen. De stenen staan in het park, en in verband met de luchtverontreiniging zijn ze in een kas geplaatst. Als je vanaf de parkeerplaats het park inloopt verraadt niets dat er meer te zien is dan gras en bomen. In het park is dan ook niet aangegeven welke kant je op moet, tot je ineens een met het pad meebuigende border ontwaart die zo groot is, dat hij eigenlijk meer in een tuin van een landhuis of kasteel dan in een park thuishoort. Het enige waaraan je kunt zien dat dit niet het geval is, is het hekje dat het pad van de border scheidt. Logisch, want het is een openbaar park, waar iedereen zijn hond kan uitlaten. De border is een staaltje van knappe tuinmanskunst. Net als de Flower Garden, de Old English Garden en de Japanese Garden die we, tot onze verbazing, iets verder tegenkomen. Zoiets verwacht je niet in een park waar iedereen zomaar gratis in mag. In de Japanse tuin staan Japanse esdoorns en bamboe langs een stroompje. De tuin is omgeven met een lage muur met een bijzonder gevormd latwerk erop, waardoor je alvast een glimp van de tuin opvangt. In de bloementuin zijn perken met eenjarigen en fuchsia's ingeplant en in de Engelse tuin bloeit een overdaad aan cottageplanten. Clematis en rozen bedekken een pergola en in de ronde vijver in het midden bloeien waterlelies. In een kas staan verschillende Nationale Collecties (zie blz. 222): 31 soorten en 12 cultivars *Aechmea*, 20 soorten en 14 cultivars *Calathea*, 49 cultivars croton (*Codiaeum*), 28 soorten en 63 cultivars *Dendrobium*, 34 soorten en cultivars drakebloedbo-

In het openbare Calderstones Park is veel te zien voor tuinliefhebbers.

men (*Draceana*) en 13 soorten en 30 cultivars venusschoentjes (*Paphiopedilum*).

We komen ook nog een monument voor Jet of Lada tegen, een reddingshond die in de Tweede Wereldoorlog hielp bij het opsporen van mensen die onder het puin bedolven waren. 'Jet belonged to mankind and never failed', staat er te lezen. Calderstones is een park waar heel wat meer te zien is dan gras en bomen alleen.

ADRES

Calderstones Park, Liverpool, Merseyside L18 3JD, tel. 0151-4276039. Correspondentie betreffende de Nationale Collecties: Greenhill Nursery, Nursery Lane, Garston, Liverpool, L19 6PR.

ROUTEBSCHRIJVING

AA 46 **41**8**7**: 6 km ten zuidoosten van het centrum van Liverpool, via de A562 (Menlove Ave.). Het staat niet echt duidelijk aangegeven.

EIGENAAR

Liverpool City Council.

OPENINGSTIJDEN

Van 1 oktober tot eind maart dagelijks van 8.00 tot 16.00 uur (kas open van 10.00 tot 12.00 uur en van 14.00 tot 16.00 uur), van 1 april tot eind september dagelijks van 8.00 tot 19.30 uur (kas open van 10.00 tot 18.00 uur).

SPECIALITEITEN

Borders, verschillende tuinen, Nationale Collecties van *Aechmea, Calathea, Codiaeum, Dendrobium, Draceana* en *Paphiopedilum*.

IN DE BUURT

Ness Botanic Gardens (28).

CANDACRAIG GARDENS (90), GRAMPIAN, SCHOTLAND

De ommuurde tuin van Candacraig hoorde vroeger bij het Candagraig House, dat in 1820 voor de familie Anderson werd gebouwd. De Andersons, die al sinds de 16de eeuw Lairds van Candagraig waren, hebben later hun bezittingen verkocht aan de familie Forbes, die ze in 1900 weer aan de Wallaces verkochten. De landerijen zijn nog steeds in handen van deze familie, maar het huis en de tuinen werden verkocht. Toen Liz Young in 1985 de verwaarloosde tuinen zag, was ze verloren, vooral toen ze hoorde dat er huizen op gebouwd zouden worden.
Veel van het oorspronkelijke ontwerp was bewaard gebleven, maar Liz heeft ook nieuwe elementen aan de tuin toegevoegd. Omdat er al een aantal oude rozen in de tuin stond is op dit thema voortgeborduurd en zijn er veel 'nieuwe' oude rozen bijgeplant. De oude fontein is gerestaureerd en de pergola's zijn weer opnieuw ontworpen en neergezet. De tuin is wat je je van een Secret Garden voorstelt, heel beschut, omringd door muren en hagen. Oorspronkelijk was zo'n ommuurde tuin bedoeld om de boze buitenwereld ver weg te houden en het gure (Schotse) klimaat, de konijnen en herten geen toegang te bieden. In de tuin worden af en toe beelden van hedendaagse kunstenaars tentoongesteld en dit keer troffen we een vis van hout, die dienst deed als zonnewijzer, en een aantal insekten van ijzer. In het mooie Victoriaanse tuinhuis worden schilderijen tentoongesteld. Er is ook een uitgebreide plantenverkoop van bijzonder sterke planten, want zij worden op een hoogte van 300 m gekweekt. De tuin is nog volop in ontwikkeling. Er is in de afgelopen tien jaar al heel wat gebeurd. Ondanks het feit dat Liz wel een *army helpers* zou kunnen gebruiken, komt het meeste werk toch op haar neer. The Old Engine House, dat vroeger voor de elektriciteit van het landgoed zorgde, is nu verbouwd tot twee romantische cottages die te huur zijn en van het Scottish Tourist Board vier sterren hebben gekregen. Als je daar logeert kun je meteen genieten van de tuin en wie weet een klein deeltje van de *army* vormen.

ADRES

Candacraig Gardens, 3 Candacraig Square, Stathdon, Grampian AB36 8XT, Schotland, tel. 019756-51472.

ROUTEBSCHRIJVING

AA 94 **35**1**2**: 42 km ten zuidwesten van Huntley, via de A97 en de A944.

EIGENAAR

Mr. en Mrs. Harry en Liz Young.

OPENINGSTIJDEN

Van eind april tot half oktober dagelijks van 10.00 tot 17.00 uur.

FACILITEITEN

Thee en koffie, cottages te huur, galerie, plantenverkoop.

De ommuurde tuin van Candacraig wordt met veel liefde gerestaureerd.

SPECIALITEITEN

Ommuurde tuinen, rozen.

IN DE BUURT

Kildrummy Castle Gardens (91), Leith Hall (92), The Scottish Bamboo Nursery (94).

CAPESTHORNE HALL (18), CHESHIRE

Capesthorne Hall ligt als stralend middelpunt tussen de gazons, bossages en meren en is dus kennelijk omgeven met een tuin in landschappelijke stijl. Mensen die liever kleurige tuinen dan groene parken bekijken, hoeven echter niet meteen rechtsomkeer te maken, want het park loopt niet overal tot aan de ramen. De tuinarchitect Vernon Russell-Smith ontwierp in 1960 een tuin op de plaats waar vroeger groente en fruit voor de Hall werden gekweekt. Helaas is de 20 m lange kas die de beroemde Paxton bouwde in 1920 afgebroken, omdat de restauratiekosten en de stookkosten te hoog waren. Er is nog wel een tunnel die naar het stookhok leidt vanwaar de grote kas werd verwarmd. Het was de taak van een van de tuinlieden om de kachels dag en nacht brandend te houden. De kas stond tussen de Hall en de kapel en dicht bij de prachtige Milanese hekken. Deze hekken zijn weliswaar uit 1750, maar ze werden hier pas in het midden van de 19de eeuw geplaatst. Door deze hekken, waarin we St. Andrew ontdekken, heb je een prachtig gezicht op het meer. Links en rechts van het pad dat naar het meer toeloopt liggen prachtige borders met oude rozen, irissen, lupinen, phloxen en nog veel meer. Als achtergrond begeleiden esdoorns en sierkersen de borders naar het meer. Nog meer borders hebben als

In het grote groene park van Capesthorne Hall zijn dicht bij het huis kleurige borders aangelegd.

achtergrond een bijzondere *hot wall.* Door openingen in de muur werd vroeger warme lucht geblazen waardoor de vruchten die ertegenaan stonden, zoals perziken en abrikozen, niet bevroren en eerder rijp werden. De borders zijn in juli en augustus op hun mooist. Het grote terras achter het huis gaat door de ha-ha (zie blz. 32) ongemerkt over in het landschap erachter. De kapel uit 1719 heeft ook nog een kleine, besloten tuin met mooie grafstenen.
In tuin en park zijn verschillende wandelingen uitgezet. De Formal Garden Walk voert uiteraard langs de borders. De Parkland Walk gaat over de mooie, oude Capesthorne Bridge, die over het middelste meer ligt. Er zijn drie grote meren, het dichtst bij het huis ligt de Lower Pool, het meer waar de brug overheen ligt is de Middle Pool en dan is er nog een Top Pool. Je ziet vaak dat er mensen aan het vissen zijn en voor visgrage tuinliefhebbers is het mogelijk een dagvisvergunning te krijgen. De Capesthorne Bridge is omstreeks 1843 gebouwd en is niet alleen om naar, maar ook om vanaf te kijken. De drie meren zijn gemaakt door een kleine stroom, die net buiten het park ligt, af te dammen. Rond de Lower Pool liggen diverse bezienswaardigheden (de wandeling hiernaartoe wordt de Lower Lake Walk genoemd; kennelijk vonden ze *lake* mooier klinken dan *pool*): een waterval, ijskelder, oude zaagmolen, botenhuis en de Swallow Hole, een stukje waterbouwkunde (door dit gat wordt het overtollige water naar het lagere meer gebracht). De zaagmolen heeft tot 1936 op waterkracht gewerkt en speelde een belangrijke rol bij het verwerken van het hout van het

landgoed. Alle wandelingen bij elkaar nemen toch wel dik anderhalf uur in beslag, maar als het wat laat wordt is het mogelijk om te blijven kamperen.

ADRES

Capesthorne Hall, Macclesfield, Cheshire SK11 9JY, tel. 01625-861221.

ROUTEBSCHRIJVING

AA 48 **8**473: 9 km ten oosten van Macclesfield, via de A537, daarna de A34 linksaf.

EIGENAAR

Mr. W.A. Bromley-Davenport.

OPENINGSTIJDEN

In maart alleen op zondag, van 1 april tot eind oktober woensdag en zondag van 12.00 tot 18.00 uur.

FACILITEITEN

Restaurant, winkel, camping (01625-861779).

SPECIALITEITEN

Borders, park, meren.

IN DE BUURT

Gawsworth Hall (19), Little Moreton Hall (20), Lyme Park (16), Dunge Farm Gardens (17).

CASTLE HOWARD (7), North Yorkshire

Nobody had informed me that at one view I should see a palace, a town, a fortified city, temples on high places, woods worthy of being each a metropolis of the Druids, the noblest lawn in the world fenced by half the horizon, and a mausoleum that would tempt one to be buried alive; in short, I have seen gigantic palaces before, but never a sublime one.

Dat niet iedereen hierover dacht zoals Horace Walpole in 1772 blijkt uit het commentaar van Pückler Muskau, die Castle Howard in 1830 bezocht. Hij vond het geheel getuigen van slechte smaak, het park vond hij somber en verlaten en het mausoleum waar Walpole wel levend in begraven wilde worden, vond hij maar een veredelde bijenkorf. De hoeveelheid obelisken en piramiden vond hij ook wat overdreven. Eén piramide zag hij wel zitten, want daar was een herberg in gevestigd.
Toen 300 jaar geleden met de bouw van Castle Howard begonnen werd, was het inderdaad de bedoeling er iets groots van te maken, een paleis ontworpen door John Vanbrugh. Tot dan had deze architect nog niets gebouwd en misschien dat het door zijn gebrek aan ervaring kwam dat hij zich zo uitleefde op details en zo'n grandeur kon scheppen. Toen Vanbrugh in 1726 stierf was de westelijke vleugel nog niet af; deze werd voltooid door Sir Thomas Robinson. Om Castle Howard te kunnen bouwen moesten een

Binnen de ommuurde tuin van Castle Howard liggen verschillende tuinen met als thema de roos.

heel dorp, een kerk en een kasteelruïne van de aardbodem verdwijnen. Van enige inspraak van de bewoners zal destijds geen sprake geweest zijn. Het bouwen van het kasteel was een gigantisch werk waar 200 mensen (tegelijkertijd) aan bezig waren. Veel deursloten werden speciaal gemaakt door Josiah Kay, de smid van koning Willem III. Het huis werd alleen verwarmd door open vuren en pas in 1850, toen koningin Victoria er een bezoek bracht, werd gasverlichting geïnstalleerd. Van gaslichtjes werden toen de woorden 'God save the Queen' gespeld.
Het landschap rond Castle Howard werd ook door de architect John Vanbrugh vormgegeven. Ray Wood was in 1700 al oud en werd als zodanig in het ontwerp verwerkt. De Temple of the Four Winds (1724–1726), ook door hem ontworpen, werd in 1954 geheel gerestaureerd. Het meer waar we langskomen is ook door Vanbrugh ontworpen. Tussen de tempel en het mausoleum (Hawksmoor 1728–1729) ligt een brug. Misschien dat Wordsworth daar destijds wel een wandeling naar toe gemaakt heeft, want de weg er naar toe is in het voorjaar een zee van narcissen.

I wandered lonely as a cloud
That floats on High o'er vales and hills,
When all at once I saw a crowd,
A host of golden daffodils,
Beside the lake, beneath the trees
Fluttering and dancing in the breeze.

Vanaf de tempel loopt een pad naar Ray Wood, een bos dat vroeger bol stond van de fonteinen en beelden, maar waar sinds 1975 een collectie van 800 rhododendrons een plaatsje heeft gekregen. Hier staan ook veel soorten *Nothofagus*, esdoorns (*Acer*), aardbeibomen (*Arbutus*), magnolia's en coniferen met veel primula's en *daffodils* van Wordsworth als onderbegroeiing. Het grote meer van 28 ha dat aan de noordkant ligt werd pas in 1798 aangelegd. W.A. Nesfield ontwierp in 1850 aan de zuidkant van het huis parterres met een fontein als middelpunt. De fontein stelt Atlas voor die op de rand van de aarde staat en de hemel met de tekens van de dierenriem op zijn schouders draagt. Wat we nu rond Atlas zien is echter geen ontwerp van Nesfield maar van Rosalind, de negende Countess of Carlisle. Zij liet hier hagen en gazons aanleggen. Het mooiste bewaren we voor het laatst, want wie hier een tuinbezoek mee begint komt aan de rest van de tuin niet meer toe. De ommuurde tuinen bij het huis stammen uit het begin van de 18de eeuw, maar wat erin staat is vrij recent en is het werk van James Russell. Hij was bevriend met Lord George Howard, de vader van de tegenwoordige bewoner van Castle Howard, die in 1984 overleed. Russell begon in 1975 met de aanleg van de ommuurde tuin. Dat er zo kort geleden helemaal geen tuin was zou je niet zeggen, want juist deze tuin maakt een bezoek aan Castle Howard de moeite waard. Binnen de ommuurde tuin legde hij verschillende tuinen aan, met als thema de roos. Wat meteen opvalt is dat de rozen zo mooi gecombineerd zijn met andere planten, met jasmijn, anjertjes en campanula's. Zijn uitgangspunt was dat een rozentuin niet op een rosarium moest lijken, waar je alles in een keer overziet en waar alleen maar rozen in staan. Hij deelde dus door hagen van taxus en haagbeuk een gedeelte van de ommuurde tuin in drieën. De grootste tuin is Lady Cecilia's Garden, opgedragen aan de echtgenote van Lord George, die erg veel van rozen hield. In deze tuin staan oude rozen. In de Sundial Garden staan Engelse rozen, de moderne rozen van David Austin, die er als oude rozen uitzien, en ook een grote collectie grootbloemige en trosrozen. In de Venus Garden staat een grote collectie remontantrozen. Al deze rozen zijn op fraaie wijze met andere planten, zoals ezelsoren (*Stachys*), viooltjes, lavendel, anemonen, alliums, pioenen en zelfs lelies gecombineerd. Lelies vinden we ook in een aparte tuin, net als riddersporen. Toen Russell zijn werk voor Castle Howard begon nam hij ook een grote collectie rhododendrons van de Sunningdale Nurseries mee en plantte die in Ray Wood. Behalve meer dan 800 soorten rhododendrons zorgde Russell voor meer dan 100 verschillende soorten en cultivars lijsterbessen, en meer dan 150 esdoornsoorten en cultivars. Al deze planten zijn benaamd en vormen samen met de rozen een belangrijke en eigentijdse collectie. Castle Howard heeft veel aan deze grote 20ste-eeuwse plantenkenner te danken en kan de tuintoekomst met een gerust hart tegemoet zien.

ADRES

Castle Howard, bij York, North Yorkshire YO6 7DA, tel. 01653-648444.

ROUTEBSCHRIJVING

AA 56 **7**170: 20 km ten noordoosten van York. Het staat aangegeven vanaf de A64.

EIGENAAR

Castle Howard Estates Ltd.

OPENINGSTIJDEN

Van half maart tot eind oktober dagelijks van 10.00-17.00 uur.

FACILITEITEN

Plantenverkoop, winkels, tearooms bij huis en meer.

SPECIALITEITEN

Formele tuinen, rozen, rhododendrons.

IN DE BUURT

Beningbrough Hall (8), Burnby Hall (9).

CASTLE KENNEDY (69), Dumfries & Galloway, Schotland

In de tuinen van Castle Kennedy staan twee kastelen. Het 15de-eeuwse kasteel waar de tuinen naar genoemd zijn, brandde in 1716 af. De ruïne vormt nog steeds een romantisch onderdeel van de tuin, maar is niet geschikt om in te wonen. De Earl en Countess of Stair wonen in het tweede kasteel, Lochinch Castle, dat in 1864 aan de andere kant werd gebouwd. De twee kastelen zijn met elkaar verbonden door een landengte met aan elke kant een Loch. Het Black Loch krijgt water van de bergstroompjes waar veel turf in zit, waardoor het er zwart uitziet. Het White Loch wordt gevoed door bronnen en is meestal kristalhelder. Op de plattegrond staan geen namen van tuingedeelten vermeld, maar er zijn uitzichtspunten getekend. Castle Kennedy is een tuin met indrukwekkende uitzichten. De oorspronkelijke tuinen werden rond 1730 door de tweede Earl of Stair aangelegd, rond de ruïnen van zijn kasteel. Deze tweede Earl was een beroemd militair bevelhebber en Brits ambassadeur aan het hof in Frankrijk. Toen hij eens naar Castle Kennedy kwam waren de bedienden in afwachting van zijn komst zijn beddegoed voor een open haard aan het luchten, waardoor het kasteel in vlammen opging. De veldmaarschalk, die geïnspireerd was door Versailles, liet zijn tuin aanleggen door mannen en paarden van de Royal Scots Greys en de Inniskilling Fusiliers, die in dit gebied geïnterneerd waren om de Covenanters te bestrijden. Daar zal met al dat graafwerk voor hun baas niet veel van gekomen zijn.

Het andere kasteel, waar de familie nu nog woont, werd in de Victoriaanse tijd gebouwd en in de verdiepte tuin werden 58 bloem-

Dubbele border van Castle Kennedy.

perken aangelegd. Tussen de Eerste en de Tweede Wereldoorlog werden die 58 bloemperken er 27 en nu zijn er nog 8. Om deze verdiepte tuin te bekijken moet je eerst de hele tuin door, wat bepaald geen straf is. De ingang van de tuin is aan de kant van de ruïne. Mensen die geneigd zijn vanaf de ruïne meteen het grootste gedeelte van de tuin in te lopen, moeten eerst even opzij van Castle Kennedy gaan kijken, waar de ommuurde tuinen met hun kleurige vaste-planten- en eenjarigenborders liggen. Dit is al een tuin op zich en dan moet het grootste gedeelte nog komen. Door vanuit de ruïne de grote grasvlakte over te steken en links aan te houden kom je bij de Round Pond. In deze ronde, iets lager gelegen vijver van 8000 m^2 groot, is haast geen water te zien, want de hele vijver zit stampvol met waterlelies. Zo'n grote hoeveelheid zullen weinig mensen bij elkaar hebben gezien. Men zegt dat al deze waterlelies afkomstig zijn van een plant uit Versailles. Ruim rond de vijver staan grote bomen en een indrukwekkende hoeveelheid rhododendrons en azalea's. Als deze in april, mei en juni bloeien is dat een schitterend gezicht, maar ook zonder bloemen spelen deze heesters een duidelijke rol in het landschap. Aan de andere kant van de vijver leidt een laan met apenbomen (*Araucaria araucana*) naar het andere kasteel. In de verte zie je de toppen van de daken. Onder deze bomen staan azalea's. Aan het eind van de laan komt het hele kasteel in het zicht. Tijdens de wandeling zul je regelmatig stilstaan om van de fantastische uitzichten te genieten. Onderweg zien we niet alleen rhododendrons, maar ook magnolia's, *Embothrium*, *Eucryphia*, *Pittosporum*, *Myrtus luma*, grote coniferen, steeneiken (*Quercus ilex*), redwoods (*Sequoia sempervirens*) en zelfs cordylines (*Cordyline australis*). Veel van

deze planten, die bij ons niet winterhard zijn, doen het hier wel omdat het klimaat beïnvloed wordt door het warme water van de Warme Golfstroom.
Castle Kennedy is niet voor niets een van de bekendste tuinen van Schotland en het is op zijn mooist als de rhododendrons bloeien.

ADRES

Castle Kennedy, Rephad, Stranraer, Dumfries & Galloway DG9 8BX, Schotland, tel. 01776-702024.

ROUTEBSCHRIJVING

AA 64 **1161**: 7 km ten oosten van Stranraer, via de A75.

EIGENAAR

Earl en Countess of Stair en Viscount Dalrymple.

OPENINGSTIJDEN

Van 1 april tot eind september dagelijks van 10.00 tot 17.00 uur.

FACILITEITEN

Tearoom, plantenverkoop, winkel.

SPECIALITEITEN

Rhododendrons, pinetum, waterlelievijver, borders, uitzicht.

IN DE BUURT

Logan Botanic Garden (67), Glenwhan Garden (68).

CATFORTH GARDENS (30), Lancashire

In 1987 zag Judith Bradshaw het leven niet al te vrolijk tegemoet. Door kaak-artritis moest zij haar baan in het onderwijs opzeggen in de hoop dat de voortdurende pijn minder zou worden. Toen dit na anderhalf jaar het geval bleek te zijn, besloot ze om een nieuwe start te maken, want het nietsdoen begon haar te vervelen. Tony en Judith waren een jaar of vier daarvoor naar Catforth verhuisd en bezig met de aanleg van een tuin op de 4000 m² rond hun huis. De bomen en heesters hadden ze al geplant en ze gingen bij allerlei kwekerijen op zoek naar vaste planten. Toen ontstond het idee om zelf een kwekerij te beginnen en van haar hobby haar beroep te maken. Intussen was buurvrouw Chris Moore, ook een fanatiek tuinierster, bezig om de dingen eens op een rijtje te zetten. Haar zoon was net klaar met zijn opleiding en nam haar taak op de boerderij over. De twee vrouwen besloten om samen een kwekerij te beginnen. Zij wilden planten gaan kweken die hen het meest aan het hart lagen, vaste planten. Omdat ze geen van tweeën uit het vak kwamen, was het een sprong in het diepe, maar door veel studie en *trial and error* leek de onderneming te slagen. Ze reisden door heel Groot-Brittannië op zoek naar nieuwe planten. Daarnaast legden ze en passant hun eigen tuinen verder aan. Nu hebben ze samen niet alleen een kwekerij, maar ook drie tuinen. In de Bungalow Garden, de tuin van Judith en Tony, staan nu meer dan 3000 verschillende planten en opvallend veel

Twee buurvrouwen runnen de kwekerij, de tuinen en de geraniumcollectie van Catforth Gardens.

geraniums (tuingeraniums met de wetenschappelijke naam *Geranium* en geen pelargoniums (*Pelargonium*), die nog steeds ten onrechte geranium worden genoemd). Toen Judith jaren geleden na het lezen van *Plants for Ground Cover* van Graham Stuart Thomas op zoek ging naar geraniums, kreeg de geraniumkoorts haar te pakken. Sindsdien heeft ze zoveel geraniums in haar tuin verzameld, dat ze de planten in 1991 een Nationale Collectie mocht noemen (zie blz. 222). Het is een collectie die er zijn mag en die uit 380 soorten, cultivars en hybriden bestaat. Hij staat bij elkaar in een apart gedeelte van de tuin, maar dat neemt niet weg dat ze niet overal in de tuin te vinden zijn. In de catalogus van Catforth Gardens staan meer dan 160 verschillende geraniums, een aantal dat niet veel kwekerijen na zullen doen. Bij deze collectie zijn ook nieuwe zoals 'Anne Thomson', 'Coombeland White', 'Diva', 'Joy', 'Libretto', 'Nicola', 'Prelude' en 'Prima Donna', allemaal gekweekt door Alan Bremner. Deze Alan Bremner, een boer van de Orkney Eilanden, doet sinds 1988 onderzoek naar de verschillende geraniums die in de tuinen van de Orkneys groeien. Hij kwam tot het verbazingwekkende getal van 64 cultivars. Zijn volgende stap was om met deze geraniums een kruisingsprogramma op te zetten, wat een groot aantal nieuwe geraniums opleverde. Maar om weer van de Orkneys naar Catforth terug te keren, het blijft daar niet bij een tuin, er zijn er nog twee. De Farmhouse Garden van ongeveer 1000 m^2 werd door Chris omgetoverd tot een cottagetuin, de Paddock Garden van 3000 m^2 is de nieuwste tuin en nog volop in ontwikkeling. Chris wilde in 1994 haar tuin uitbreiden omdat deze 'vol' was en er geen plantje meer bijkon. Op een

stuk weiland maakten Chris en Bill een tuin met twee vijvers, waar vochtminnende planten langs kunnen groeien, en een verhoogd gedeelte voor planten die van droge voeten houden. Hoewel deze tuin nog jong is, is er toch al veel te zien.
Zowel de drie tuinen als de kwekerij zien er perfect verzorgd uit en de planten hebben geen last van konijnen en muizen, want daar zorgt de grote witte kat wel voor. De onderneming van de buurvrouwen is een succes gebleken en sinds kort zijn hun partners ook zakenpartner geworden.

ADRES

Catforth Gardens, Roots Lane, Catforth, bij Preston, Lancashire PR4 0JB, tel. 01772-690561/690269.

ROUTEBSCHRIJVING

AA 53 **4735**: 8 km ten noordwesten van Preston, afslag 32 van de M6, de A6 N nemen, links de afslag B5269. In Catforth staat het aangegeven.

EIGENAAR

Mr. en Mrs. T.A. Bradshaw en Mr. en Mrs. W. Moore.

OPENINGSTIJDEN

Van half maart tot half september dagelijks van 10.30 tot 17.00 uur.

FACILITEITEN

In het dorp Catforth zijn drie pubs.

SPECIALITEITEN

Nationale Collectie van *Geranium*, kwekerij, drie tuinen.

CAWDOR CASTLE (87), HIGHLAND, SCHOTLAND

Cawdor Castle, een echt Schots kasteel omringd door lieflijke tuinen, doet niet vermoeden dat het hier niet altijd zo vredig toeging. Het spookt er ook nog, in de vorm van een meisje zonder handen, de geest van een dochter van een van de Cawdors. Zij was verliefd op een jongeman, zoon van de leider van een vijandige clan. Toen haar vader dit ontdekte, achtervolgde hij haar tot de hoogste toren van het kasteel, waar ze zich uit het raam liet zakken en dreigde zich te laten vallen. Zijn reactie hierop was om met een klap van zijn zwaard haar handen af te hakken. Zo ging dat in die tijden en ook Cawdor Castle, waarvan het oudste gedeelte uit het eind van de 14de eeuw stamt, vormt hierop geen uitzondering. Ruzies tussen clans, kidnappen van elkaars kinderen, plunderingen en branden maken onderdeel uit van de geschiedenis van de bewoners. De familie woonde er ook niet altijd en in het begin van de 18de eeuw verhuisden ze zelfs naar Londen en naar Wales waar het klimaat zachter en de sfeer wat minder ruziezoekerig was. Een oom van de toenmalige eigenaar, Sir Archibald Campbell, zorgde toen voor het kasteel en maakte rond 1720 een nieuwe tuin. Hij was geen ruziezoeker: '*For riots and revolutions he cared not a fig: he was more interested in his nectarines.*' Gedurende de 100 jaar daar-

Trompe-l'oeil in de Paradise Garden van Cawdor Castle.

na werd het kasteel alleen wind- en waterdicht gehouden. In 1819 verwoestte een brand de middelste verdieping van de toren. De eerste Earl of Cawdor verbouwde het kasteel en ging er wonen. Aan het eind van de 19de eeuw werden de Cawdors ontvangen aan het hof. De zesde Earl of Cawdor is nog niet zo lang geleden overleden en de tuinen en het kasteel worden nu beheerd door zijn Tsjechische echtgenote. De tuinen zijn een erfenis van vroeger tijden gecombineerd met eigentijdse opvattingen en onderhouden door deskundige tuinlieden. Wat meteen opvalt zijn de rode bankjes die als kleurige verrassingen overal in de tuin staan. Links van het kasteel ligt een grote ommuurde bloementuin. Net voor openingstijd, een goede tijd om foto's te maken, werden er boeketten voor in het kasteel geplukt. Er staan in deze tuin genoeg bloemen om van te plukken. Heel veel borders met vaste planten, door buxus omhaagde bedden met eenjarigen, rozenperken met lavendelhaagjes, rozenbogen met planten aan de voet, rustgevende gazons en rode bankjes vormen de inhoud van deze ommuurde tuin. Maar dat is nog niet alles, ook figuren van buxushaagjes opgevuld met eenjarigen en brede taxushagen druipend van de rode *Tropaeolum speciosum* en een pioenenborder horen bij deze fantastisch mooie tuin. Door een poort in de muur kom je in een wilde tuin met azalea's, rhododendrons, narcissen, primula's en hoge bomen. Rond het kasteel is een aantal wandelingen te maken die in lengte variëren van 1 tot 7 km. Rechts van het kasteel, waar vroeger binnen de muren groente en fruit werd gekweekt, is de Dowager Countess Cawdor samen met haar echtgenoot in 1981 begonnen met het aanleggen van een aantal bijzondere tuinen. Toen Hugh, de zesde Earl of Cawdor, in 1979 met Angelika trouw-

de, had hij al besloten om het kasteel en de tuinen voor het publiek open te stellen en hij was al eerder met de renovatie van de tuinen begonnen. Deze tuinen zijn echter slechts een heel klein stukje van het hele landgoed, dat 23.000 ha bedraagt.
Lady Cawdor zal altijd vertellen dat de tuinen het werk van Hugh zijn, maar insiders zeggen dat het aan de talenten van Angelika ligt dat Cawdor Castle nu door meer dan 100.000 bezoekers per jaar wordt bezocht. Voor haar huwelijk had zij haar eigen marketingbureau in Parijs. De Paradise Garden die zij samen maakten is pas sinds kort open voor het publiek. In de tuin ligt een doolhof van hulst, waarin het niet aan te raden is met blote armen rond te lopen. De paadjes zijn vrij smal en het duurt minstens een half uur om de weg erin en er weer uit te vinden. Hoewel hulst erg sterk lijkt, is de doolhof nog vrij jong en men wordt vriendelijk verzocht om geen *shortcuts* te nemen. Het patroon van de doolhof is afkomstig van een mozaïekvloer van een Romeinse villa in Portugal. Hierop staat een afbeelding van het klassieke labyrint op Kreta, waar de Minotaurus zat opgesloten. Rond de doolhof zijn aan drie kanten tunnels van goudenregen gemaakt. Hierachter ligt de ingang naar het paradijs, geflankeerd door twee taxussen die geknipt zijn in de vorm van een obelisk. Maar voordat je echt in het paradijs komt is er de aarde: een door een brede buxushaag omhaagde tuin met een stervorm in het midden, beplant met medicinale en keukenkruiden. Tussen de aarde en het paradijs ligt de Purgatory, het vagevuur, dicht beplant met allerlei soorten distels. Eindelijk zijn we dan bij de ingang van het paradijs gekomen. In de tuin vormt een kunstwerk waar water omheen speelt het middelpunt. Hieromheen staan witbloeiende planten als lupinen, rozen, zilverkaarsen (*Cimicifuga*), viooltjes, boerenjasmijn, *Magnolia stellata*, riddersporen, geraniums, pioenen en anemonen. In het voorjaar bloeien er bollen met witte bloemen. Vergeet niet om in deze tuin op zoek te gaan naar het trompe-l'oeil, een muurschildering die in eerste instantie echt lijkt waardoor het oog zich vergist.
De tuinen van Cawdor Castle moet je gezien hebben en voor wie zich ook maar enigszins voor de Schotse geschiedenis interesseert is een bezoek aan het kasteel zelf aan te raden. Shakespeare zei het al:

This castle hath a pleasant seat; the air
Nimbly and sweetly recommands itself
Unto our gentle senses.

ADRES

Cawdor Castle, Cawdor, Highland IV12 5RD, Schotland, tel. 01667-404615.

ROUTEBSCHRIJVING

AA 93 **8450**: 18 km ten noordoosten van Inverness, via de A96 en de B9090.

EIGENAAR

The Dowager Countess Cawdor.

OPENINGSTIJDEN

Van 1 mei tot eind september dagelijks van 10.00 tot 17.30 uur. De Paradise Garden is alleen in mei, juni en september open.

FACILITEITEN

Restaurant, winkels, golfbaan.

SPECIALITEITEN

Borders, formele tuin, doolhof.

IN DE BUURT

Speyside Heather (88), Ardfearn Nursery (84), Dochfour Estate (83), Abriachan Nurseries (82).

CHILLINGHAM CASTLE (51), NORTHUMBERLAND

Chillingham Castle is een kasteel zoals een kasteel er hoort uit te zien, met een binnenplaats, veel spoken en kantelen. De echtgenote van de tegenwoordige eigenaar, Sir Humphry Wakefield, is familie van de eerste bewoners van het kasteel dat rond 1200 werd gebouwd. Toen Sir Humphry het kasteel en de grond rondom van de neven van zijn echtgenote overnam was de tuin volkomen overgroeid. Zijn nieuwe *head gardener* geloofde niet dat er onder al het onkruid een Italiaanse tuin zou uitkomen. Het patroon van de taxushagen was echter bewaard gebleven en nu is deze tuin weer geheel hersteld. De buxus- en taxushagen liggen er weer mooi bij en een van de opvallendste kenmerken van de tuin is een heel lange border. Deze border, die een muur als achtergrond heeft, wordt weleens de langste van Noord-Engeland genoemd. Af en toe bekruipt je het gevoel dat niet alles in de tuin authentiek is, zeker wat de beelden betreft, maar als je dan hoort dat alle beelden en alles van waarde uit de tuin (en ook uit het kasteel) verdwenen was, dan begrijp je de 'Nep'-tunus die de muur versiert beter. De lanen en Italiaanse tuin werden in 1828 door Sir Jeffrey Wyatville ontworpen. Deze 'koninklijke' landschapsarchitect had net daarvoor de tuinen voor de koninklijke familie bij Windsor Castle ontworpen. De toenmalige bewoonster van Chillingham Castle was een dochter van de Franse Duc de Gramant. Zij voelde zich niet bepaald thuis in het kille Noord-Engeland en daarom stond ze erop om in vorm gesnoeide taxus en buxus in de tuin te hebben. Haar omgeving vond dat maar frivool en zij werd 'gestraft' doordat alle bloemen van haar border doodgingen. Tijdens een wandeling door het op Brown geïnspireerde park zijn er mooie uitzichten op de Cheviot Mountains, waarvan de toppen vaker wel dan niet bedekt zijn met sneeuw. Een wandeling naar het meer hoort ook tot de moge-

Chillingham Castle, voor wie wil overnachten in een echt kasteel.

lijkheden en langs het stroompje dat met het meer verbonden is kom je langs de St. Peter's Church met mooie oude en bemoste grafstenen op het kerkhof. In het voorjaar bloeien hier eerst de sneeuwklokjes en daarna de narcissen en bluebells.

Sir Humphry vindt het mooiste uitzicht dat van bovenuit de toren, waar je tegelijkertijd de besneeuwde toppen van de bergen, de formele patronen van de hagen en de kleuren van de borders kunt zien. Het kasteel is ook te bezichtigen en Sir Humphry doet zijn best het weer helemaal in stijl in te richten. Het is ook mogelijk om er te logeren in een van de zes enorm grote appartementen. Het is aan te raden om van tevoren te bespreken. De prijs voor een nacht ligt niet hoger dan die voor een kamer bij de plaatselijke pub. Een onvergetelijke ervaring en een onverwachte dimensie van een tuinbezoek is het je even kasteelheer of -vrouw te voelen met een eigen tuin en park. De kans om met een van de vele kasteelspoken kennis te maken is heel groot. Wie geritsel hoort en een ijzige kou voelt kan er zeker van zijn dat dit Lady Mary is op zoek naar haar echtgenoot die er met haar zus vandoor ging. Zelfs de witte koeien die in het park grazen en afstammelingen zijn van Britse wilde koeien zouden magische krachten bezitten.

ADRES

Chillingham Castle, Chillingham, Northumberland NE66 5NJ, tel. 01668-215359.

ROUTEBSCHRIJVING

AA 77 **0525**: 18 km ten noordwesten van Ainwick (kaart 69), via de A1, links-af de B6348, in Chatton weer links.

EIGENAAR

Sir Humphry Wakefield Bt.

OPENINGSTIJDEN

Van 1 mei tot 1 oktober dagelijks van 13.30 tot 17.30 uur, behalve op dinsdag. In juli en augustus en Bank Holidays dagelijks van 12.00 tot 17.30 uur. De rest van het jaar op afspraak.

FACILITEITEN

Tearoom, winkel, Bed & Breakfast in het kasteel (01668-215359/0171-9377829).

SPECIALITEITEN

Formele tuin, vormsnoei, borders, uitzicht.

IN DE BUURT

Howick Hall (50), Cragside (49).

CHOLMONDELEY CASTLE (23), CHESHIRE

Toen de Marchioness of Cholmondeley en haar echtgenoot in 1950 in het kasteel kwamen wonen, zag de tuin er best netjes uit, maar afgezien van de bomen en heesters was de beplanting niet erg spannend. Pas in 1954 konden ze dankzij een myxomatose-epidemie beginnen met het beplanten van hun tuin. Samen met de toenmalige tuinman hadden ze al een nieuwe rozentuin gemaakt, maar die moest helemaal in gaas worden gepakt tegen de konijnen. Het eerste wat ze in 1954 deden was de Temple Garden opnieuw aanplanten en het meer, dat onderdeel van de tuin uitmaakte, schoonmaken. Rond het meer met twee kleine eilandjes en een brug eroverheen werden vochtminnende planten gezet. In het vroege voorjaar komen eerst de narcissen en krokussen in bloei en daarna de roze bloemen van de *Peltiphyllum peltatum*, in de zomer gevolgd door de grote ronde bladeren. Dan vouwen ook de enorm grote bladeren van de *Gunnera* zich open en mengen zich tussen de groepen koningsvarens (*Osmunda regalis*). De tempel waaraan de tuin zijn naam te danken heeft staat op een eiland. Aan de rand van het meer ligt een rotstuin met een mooi uitzicht. Vanaf de hoger gelegen tempel met koepel, omringd door azalea's en rhododendrons, is het uitzicht heel mooi.
Hoewel de grond hier eigenlijk wat te licht is voor rozen, vindt de Marchioness dat een tuin zonder rozen maar een halve tuin is. De tuinman doet er dan ook alles aan om het de rozen in de rozentuin naar de zin te maken. De formele bedden zijn afgezet met lavendelhaagjes van *Lavandula* 'Hidcote Blue'. De rozen groeien niet alleen in perken, maar ook tegen bogen en op stam. Een rij zuilvormige cipressen scheidt de tuin van de borders. Hoewel borders misschien niet helemaal de goede naam is, want behalve vaste planten staan er ook veel rozen, andere heesters en eenjarigen. Op weg naar de tearoom, waar je ook buiten thee kunt drinken, komen we de reuzenlelies tegen. Deze *Cardiocrinum giganteum*, die wel 2 m hoog kunnen worden, bloeien in juli met grote lelie-

Cholmondeley Castle.

achtige, zeer sterk geurende bloemen. In de Glade zijn in de jaren zestig veel rhododendrons, azalea's, magnolia's, pruikebomen en ook weer rozen geplant. Vanaf de tearoom kan een wandeling worden gemaakt naar de boerderij waar lama's, dwerggeitjes en bijzondere schape- en varkensrassen worden gefokt. Rond het kasteel, dat met ronde torens en kantelen in het begin van de 19de eeuw werd gebouwd, liggen glooiende gazons. De Libanonceders werden waarschijnlijk ook in die tijd geplant. Door een hekje in de ha-ha (zie blz. 32) komen we weer op de parkeerplaats. Hiervandaan is op zondag de cricketmatch goed te volgen.
Cholmondeley is echt een tuin voor een zonnig dagje uit, compleet met een picknick op het gras en een bezoek aan de boerderij.

ADRES

Cholmondeley Castle, Malpas, Cheshire SY14 8AH, tel. 01829-720383.

ROUTEBSCHRIJVING

AA 47 **565**2: 12 km ten noorden van Whitchurch, via de A49 en een klein weggetje.

EIGENAAR

The Marchioness of Cholmondeley.

OPENINGSTIJDEN

In april 's zondags en Bank Holidays van 12.00 tot 17.30 uur, van 1 mei tot eind oktober op woensdag, donderdag en zondag en Bank Holidays van 12.00 tot 17.30 uur.

FACILITEITEN

Tearoom, winkel.

SPECIALITEITEN

Uitzicht, rozentuin, watertuin.

IN DE BUURT

Stapeley Water Gardens (22), Bridgemere Garden World (21).

CLUNY HOUSE (100), Tayside, Schotland

De tuin van Cluny House is gemaakt door de dierenarts Bobby Masterton. Zijn dochter Wendy, die na het overlijden van haar ouders samen met haar echtgenoot John Mattingley in Cluny House woont, zorgt nu voor de tuin. Haar vader vertelde altijd dat de basis voor zijn tuin gevormd was door de 400 pakjes zaad die hij van de Ludlow en Sheriff-expeditie kreeg die in 1948 naar Bhutan ging. Bij elke plant wist hij dan ook wel een verhaal te vertellen, want op een paar grote bomen na heeft hij alles in de tuin geplant. De mammoetboom (*Sequoiadendron giganteum*) stond er al en is met een omtrek van 10,5 m een van de grootste van Groot-Brittannië. Een schijnpapaver (*Meconopsis grandis*), die hij van het zaad dat was meegenomen door de expeditie zaaide, noemde hij altijd de 'droompapaver'. Mrs. Sheriff droomde namelijk tijdens de expeditie eens dat ze een nieuwe vorm van de *Meconopsis grandis* zou vinden en de volgende dag vond ze die ook. De dierenarts wilde in dit mooie stukje Schotland een tuin maken die in alle seizoenen de moeite waard is, en wie tijd heeft er elke maand even naar toe te gaan kan constateren dat dit goed gelukt is.

In maart beginnen de bijzondere primula's als *Primula edgeworthii*, *Primula bhutanica* en *Primula sonchifolia* al te bloeien, gelijk met de toverhazelaars en viburnums. De maand daarna bloeien de voorjaarsbollen, narcissen, hondstand (*Erythronium*), lenteklokjes, *Primula tanneri* en *Primula stromosa. Lysichiton camtschatcensis* komt met de zuiver witte, aronskelkachtige bloemen boven de kale grond uit. Dan volgen de rhododendrons, magnolia's, driebladen (*Trillium*), clematis, schijnpapavers (*Meconopsis*) en de eerste etage-primula's. In juni de *Nomocharis*, een bijzonder bolgewas met grote bloemen, *Lewisia*, *Enkianthus* en de latere etage-primula's. Inmiddels is het hoog zomer en bloeien de lelies, heesterrozen, hortensia's, thalictrums en reuzenlelies (*Cardiocrinum giganteum*). Daarna komen gentianen, Oostindischekerssoorten, herfstbloeiende krokussen, *Lilium superbum* en *Codonopsis*. Na de bloei van de gentianen komen de vruchten van de lijsterbes, sierappel en cotoneaster en voordat de Schotse winter invalt staan de esdoorns, berken, lijsterbessen en kardinaalsmutsen in vuur en vlam. Het aantal primula's is opvallend en het is dan ook geen wonder dat Cluny House een Nationale Collectie (zie blz. 222) van ongeveer 110 soorten Aziatische primula's heeft.

Het lijkt een zeer onrustig en bont geheel, maar niets is minder waar. Deze 2 ha grote, bosachtige tuin is juist een oase van rust, maar wel een waar altijd iets te beleven valt.

ADRES

Cluny House, bij Aberfeldy, Tayside PH1 5JT, Schotland, tel. 01887-820795.

ROUTEBSCHRIJVING

AA 87 **8952**: 5 km ten noordoosten van Aberfeldy (45 km ten noorden van Perth), daar de weg naar Weem nemen, in Weem de eerste weg rechts naar Strathtay, 4,5 km verder staat een bordje naar Cluny House.

EIGENAAR

Mr. en Mrs. John en Wendy Mattingley.

OPENINGSTIJDEN

Dagelijks van 9.00 tot 18.00 uur.

FACILITEITEN

Plantenverkoop, niet geschikt voor rolstoelgebruikers.

SPECIALITEITEN

Nationale Collectie van Aziatische primula's, bostuin met bijzondere planten.

IN DE BUURT

Bell's Cherrybank Gardens (102), Branklyn Garden (103).

CRAGSIDE (49), NORTHUMBERLAND

Cragside werd altijd beschreven als een *palace of a modern magician*, maar wie onderaan begint met een wandeling door het bos en het huis dan ineens in de hoogte ziet liggen, zal het meer een Bommel-kasteel vinden. De Heer Bommel van dit kasteel was Lord Armstrong (1810–1900), een van de grootste Victoriaanse ingenieurs. Hij werd wel een tovenaar genoemd, omdat Cragside in de vorige eeuw het eerste huis was waar elektriciteit door waterkracht werd opgewekt. Armstrong vertelde altijd graag dat 'de beek het huis verlichtte'. Toen de prins van Wales in 1884 zijn huis bezocht waren er tienduizenden lampjes langs het pad opgehangen en straalde uit alle ramen van het huis licht. Uiteraard had Armstrong er ook voor gezorgd dat door een ingenieus systeem het huis van water werd voorzien. Zelfs nu werkt dit systeem nog, maar de dame van de National Trust-winkel dacht wel dat Armstrong zich in zijn graf zou omdraaien als hij wist dat er bij het bezoekerscentrum en in het restaurant zoveel water wordt verbruikt, dat er voor het huis nauwelijks genoeg is. Behalve water en elektriciteit is er in de keuken van het huis een hydraulische lift te vinden, zodat er geen zware pannen de trap op gesjouwd hoefden te worden. Cragside House, dat Lord Armstrong als zomerhuis kocht, was veel kleiner en in 1869 gaf hij Norman Shaw de opdracht het groter te maken. Armstrong was inmiddels een zeer gefortuneerd man. Dit fortuin had hij verdiend met het maken

Cragside: Het Bommel-kasteel van Lord Armstrong.

van hydraulische kranen en allerlei andere slimme machines en door de wapenindustrie. De laatste jaren trok Armstrong zich steeds meer terug op zijn inmiddels 680 ha grote landgoed. Toen Armstrong in 1900 stierf had zijn firma 25.000 man personeel. Zoals zoveel Victorianen waren ook Lord Armstrong en zijn echtgenote grote verzamelaars en zij verwierven een collectie schilderijen van voornamelijk eigentijdse kunstenaars.

Wat de tuin betreft was Margaret Armstrong de grote stimulator. In de kloof die naar het huis toe leidt werden 7 miljoen bomen en heesters geplant. Honderden immens grote rotsblokken werden aangedragen om bij het huis een rotstuin te maken. Het water werd zo geleid dat er allerlei watervalletjes, bronnen en vijvers ontstonden. Over het stroompje dat door de kloof loopt ligt een fraaie ijzeren voetbrug die aan de ene kant naar het huis leidt en aan de andere kant naar de terrassentuin. Aan de achterkant van het huis werden ook grote rotswerken gecreëerd die tot aan de steengroeve leidden. Hieruit waren de stenen voor het huis gehaald. Deze hele 'rotstuin' werd beplant. De terrassentuin werd pas in 1991 door de NT verworven en deze formele, echt Victoriaanse tuin is al gedeeltelijk gerestaureerd. Door een hoge muur van de weg gescheiden werden daar vroeger groente, fruit en bloemen gekweekt. Ook hier komen we de ingenieurskunst van Lord Armstrong tegen. In de kas, die Orchard House wordt genoemd, staan namelijk grote potten die kunnen draaien, zodat de tuinlieden ervoor konden zorgen dat de fruitbomen en de groente de optimale hoeveelheid licht kregen. Het systeem werkt nog steeds en de grote stenen potten kunnen draaien doordat ze op een rand met wieltjes staan. Naast deze kas ligt een mozaïekperk, waarbij

met kleine bladplantjes en succulenten figuren worden gemaakt. De toepasselijke Engelse naam hiervoor is *carpet beds* en het was dan ook de bedoeling dat zulke perken hetzelfde effect zouden geven als een Perzisch tapijt. Op het onderste terras staat een gietijzeren loggia waar planten tegen de wind worden beschermd door glazen muren.
Cragside is zo verschikkelijk groot, dat je alleen al om de tuin te zien een flink eind moet lopen. Vanaf de dichtstbijzijnde parkeerplaats (een van de twaalf) bij het huis is het nog 1 km lopen naar de formele tuinen. Voor de echte wandelaars is er genoeg te lopen op het landgoed, maar de tuinliefhebbers moeten toch eerst de kloof, de rotstuinen bij het huis en de formele terrassentuin bezoeken, want anders zou het daar weleens niet meer van kunnen komen.

ADRES

Cragside, Rothbury, Morpeth, Northumberland NE65 7PX, tel. 01669-20333.

ROUTEBSCHRIJVING

AA 68 **0**7**0**2: 15 km ten westen van Morpeth, via de B6343 en de B6342 of de A697 en de B6344.

EIGENAAR

The National Trust.

OPENINGSTIJDEN

Van 1 april tot eind oktober dagelijks, behalve maandag, van 10.30 tot 19.00 uur (Bank Holidays wel open). Huis is open van 13.00 tot 17.30 uur. November en december dinsdag, zaterdag en zondag van 10.30 tot 16.00 uur.

FACILITEITEN

Bezoekerscentrum, restaurant, winkel.

SPECIALITEITEN

Bos met grote naaldbomen, rotstuin, rhododendrons, terrassentuin.

IN DE BUURT

Wallington (46), Herterton House (47), Bide-a-Wee Cottage (48), Howick Hall (50), Chillingham Castle (51).

CRARAE GARDENS (77), STRATHCLYDE, SCHOTLAND

Grootmoeder Grace Campbell is ermee begonnen, maar vader Sir George Campbell heeft de 20 ha echt beplant en Sir Ilay Campbell maakte van de tuinen een Trust om ze in stand te houden. In de tijd van Lady Grace was Crarae het zomerhuis van de familie en kwamen ze er alleen in het voorjaar en de zomer. Zij zorgde voor de beplanting rond het huis en de *Eucryphia cordifolia*, *Osmanthus delavayi*, *Cercidiphyllum japonicum* en *Osmanthus* (*Osmarea*) *burkwoodii* heeft zij nog geplant. Zij werd hierbij zeer geïnspireerd door haar neef, Reginald Farrer (1880–1920), een bekende plantenjager, die reizen naar Japan, Ceylon, China en Birma maakte. Hij nam daarvandaan niet alleen veel planten en zaden mee, maar

Te midden van de exoten in Crarae Gardens waan je je in de Himalaja.

schreef er ook veel boeken over. Enkele van de planten die we aan hem te danken hebben zijn *Buddleja alternifolia*, *Aster farreri*, *Geranium farreri* en *Rhododendron calostrotum*. Op veertigjarige leeftijd stierf hij in een ver oord aan difterie. Vanaf 1925 was Crarae in het bezit van Captain George Campbell, de zoon van Lady Grace. Hij was nu in het bezit van een natuurlijke kloof waar een stroompje door liep en die begroeid was met berken, eiken, elzen, lijsterbessen en hazelaars. Elk jaar rooide hij een gedeelte van deze natuurlijke beplanting en plantte er heesters en bomen uit andere landen voor in de plaats. Deze 'exoten' kreeg hij als zaden van mensen die plantenjagers sponsorden en van eigenaren van landgoederen als Arduaine, Inverewe, Dawyck en de Royal Botanic Garden Edinburgh. Hij was een expert in het planten van bomen en heesters op de juiste plaatsen en men vergelijkt hem wel met een landschapschilder die met planten schilderde op het doek van het imponerende Schotse landschap. Zijn planten kwamen oorspronkelijk uit Nieuw-Zeeland, Chili, Tasmanië, de Himalaja, China, Japan en de Verenigde Staten. Ook plantte hij veel rhododendrons, maar niet zoveel dat deze de overhand kregen. Hoewel rhododendrons zich op Crarae uitstekend thuisvoelen wilde hij er geen rhododendrontuin van maken, omdat hij vond dat er nog zoveel andere interessante planten waren. Sir George had bij het planten een paar gouden regels: plant nooit te dicht bij elkaar, maar laat ruimte voor een natuurlijke ontwikkeling van de plant en zorg ervoor dat de plant er in zijn omgeving zo natuurlijk mogelijk uitziet. Hij plantte ook nooit één exemplaar, maar altijd een groep, waardoor de tuinen er zeer natuurlijk uitzien. Als je even vergeet dat je in Schotland bent, zou je je in de Himalaja kunnen wanen.

Toen Sir George in 1968 overleed en zijn zoon Sir Ilay Campbell zich voor de taak gesteld zag de tuinen in stand te houden, besloten laatstgenoemde en zijn echtgenote van Crarae Gardens een Trust te maken. Sir Ilay en Lady Campbell zijn beiden *trustees* en zeer nauw bij de tuinen betrokken. Door de tuinen kan een lange (2 uur) of een korte (drie kwartier) wandeling worden gemaakt. Kies, als het enigszins kan, voor de lange wandeling, want dan kunnen we alle bijzondere heesters en bomen (heel veel benaamd) goed bekijken en genieten van de uitzichten. Bij het begin van de wandeling komen we een overblijfsel van een neolithische, ongeveer 4500 jaar oude, grafkamer tegen. De wandeling gaat via rechte en steile paden, bruggetjes over de Crarae Burn, langs watervallen, fantastisch mooie bomen en heesters naar de top. Hiervandaan heb je een schitterend uitzicht op het exotische bos. Tijdens de wandeling vang je telkens een glimp op van het landschap en het water. Langs de waterkant staan schitterende gunnera's en primula's. Het is ondoenlijk om ook maar een klein beetje van al het mooie dat je tegenkomt op te noemen. Alleen al aan rhododendrons staan hier meer dan 400 soorten en cultivars. We laten Sir Ilay aan het woord en hij vertelt wat hij de mooiste bomen en heesters van Crarae vindt: '*Acer micranthum*, een Japanse esdoorn met prachtig vuurrood blad in de herfst, *Disanthus cercidifolius*, met een vermiljoenrode herfstkleur, die nog veel te weinig in tuinen wordt aangeplant, *Eucalyptus pauciflora* subsp. *niphophila* (*E. niphophila*), de 'Snow Gum' uit de bergen van Victoria en Tasmanië, met lange, zilverwitte afbladderende schors, *Nothofagus nervosa* (*N. procera*), een prachtige boom uit Chili met heldergroen jong blad en een mooie gouden herfstkleur, *Nothofagus dombeyii*, een statige groenblijver, ook uit Chili (in Crarae is de Nationale Collectie van *Nothofagus* te vinden (zie blz. 222) van 10 soorten en cultivars), *Eucryphia cordifolia*, in september overdekt met witte, 'boterbloemachtige' bloemen tegen een achtergrond van glanzend donkergroen blad, *Embothrium longifolium*, de 'Chilian Firebush', *Rhododendron wardii* (van de plantenjager Sheriff), met prachtige goudgele bloemen en donkerpaarse vlekken en glanzend blad, die eind juni bloeit, en 'oh so many more'! Maar daarvoor moet je zelf maar gaan kijken in deze mooie, romantische tuin.

ADRES

Crarae Gardens, Minard, bij Inveraray, Strathclyde PA32 8YA, Schotland, tel. 01546-86614/86607.

ROUTEBESCHRIJVING

AA 80 **9897**: 15 km ten zuidwesten van Inveraray, via de A83.

EIGENAAR

The Crarae Gardens Charitable Trust.

OPENINGSTIJDEN

Dagelijks, 's zomers van 9.00 tot 18.00 uur en 's winters van zonsopgang tot zonsondergang.

FACILITEITEN

Tearoom, winkel, plantenverkoop, niet geschikt voor rolstoelgebruikers.

SPECIALITEITEN

Nationale Collectie van *Nothofagus,* natuurlijke kloof met unieke collectie heesters en bomen.

IN DE BUURT

Arduaine Garden (78).

CRATHES CASTLE (96), Grampian, Schotland

Aan Sir James Burnett en zijn echtgenote Lady Sybil hebben we de ongelooflijk mooie tuinen van Crathes Castle te danken. Dit 16de-eeuwse Schotse kasteel werd meer dan drie eeuwen bewoond door de Lairds of Crathes. Wie meer wil weten over deze Schotse landheren kan de tentoonstelling in het bezoekerscentrum van Crathes bekijken. De familie bestond, zoals het goede Schotten betaamt, niet alleen uit generaals, admiraals, rechters en een paar bisschoppen, maar ook uit de nodige excentriekelingen en zwarte schapen. De laatste bewoner van Crathes Castle was General Sir James Burnett. Hij vocht in de Boerenoorlog en de Eerste Wereldoorlog en legde samen met zijn echtgenote Lady Sybil de acht tuinen binnen de ommuurde tuin aan. Hij was gespecialiseerd in heesters en zij in vaste planten. Ze begonnen in 1926 niet helemaal met niets, want toen de beroemde Gertrude Jekyll de tuin rond 1895 een bezoek bracht, sprak zij al van de schitterende kleuren en de grote kruisbessen. De tuin die in haar in 1904 geschreven boek *English Gardens* stond afgebeeld zag er echter wel anders uit dan de tuinen die we nu zien. Het boek was *amusingly mistitled,* want Crathes Castle is geen Engelse, maar een Schotse tuin. De Burnetts hebben haar dat kennelijk niet kwalijk genomen en waren trouwe volgelingen van haar.
De acht tuinen die zij binnen de ommuurde tuin van 1,5 ha aanlegden zijn bijzonder eigentijds en je zou ze zo als achtertuin willen hebben, maar dan wel met de *head gardener* en zijn vier *under gardeners* erbij. Alle acht tuinen zijn verdeeld door borders of door taxushagen. Meteen al bij de ingang zien we de fantastische witte borders, waarbij de witte bloemen mooi afsteken tegen groen of grijs blad en waarin een grote collectie boerenjasmijn (*Philadelphus*) staat. Halverwege de witte border staat een zeer oude laurierkers (*Prunus lusitanica*) op stam en rond deze stam is een bankje gemaakt. Wie hier even verpoost zit op het kruispunt van vier tuinen, de Camel Garden, de Trough Garden, de Golden Garden en de Red Garden. Lady Burnett maakte de Golden Garden in 1973, naar een idee uit het boek van Gertrude Jekyll, *Colour*

Binnen de ommuurde tuin van Crathes Castle vinden we schitterende borders.

Schemes for the Flower Garden. Tussen de Golden Garden en de Red Garden ligt een dubbele heesterborder die toegang geeft tot de Wild Garden, die buiten de ommuurde tuin ligt. Maar daar zijn we nog helemaal niet aan toe, want binnen de muren is nog veel meer moois te zien. De Red Garden, waarin planten met rode bloemen en/of rood blad staan, werd na de tijd van Lady Burnett gemaakt. De June Borders die erachter liggen zijn weer wel van haar hand en deze hebben de duiventil als blikvanger. Deze duiventil stond hier niet van oudsher, maar is er in 1937 naar toe verhuisd. In de borders staan typische cottagebloemen als lupinen, papavers en irissen. In een driehoek achter de juniborder worden planten gekweekt. Daar staan de reuzenlelies (*Cardiocrinum giganteum*), waarvan Crathes een zeer hoge selectie heeft (tot meer dan 3 m) en die in juli bloeien. De Camel Garden is zo genoemd omdat er in het midden twee verhoogde perken liggen en in de Trough Garden staat in het midden een trog. De kassen die de scheiding vormen tussen de vier lager en vier hoger gelegen tuinen zijn in 1978 geheel gerestaureerd en weer net zo beplant als vroeger. In de lengte van de kassen ligt een eenjarigenborder. De Croquet Lawn is vroeger waarschijnlijk gebruikt om dit spel te spelen en de beplanting is na de overdaad aan bloemen in de lager gelegen tuinen zeer sober. De Upper Pool Garden was de eerste tuin die Lady Burnett maakte en hiervoor gebruikte ze de kleuren geel, rood en brons. In de Fountain of Blue Garden zijn op Victoriaanse manier eenjarige, blauwe bloemen geplant rond de fontein met een kopie van een beroemd beeld van het Palazzo Vecchio in Florence. In de Rose Garden zijn vier perken beplant met grootbloemige en trosrozen. In het middelste perk staat de roos 'Scotland's Trust', die in 1991 ter ere van het diamanten jubileum van The National Trust for Scotland zo werd genoemd. De taxushagen die deze hoger gelegen tuinen van elkaar scheiden, zijn op een bijzondere manier geknipt en zouden gedeeltelijk uit het begin van de 18de eeuw stammen. De ommuurde tuinen van Crathes Castle vormen een fantastisch staaltje van tuinmanskunst en zijn werkelijk schitterend om te zien. We vinden er ook twee Nationale Collecties (zie blz. 222): 5 cultivars van ouderwetse tuinanjers (*Dianthus*, Malmaison) en 30 soorten en 32 cultivars *Viburnum*. Voor wie de kleuren voor de ogen schitteren is het mogelijk een van de wandelingen (die variëren van een tot drie uur) op de rest van het landgoed te maken. Als Gertrude Jekyll de tuinen nu nog eens zou zien, zou ze haar boek waarschijnlijk een andere titel geven.

ADRES

Crathes Castle, bij Banchory, Grampian AB31 3QJ, Schotland, tel. 01330-844525.

ROUTEBSCHRIJVING

AA 89 **7497**: 23 km ten zuidwesten van Aberdeen, via de A93.

EIGENAAR

The National Trust for Scotland.

OPENINGSTIJDEN

Dagelijks van 9.30 uur tot zonsondergang. Kasteel, bezoekerscentrum, winkel, plantenverkoop en restaurant van 1 april tot half oktober van 11.00 tot 17.30 uur.

FACILITEITEN

Restaurant, winkel, plantenverkoop.

SPECIALITEITEN

Ommuurde tuin met acht verschillende tuinen waarin borders, vormsnoei. Nationale Collecties van *Dianthus* (Malmaison) en *Viburnum*.

IN DE BUURT

The Scottish Bamboo Nursery (94), Drum Castle (95).

CULZEAN CASTLE (70), STRATHCLYDE, SCHOTLAND

In stormachtige nachten dwaalt in het 18de-eeuwse Culzean Castle de geest van een doedelzakspeler rond. Zijn muziek kondigt het huwelijk aan van de leider van de Kennedy-clan. De familie Kennedy, die al sinds de 14de eeuw in deze streek woont en er een middeleeuws kasteel op nahield, gaf de bekende architect Robert Adams in 1777 opdracht een veel groter kasteel te bouwen. Dit kostte hem niet minder dan 13 jaar, maar hij werd hier zo bekend door, dat men het wel zijn 'culzean-stijl' noemde. Kasteel, tuinen en landgoed van 225 ha werden door de familie in 1945 aan de National Trust for Scotland geschonken. Het kasteel is niet het enige bouwsel op het landgoed; verspreid over het terrein zijn nog zo'n veertig verschillende bouwwerken. Het viaduct dat Adams

Een van de terrassen van Culzean Castle is opgefleurd met een astilbeborder.

speciaal ontwierp om als toegangsweg tot het kasteel te dienen is pas gerestaureerd. Ook de prachtige camelliakas staat een restauratie te wachten. Sommige van deze bouwsels hadden nut, zoals het viaduct, de ijskelders, de molen en het Laundry House, maar andere zoals de Pagoda en het Round House stonden er meer ter versiering. Het kasteel is op een klif gebouwd en vanaf deze plaats heb je een prachtig uitzicht over de Firth of Clyde naar de Arran Eilanden. Aan de zuidkant van het kasteel liggen terrassen met fraaie borders, een gazon en een vijver met fontein in het midden. Deze Fountain Court was er misschien in de 17de eeuw ook al, want in 1693 schrijft dominee William Abercrummie:

'(...) flanked on the south with very pretty gardens and orchards, adorned with excellent terraces; and the walls laden with peaches, apricots, cherries and other fruits.'

De vruchten zijn echter inmiddels door de verschillende generaties bewoners vervangen door klimmers en exotische planten die zich ook wel tegen de warme muur van het terras thuisvoelden. De ommuurde tuin, die verder van het kasteel af ligt, is de moeite van een bezoek waard. In dit domein van de tuinlieden werden vroeger alle groente en fruit voor het kasteel gekweekt. Er liggen veel tuinmansvoetstappen op het pad van deze tuin naar het kasteel, want elke dag werden daar kruiwagens vol groente, fruit en bloemen naar toe vervoerd. Er wordt nu nog steeds groente gekweekt, maar veel minder dan vroeger. In de perzikkas, een van de overgebleven zes kassen, worden nog steeds perziken gekweekt. In deze tuin staat ook een Bothy, een huisje waar een ongetrouwde tuinman woonde, die dan meestal de 24-uurs zorg voor de verwarming van de kassen had. We zien hier nu een prachtige dubbele border aan weerszijden van een graspad. Tussen de ommuurde tuin en de Happy Valley is een kruidentuin aangelegd. De Happy Valley vormt een overgang tussen de tuin en het bos en is in de 19de eeuw beplant met douglassparren (*Pseudotsuga menziesii*), westerse hemlocksparren (*Tsuga hetrophylla*), Sitkasparren (*Picea sitchensis*) en Californische cipressen (*Chamaecyparis lawsoniana*). Achter de Happy Valley liggen de Swinston Ponds. Wie nog meer wil bekijken heeft echt een plattegrond nodig om niet te verdwalen en is wel een dagje zoet.

ADRES

Culzean Castle, Maybole, Strathclyde KA19 8LE, Schotland, tel. 01655-760269.

ROUTEBSCHRIJVING

AA 73 **2410**: 18 km ten zuidwesten van Ayr, via de A719.

EIGENAAR

The National Trust for Scotland.

OPENINGSTIJDEN

Het hele jaar dagelijks van 9.30 uur tot zonsondergang. Kasteel, bezoekerscentrum, restaurant en winkel van 1 april tot half oktober dagelijks van 10.30 tot 17.30 uur.

FACILITEITEN

Bezoekerscentrum, restaurant, plantenverkoop, winkel.

SPECIALITEITEN

Ommuurde tuin, park.

IN DE BUURT

Glenwhan Garden (68), Castle Kennedy (69).

DALEMAIN (41), CUMBRIA

Dalemain is niet wat het lijkt en de wat kille façade van het huis verraadt de rozenweelde achter het huis niet. Er wonen al drie eeuwen Hasells in Dalemain en Sylvia McCosh, geboren Hasell, woont er nu met haar echtgenoot Bryce MacCosh, met zoon Robert, zijn echtgenote Jane en de kleine Hermione. Het huis is ook te bezichtigen en doet verbazingwekkend huiselijk aan. Vooral de Nursery met het poppenhuis, de blikken treintjes, een collectie speelgoed uit het begin van deze eeuw en het bankje waar de kinderen op mochten staan om naar de binnenplaats te kijken. De *Children's Song* van Kipling hangt ingelijst aan de muur:

Land of our Birth, we pledge to thee
Our Love and toil in the years to be;
When we are grown and take our place
As men and women with our race.

De formele tuin met buxushaagjes van Dalemain.

We zien ook de kamer van de Housekeeper, want in het begin van deze eeuw was zij een van de vijftien inwonende bedienden. Dalemain is nog steeds een landgoed, al wonen de bedienden dan niet meer in. Ze hebben boerderijen die ze verpachten en exploiteren 12.000 ha bos. In het huis is ook nog het Yeomanry Museum te vinden met relikwieën van de soldaten van de vrijwillige cavalerie. Edward Hasell richtte namelijk in 1819 een cavalerie-regiment op en was 50 jaar lang kolonel. In de 16de-eeuwse Great Barn op de binnenplaats is het Countryside Museum met landbouwmachines, gereedschappen en nog meer oud spul.
Als je in de tuinen rondloopt zou het net zo goed het begin van deze eeuw kunnen zijn. De tuinman maakt een praatje en zet speciaal voor ons de fontein aan. De Girl's Scouts kamperen in grote tenten op het weiland beneden en staan op het kampvuur hun potje te koken. Om de hoek van het huis beginnen de tuinen; tegen de keermuur klimmen rozen, kamperfoelie en andere klimplanten en ligt een lange border, waarvan de planten tot op het grind overhangen. Aan het eind hiervan staat een grote Griekse zilverspar (*Abies cephalonica*) en in de schaduw ligt een formele tuin met buxushaagjes. De tuin gaat verder omhoog en we komen in een boomgaardje met oude appel- en perenbomen en een collectie heesterrozen. Een tuinhuis is in de muur gebouwd. Door een deur in de muur kom je in Lob's Wood. Deze tuin is genoemd naar Lob uit het toneelstuk 'Dear Brutus' van J.M. Barrie. In dit stuk wordt een tweede kans in het leven gegeven door een deur door te gaan. Via een trapje in het bos kom je in een geheime tuin. Dit is de wilde tuin, die door de moeder van de huidige eigenares is gemaakt. We zouden Dalemain een nostalgische tuin kunnen

noemen, niet perfect 'Trusty' onderhouden, maar wel met de sfeer van weleer.

ADRES

Dalemain, Penrith, Cumbria CA11 0HB, tel. 017684-86450.

ROUTEBSCHRIJVING

AA 59 **4827**: 5 km ten zuidwesten van Penrith, via de A592.

EIGENAAR

Mr. en Mrs. Bryce en Sylvia McCosh-Hasell.

OPENINGSTIJDEN

Van Pasen tot eerste week oktober dagelijks, behalve vrijdag en zaterdag, van 11.15 tot 17.00 uur.

FACILITEITEN

Restaurant en tearoom, plantenverkoop, winkel.

SPECIALITEITEN

Rozen, uitzicht.

IN DE BUURT

Acorn Bank (40), Hutton-in-the-Forest (42).

DAWYCK BOTANIC GARDEN (61), Borders, Schotland

In meer dan drie eeuwen hebben de Veitches, de Naesmyths en de Balfours een arboretum bij elkaar verzameld dat er mag zijn. De familie Veitch, die de eerste exotische bomen in Schotland introduceerde, richtte later de beroemde kwekerij John Veitch & Sons op. Zij zorgden ervoor dat de paardekastanje (*Aesculus hippocastanum*) gezelschap kreeg van de inheemse eiken, hazelaars, berken en grove den (*Pinus sylvestris*), en dat zilversparren (*Abies alba*) uit Frankrijk tussen de wintereiken (*Quercus petraea*) werden geplant. Er zijn zelfs nog een paar originele zilversparren uit de 17de eeuw over. Eind 17de eeuw nam James Naesmyth het landgoed over en zijn zoon, een professionele botanicus die zelfs colleges van Linnaeus had gehad, ging verder met planten. Men zegt dat de grote Linnaeus zelf op Dawyck de eerste Europese lariksen (*Larix decidua*) van Schotland plantte. De kleinzoon van de tweede James zorgde voor meer dan 800 ha gemengd bos en liet een nieuw huis bouwen nadat het oude was afgebrand. De familie schreef ook in op expedities en de grote douglassparren die nu nog in het arboretum van Dawyck staan zijn afkomstig van originele zaden die door Douglas zelf zijn meegebracht. Deze laatste Naesmyth, Sir John, ontdekte op een gegeven moment een zaailing van een beuk met een bijzondere, opgaande groeiwijze. Hij nam de zaailing mee en plantte het boompje dicht bij huis, zodat hij het in de gaten kon houden. De boom die hieruit groeide behield zijn zuilvorm en werd bekend als *Fagus sylvatica* 'Dawyck'. De originele boom staat in het privé-gedeelte van de tuin, maar de nakomelingen kunnen we in het arboretum vinden.

Een clinometer, een nuttig kunstwerk waarmee je de hoogte van de bomen kunt meten in Dawyck Botanic Garden.

Mrs. Alexander Balfour, die Dawyck in 1897 kocht, had een zoon Frederick (F.R.S. Balfour) die zo enthousiast werd voor de tuin, dat hij toen hij in Californië werkte, zaden van bomen verzamelde en naar Dawyck stuurde. Nadat hij weer in Engeland ging wonen werd hij een autoriteit op het gebied van planten uit het westen van Noord-Amerika. F.R.S. Balfour had ook wat met rhododendrons en hij plantte elke rhododendron die hij tegenkwam. Door het barre klimaat overleefden ze echter niet allemaal. De 80 verschillende soorten die hier nu in het voorjaar hun bloemen tentoonspreiden kunnen tegen het klimaat. In 1945 erfde zijn zoon Dawyck, die het vervolgens in 1978 aan de Royal Botanic Garden Edinburgh schonk.
De botanici van deze universiteit vormen na Veitch, Naesmyth en Balfour de vierde generatie die doorgaat met het planten van bomen en het bijhouden van wat reeds geplant is. Zij plantten grote collecties esdoorns, berberis, berk, cotoneaster, lijsterbes en spirea. Dit 24 ha grote arboretum vergt wel wat wandelactiviteiten, maar die moeite wordt beloond, want er is bijzonder veel moois te zien. Natuurlijk vooral heesters en bomen, want daar is het uiteindelijk een arboretum voor, maar in het voorjaar ook velden vol narcissen, sneeuwklokjes en wat later ook *Dicentra formosa*, die zich hier gedraagt als een wilde bloem en in grasland groeit dat eenmaal per jaar wordt afgemaaid.

ADRES

Dawyck Botanic Garden, Stobo, Peeblesshire, Borders EH45 9JU, Schotland, tel. 01721-760254.

ROUTEBSCHRIJVING

AA 75 **1735**: 12 km ten zuidwesten van Peebles, via de B712.

EIGENAAR

Royal Botanic Garden Edinburgh.

OPENINGSTIJDEN

Van half maart tot 22 oktober dagelijks van 10.00 tot 18.00 uur.

FACILITEITEN

Plantenverkoop, winkel, tearoom.

SPECIALITEITEN

Arboretum, rhododendrons, de 'Dawyck'-beuk.

IN DE BUURT

Kailzie Gardens (57), Broughton Place (62), Malleny House (60).

DOCHFOUR ESTATE (83), HIGHLAND, SCHOTLAND

Na de Battle of Brechin werd het landgoed Dochfour aan de voorvaderen van Lord Burton gegeven en vanaf die tijd, omstreeks 1400, hebben hier nakomelingen van deze familie gewoond. Tijdens de Rebellion brandde het originele huis af en in 1780 werd een begin gemaakt met het bouwen van het huis dat we nu zien. Het gedeelte van het huis dat uitkeek op Loch Dochfour stamt uit die tijd, maar in de volgende eeuwen werd het her- en bijgebouwd. Het huis was ontworpen in Italiaanse stijl, omdat Italië destijds bij de Lairds een populaire reisbestemming was. Bij het aanleggen van de tuinen in 1820 moesten deze er ook Italiaans uitzien met formele terrassen die tot aan het water doorliepen. Het was de bedoeling dat het huis eruit zou zien als een villa aan het Comomeer. In de *Highland Journals* van koningin Victoria werd het huis genoemd, want toen prins Albert Dochfour in 1847 bezocht bracht hij hierover verslag uit aan de koningin; hij vond het 'beautiful, the house elegant, with a fine garden'. De prins arriveerde per boot via Loch Dochfour en vanaf die dag is het kleine hekje bij de tennisbaan bekend als de Prince Gate. Toen liep er nog geen weg tussen tuin en Loch.
In de tuin staan grote bomen waaronder in het voorjaar de narcissen en rhododendrons bloeien. Een bijzondere boom, die rond 1860 uit Californië werd geïntroduceerd en toen ook in de tuinen van Dochfour werd geplant, is de nootkacipres (*Chamaecyparis nootkatensis*). De hoge taxushagen werden in het begin van deze eeuw geplant.
De tegenwoordige Lady Burton houdt zich veel bezig met de tuinen en er is nu ook een kwekerij die heesters, rozen en vaste planten en eenjarigen verkoopt. Bovendien hebben ze – vooral in de frambozentijd – een bord aan de weg staan met Pick Your Own Fruit. De tuinen werden rond 1985 voor het publiek opengesteld

Lady Burton van Dochfour Estate is bezig met de restauratie van de tuinen.

en Lady Burton is nog steeds bezig met de restauratie ervan. De schaal van de fontein die op het gazon bij het huis staat vond zij een aantal jaren geleden op een grote hoop puin terug. De rozentuin is opnieuw beplant en er is een nieuwe border gemaakt. De *head gardener* woont in de formele tuin en bij zijn huis liggen kruidenbedden en is een rozenboog opgericht. Bij de nieuwe boomgaard zijn azalea's geplant en zo is er nog steeds een renovatieprogramma gaande. De hoge taxushagen geven de formele tuinen een zeer besloten sfeer en zoals het in een goede Schotse tuin hoort slingert ook hier *Tropaeolum speciosum* zich met vuurrode bloemetjes door de taxushagen. Het uitzicht op het Loch is schitterend en geeft de tuin een extra dimensie. Vroeger werkten er zeventien tuinlieden in de tuin, waarvan sommigen elke dag vanaf de heuvel van Abriachan kwamen lopen. Er zijn nu twee tuinlieden en ook Lord en Lady Burton besteden vele uren in de tuin, vooral als de gazons gemaaid moeten worden.

ADRES

Dochfour Estate, Dochfour, bij Inverness, Highland IV3 6JY, Schotland, 01463-861218 (Estate Office).

ROUTEBSCHRIJVING

AA 92 **6**0**3**9: 9 km ten westen van Inverness, langs de A82.

EIGENAAR

Lord en Lady Burton.

OPENINGSTIJDEN

Van 1 april tot eind oktober maandag tot en met vrijdag van 10.00 tot 17.00

uur en zaterdag en zondag van 14.00 tot 17.00 uur. De rest van het jaar (behalve eerste kerstdag) maandag tot en met vrijdag van 10.00 tot 17.00 uur.

FACILITEITEN

Plantenverkoop en zelf fruit plukken.

SPECIALITEITEN

Uitzicht, formele tuinen.

IN DE BUURT

Abriachan Nurseries (82), Ardfearn Nursery (84), Poyntzfield Herb Nursery (85).

DRUM CASTLE (95), GRAMPIAN, SCHOTLAND

In Drum Castle heeft zich heel wat Schotse geschiedenis afgespeeld en de geschiedenis van het kasteel is die van alle generaties Irvine die er in de loop van 653 jaar gewoond hebben. De Irvines van Drum waren er altijd bij als er wat te beleven viel en hun afstammelingen verspreidden zich over de hele wereld. Het schijnt dat ze zelfs verre familie van Theodore Roosevelt, de 26ste president van de Verenigde Staten, zijn. In 1323 kreeg William de Irwin, als trouwe secretaris van koning Robert the Bruce, het landgoed Drum. Hij verkreeg tevens het recht om mensen die iets verkeerd deden te verdrinken of op te hangen. In de loop der eeuwen werd door de Irvines heel wat afgeknokt en ze amuseerden zich best, want zoals de geschiedschrijving meldt: '(...) they were survivors and they did know how to enjoy themselves.' De Lairds van de 19de eeuw waren echter brave burgers geworden en werkten als rechter, advocaat of beroepsmilitair. De 20ste eeuw telde drie Lairds, de 22ste die in de Eerste Wereldoorlog bij de Grenadier Guards vocht, de 23ste een vrijgezel die in 1940 stierf toen hij in dienst was bij de Gordon Highlanders, en zijn broer Henry Forbes Irvine, de laatste Laird, die bij de King's African Rifles vocht. Tien jaar voor zijn dood schonk hij Drum Castle en de bijbehorende 160 ha aan de NTS. De familie deed niet echt veel aan kleinschalig tuinieren, maar plantte wel veel bomen en legde een watertuin aan. De NTS heeft binnen de ommuurde tuin een rozentuin aangelegd. Deze betrekkelijk nieuwe tuin (1991) is in vieren verdeeld en elk deel vertegenwoordigt een eeuw. De rozen in de 17de-eeuwse rozentuin zijn gecombineerd met kruiden, in de 18de-eeuwse tuin zijn de rozen omgeven met buxushaagjes, in de 19de-eeuwse tuin staan vaste planten bij de rozen en in de 20ste-eeuwse rozentuin staat een zonnewijzer. Bij deze zonnewijzer moet je op de goede plaats met je rug naar de zon gaan staan en dan wijst je schaduw de tijd aan. In de tuin is een schuurtje ingericht met oud tuingereedschap. De bedoeling van de tuin is de rozen hun eigen geschiedenis te laten vertellen en zo tref je in de 20ste-eeuwse tuin moderne rozen aan en in de 17de-eeuwse tuin oude rozen.

De 17de-eeuwse rozentuin van Drum Castle.

De rozen zijn uitstekend benaamd en doordat ze op eeuw gerangschikt zijn neem je ongemerkt een stukje rozengeschiedenis tot je. De 17de-eeuwse *Rosa centifolia*, de 18de-eeuwse 'Celsiana', de 19de-eeuwse 'Félicité et Perpétue' en de 20ste-eeuwse 'Apple Blossom' hebben dan wel niet zo'n bloedige geschiedenis als de Lairds van Drum Castle, maar wat stekels betreft zullen ze niet veel voor elkaar onder doen.

ADRES

Drum Castle, Drumoak, bij Banchory, Grampian AB31 3EY, Schotland, tel. 01330-811204.

ROUTEBSCHRIJVING

AA 89 **79**0**1**: 15 km ten zuidwesten van Aberdeen, via de A93.

EIGENAAR

The National Trust for Scotland.

OPENINGSTIJDEN

Tuin: van Goede Vrijdag tot 22 oktober dagelijks van 10.00 tot 18.00 uur. Park: het hele jaar dagelijks van 9.30 uur tot zonsondergang. Kasteel: van Goede Vrijdag tot eind juni en de maand september dagelijks van 13.30 tot 17.30 uur, van 1 juli tot 31 augustus dagelijks van 11.00 tot 17.30 uur, van 1 tot 22 oktober op zaterdag en zondag van 13.30 tot 17.30 uur.

FACILITEITEN

Tearoom, winkel.

SPECIALITEITEN

Ommuurde rozentuin.

IN DE BUURT

Crathes Castle (96), The Scottish Bamboo Nursery (94).

DRUMMOND CASTLE (101), TAYSIDE, SCHOTLAND

De entree naar Drummond Castle is via een lange beukenallee en de tuin die je met al deze mooie bomen als voorafje verwacht zou een landschapstuin kunnen zijn. Maar nadat je de auto geparkeerd hebt en de binnenplaats, die tussen het kasteel en het 17de-eeuwse huis ligt, bent overgestoken, zul je staande op het bovenste terras een kreet van verrassing slaken, want daar beneden ligt de hoofdmaaltijd, een Schotse, Frans-Italiaanse terrassentuin van meer dan 5 ha groot. Foto's kunnen een indruk geven van de grootte en indeling van de tuin, maar het hoogteverschil kunnen zij niet weergeven. Zoals het kasteel een optelling van een som der eeuwen is, doordat er bijgebouwd en gerestaureerd werd, is deze tuin dat ook. Het schijnt dat de allereerste beginselen van de tuin al in 1630 door John de tweede Earl of Perth gemaakt zijn. Zijn verblijf in Frankrijk straalde uit naar de tuin. De bijzondere zonnewijzer die nu nog steeds middenop de noord-zuidas van de tuin staat, is door hem geplaatst en gemaakt door John Mylne.

We are the hours on the pillar you see
Marked by the shadows that ever flee
And move with the sun in its course on high
Noting the time passing swiftly by

Deze 19de-eeuwse vertaling van de Latijnse inscriptie maakt duidelijk dat het niet één zonnewijzer is, maar dat het er meer zijn. Eigenlijk is het een antiek digitaalhorloge, waarop je de tijden in de verschillende steden van de wereld kunt zien. De zonnewijzer vormt het middelpunt van een Andreaskruis en staat op een mozaïek van steentjes in een patroon van zwarte en witte golven. Deze zijn afkomstig van het wapen van de Drummonds. Volgens de familie zijn er twee verschillende verklaringen voor dit patroon. Het zouden de drie rivieren van Perthshire kunnen zijn, maar het kan ook zijn dat een voorvader uit de 11de eeuw dit wapen, het land en de familienaam Drummond van een Schotse koning heeft gekregen. Dit verre familielid redde een Hongaarse prinses toen er een storm op de wateren van de Firth of Forth woedde en de Schotse koning trouwde daarna met haar.
De tuin zoals we die nu zien zag er na de Tweede Wereldoorlog wel even anders uit en Phyllis Astor, de echtgenote van de derde Earl of Ancaster is in 1950 begonnen met de restauratie ervan. Zij heeft daarbij de grote lijnen aangehouden, maar wel de moed gehad om de overdreven dichte Victoriaanse beplanting te vereenvoudigen. Op foto's uit het eind van de vorige eeuw is te zien dat de beplanting veel dichter was, maar de vazen en beelden en in vorm gesnoeide taxus en buxus heeft zij gehandhaafd, gefatsoeneerd en

weer bijgeplant. Behalve buxus en taxus staan er ook in vorm gesnoeide laurierkersen (*Prunus lusitanica*). Het ontwerp van de tuin is waarschijnlijk uit het begin van de 19de eeuw toen Lewis Kennedy, die in Malmaison voor keizerin Josephine had gewerkt, rentmeester van Drummond werd. Samen met de bekende 19de-eeuwse Charles Barry zou hij deze bijzondere, formele tuin gemaakt hebben. Veel beelden die we in de tuin zien zouden dan ook door Charles Barry uit Italië zijn meegenomen. In de tijd van deze heren was de beplanting zeer overdadig, geen wonder, want zowel de vader van Lewis Kennedy als later zijn zwager hadden vooraanstaande kwekerijen. Men zegt dat *Tropaeolum speciosum* voor het eerst in de tuinen van Drummond Castle bloeide. Nu zijn de bedden, die omrand zijn door buxushaagjes, gevuld met lavendel en zijn er perken met rozen. Het aantal tuinlieden is natuurlijk zeer gereduceerd in vergelijking met de vorige eeuw en niet alle perken zijn meer ingeplant met de tijdvretende eenjarigen, want deze tuinlieden hebben nog meer te doen: zij zorgen ook voor de moestuin met kassen die achter de poort aan het eind van de hoofdas liggen. Hier weer achter loopt een breed graspad tussen grote bomen omhoog, daarvandaan kijk je vanaf de andere kant op de terassentuin en ligt het kasteel op de achtergrond. In het midden van de jaren zeventig heeft de familie een Trust opgericht om het kasteel en de bijzondere tuinen voor de toekomst te bewaren.

ADRES

Drummond Castle, Muthill, bij Crieff, Tayside PH7 4HZ, Schotland, tel. 01764-681257.

ROUTEBESCHRIJVING

AA 82 **8518**: 5 km ten zuiden van Crieff, langs de A822.

EIGENAAR

Grimsthorpe and Drummond Castle Trust.

OPENINGSTIJDEN

Van 1 mei tot eind oktober dagelijks van 14.00 tot 18.00 uur.

SPECIALITEITEN

Formele terrassentuin, vormsnoei, beelden, moestuin.

IN DE BUURT

Bell's Cherrybank Gardens (102), Branklyn Garden (103).

DUNGE FARM GARDENS (17), CHESHIRE

Hier hebben we niet te maken met een Room with a View, maar met een Garden with a View. De tuinen van Dunge Farm liggen in het mooie Peak District en de uitzichten zijn dan ook fantastisch. Toen David en Elizabeth Dunge Farm in 1976 kochten was het huis zo slecht, dat ze de eerste drie jaar in een caravan gewoond hebben terwijl het opgeknapt werd. Met de tuin van 2 ha begon-

Dunge Farm Gardens: een tuin met een uitzicht.

nen ze in 1982. Dicht bij huis plantten ze veel bijzondere vaste planten en heesterrozen en verder weg in het bos was de grond zeer geschikt voor rhododendrons. Hiervan plantten ze meer dan 250 verschillende, voornamelijk soorten, maar ook cultivars. De tuin bestaat niet alleen uit rhododendrons, want de steile hellingen en diepe dalen zijn ook beplant met schijnpapavers (*Meconopsis*), primula's, drieblad (*Trillium*), gentianen, vingerhoedskruid en gunnera's. Hoe verder van huis hoe 'wilder' de beplanting wordt. Binnenkort kunnen we nog verder, want in 1995 kochten David en Elizabeth nog eens een kleine 50 ha land. Hier grazen nu nog schapen op, maar het is de bedoeling deze grazige weiden te veranderen in een natuurpark met bos en water en dan zal de naam Dunge Farm Gardens veranderd worden in Dunge Valley Gardens. David en Elizabeth hebben jarenlang met lede ogen aangezien hoe de wilde bloemen in de magen van de hongerige schapen verdwenen, en wat zij willen is het land terugbrengen in zijn natuurlijke staat, waardoor er ook weer allerlei wilde dieren terugkeren. De natuurlijke vegetatie willen ze aanvullen met bomen. Ze hebben grootse plannen en willen er op den duur een studiecentrum maken. Er zijn al contacten met universiteiten voor het opzetten van bijzondere collecties planten. Beiden komen uit deze omgeving en ze zijn vast van plan er altijd te blijven wonen. Hun tuin bij het huis beplantten zij met 'exoten', want ook hierin zijn zij zeer geïnteresseerd. David is al driemaal in Nepal geweest om zaden en planten te verzamelen. Voorlopig valt er echter alleen nog door hun eigen tuin te wandelen, waar bankjes op de mooiste plaatsen staan om van het uitzicht te genieten. Van Dunge Farm Gardens naar Dunge Valley Gardens en het Dunge Farm

Conservation Park, een ontwikkeling om in de gaten te houden. Het is de moeite waard er alvast eens langs te gaan om door de tuinen te wandelen.

ADRES

Dunge Farm Gardens, Kettleshulme, bij Stockport, Cheshire SK12 7RF, tel. 01663-733787.

ROUTEBSCHRIJVING

AA 48 9877: 10 km ten noordoosten van Macclesfield, in Kettleshulme; het staat aangegeven op de B5470.

EIGENAAR

Mr. en Mrs. David en Elizabeth Ketley.

OPENINGSTIJDEN

Van 1 april tot eind augustus van 10.30 tot 18.00 uur.

FACILITEITEN

Tearoom, plantenverkoop.

SPECIALITEITEN

Uitzicht, rhododendrons, bostuin.

IN DE BUURT

Lyme Park (16), Capesthorne Hall (18), Gawsworth Hall (19).

DUNHAM MASSEY (27), CHESHIRE

Tijdens de bouw van Dunham Massey Hall, verongelukte de architect door een val van het dak. Men vermoedde dat hij tijdens een heftige discussie met de bouwers van het dak werd geduwd. Sindsdien dwaalt hij als spook rond door de vele kamers van de Hall. Wie iets van de ontwikkeling van de tuin wil zien, zal ook door de kamers moeten dwalen, want daar hangen veel schilderijen van de tuin in diverse stijlen. Wat er nu nog van over is, is een combinatie van de verschillende tuinen, gerestaureerd door de NT. Niet alleen de tuin, maar ook het 90 ha grote park is open voor het publiek. Toen de NT de tuinen in 1976 kreeg waren er sinds de Tweede Wereldoorlog nogal wat stukken verwaarloosd. In die tijd was het hele gazon in het kader van het Dig for Victory-project in beslag genomen door rijen groente en aardappels, maar nu ligt hier weer een keurig gazon. De planten langs het stroompje waren overgroeid met bramen en hulst en van het stroompje zelf was nauwelijks meer iets te bekennen. Na het schoonmaken ervan werden de oevers ingeplant met vochtminnende planten zoals gele lissen (*Iris pseudacorus*, moerasaronskelken (*Lysichiton americanus*), schijnpapavers (*Meconopsis* x *sheldonii*) en *Ligularia*. Zij staan in gezelschap van gunnera's, oersterke planten die ongeschonden uit de strijd te voorschijn kwamen. Op het gazon dicht bij het huis werd de parterre, omgeven met bonte taxus uit 1905, weer helemaal hersteld. In de zomer krijgt deze parterre kleur door *Geranium* 'Mrs. Quilter', *Verbena veno-*

sa, *Lobelia* 'Crystal Palace' en de blauwe *Salvia farinacea* 'Victoria'. In het midden staat, zoals toen gebruikelijk, een grote *Yucca*. Naast deze parterre ligt een heuvel beplant met *Robinia pseudoacacia*. Vanaf de heuvel heb je een mooi uitzicht op het water van de Moat, dat meer op een meer lijkt dan op een slotgracht. Dit grote water, dat achter de parterre langs gaat, wordt smaller en komt als een kanaaltje bij het Well House terecht. Hiervandaan werd via een ingenieus systeem en met behulp van de zwaartekracht het water naar het huis vervoerd. Langs het kanaal staan vochtminnende planten als roze moerasspirea, Japanse irissen (*Iris ensata*) en bontbladige lissen (*Iris pseudacorus* 'Variegata'). Vlak bij dit kanaal zien we de mooie 18de-eeuwse oranjerie, die vroeger gebruikt werd om niet-winterharde planten als mirten vorstvrij in te laten overwinteren. Dunham Massey is geen echt spectaculaire tuin, maar gezien de ligging zo dicht bij Manchester een oase van rust in de drukke wereld.

ADRES

Dunham Massey, Altrincham, Cheshire WA14 4SJ, tel. 0161-9411025.

ROUTEBSCHRIJVING

AA 47 **7687**: 5 km ten westen van Altrincham, via de A56 (556) en de B5160.

EIGENAAR

The National Trust.

OPENINGSTIJDEN

Van 1 april tot eind oktober dagelijks van 11.00 tot 17.30 uur. Huis is van 12.00 tot 17.00 uur open, maar niet op donderdag en vrijdag. Molen werkt op woensdag en donderdag.

FACILITEITEN

Restaurant, winkel.

SPECIALITEITEN

Oranjerie, oeverbeplanting.

IN DE BUURT

Tatton Park (24), Arley Hall (25), Caddick's Clematis Nursery (26).

DUNROBIN CASTLE (86), Highland, Schotland

Dunrobin Castle is het noordelijkste en oudste kasteel in Schotland met de meeste (189!) kamers. Het kasteel ligt hoog op een rots en ziet er met al zijn torentjes uit als een zandkasteel, alsof het zo door een golf in zee zal verdwijnen. Maar de zee kan er niet bij, daarvoor ligt het kasteel te hoog. Een gedeelte ervan staat er al vanaf de 13de eeuw, een ander gedeelte is uit de 17de en er is ook nog een stukje uit de 18de eeuw, maar het kasteel zoals we dat nu zien is in 1845 gemaakt door de architect Sir Charles Barry, die ook de Houses of Parliament in Londen bouwde. Na een brand in 1915 heeft Sir Robert Lorimer er ook nog het een en ander aan opgeknapt.

Uitzicht vanuit Dunrobin Castle over de formele tuin heen naar de zee.

De formele tuinen van Dunrobin Castle werden door dezelfde Sir Charles Barry in 1848 aangelegd, in Franse stijl met een Schots sausje eroverheen. Van bovenaf is de tuin overweldigend om te zien, mede doordat de zee als achtergrond fungeert. Als je de trappen afdaalt, komt er nog een tuin te voorschijn, waar je eerst overheen keek. Tegen de hoge muur ligt een prachtige border en over dit gedeelte van de tuin werd al rond 1600 geschreven. Stonden er toen groente, fruit, kruiden en bloemen, nu vinden we er voornamelijk overdadig bloeiende vaste planten en rozen. Onderaan de formele tuin, vlak bij zee, ligt nog een schitterende border, een dubbele, aan weerszijden van een pad dat slechts door een hek van het strand gescheiden is. Men wordt vriendelijk verzocht het hek dicht te houden, omdat konijnen ook bewonderaars van de borders zijn. Het is echt niet genoeg om de tuinen van bovenaf te bekijken. Het uitzicht is wel erg mooi, maar als je erdoorheen loopt blijkt er veel meer te zijn. Vijvers met fonteinen, prachtige loden beelden, perken met statige leeuwebekken gevuld en een 17de-eeuws tuinhuis. Dit tuinhuis is nu een museum en dat moet je gaan bekijken, want alle rariteiten die de familie Sutherland in de loop der eeuwen verzameld heeft staan hier uitgestald. Bij de entree is het even schrikken, want hier kijken allerlei jachttrofeeën je aan. Zelfs olifanten, krokodillen en levensgrote giraffen, allemaal gesneuveld door de grote jacht- en verzamelwoede van de Sutherlands. Er is ook een collectie zilveren, gegraveerde spaden te zien, een schop waarmee de koning van Spanje in september 1928 een boom plantte in de tuinen van Dunrobin, een mesje dat de Duchess of Sutherland in 1939 op de Galapagos Eilanden gevonden heeft en er zijn stenen en fossielen. In het museum waan je je even in een andere wereld en je vraagt je af waar de tuinlieden van vroeger zo hun best voor deden. Voor de koning van Spanje die een dagje langskwam, voor de familie die ergens ver weg aan het jagen was of in een van de andere kastelen verbleef? Of gewoon omdat zij trots waren op zo'n mooie tuin? Laten we het maar op het laatste houden.

ADRES

Dunrobin Castle, Golspie, Sutherland, Highland KW10 6SF, Schotland, tel. 01408-633177/633268.

ROUTEBSCHRIJVING

AA 97 **8501**: 2 km ten noorden van Golspie, via de A9.

EIGENAAR

The Sutherland Trust.

OPENINGSTIJDEN

Tuin: het hele jaar. Kasteel: van Pasen tot half oktober dagelijks, maandag tot en met zaterdag van 10.30 tot 17.30 uur en zondag van 13.00 tot 17.30 uur. In april, mei en oktober een uur eerder gesloten.

FACILITEITEN

Tearoom, winkel, museum.

SPECIALITEITEN

Formele terrassentuin, uitzicht, borders.

EDZELL CASTLE (97), TAYSIDE, SCHOTLAND

Toen Sir David Lindsay, Lord Edzell, in 1604 zijn ommuurde tuin maakte, liet hij het wapen met het motto van de Lindsays *Dum Spiro Spero* boven de deur van de oostelijke muur aanbrengen. De muren om de tuin waren geen gewone muren, want Lord Edzell wilde een tuin maken die zowel stimulerend voor de geest als voor de zintuigen was. Op de muren hebben waarschijnlijk beelden gestaan en we vinden er afbeeldingen van de distel van Schotland, de roos van Engeland en de fleur de lis van Frankrijk, want ook in die tijd staken de Schotten al over naar het continent om hun portie cultuur op te doen. In een muur zitten nissen in de vorm van een schaakbord en de bedoeling was dat hierin potten met planten konden staan in de kleuren van de kasteelheer. De muur vertegenwoordigde de rode kleur, de witte kleur wordt nu vertegenwoordigd door witte lobelia's en de blauwe door blauwe lobelia's. In grotere nissen in de muur staan bakken met gele afrikaantjes en er zitten nestgaten voor vogels in de muur. In de muur zitten panelen die de drie christelijke deugden – geloof, hoop en liefde – voorstellen, en de vier zedelijke deugden voorzichtigheid, gematigdheid, standvastigheid en rechtvaardigheid. Er zijn ook acht panelen waarvan er op een niets staat en op de andere Saturnus, Jupiter, Mars, de Zon, Venus, Mercurius en de Maan. Dat dit niet de juiste volgorde is, ligt aan het feit dat men destijds dacht dat de

De planten in de muur vertegenwoordigen de kleuren van de heer van Edzell Castle.

aarde het centrum van het universum was. Van de zeven vrije kunsten zien we grammatica, retorica en dialectica (de kunst van het spellen, de kunst van het converseren en de kunst van het discussiëren). Wie deze drie kunsten onder de knie had kon de hogere studies aritmetica, musica, geometria en astronomia (dit paneel is verdwenen) leren. Zo kunnen we de kinderen laten zien dat minister Ritzen het ook niet allemaal zelf bedacht heeft.
In de zuidoostelijke hoek van de ommuurde tuin staat een tuinhuis, dat vroeger gebruikt werd om de tuin te bekijken of om op een mooie zomeravond iets te nuttigen. Er schijnt ook nog een badhuis geweest te zijn, zeer ongewoon voor die tijd. De parterre van buxushaagjes zoals we die nu zien is in de jaren dertig aangeplant. In het gras liggen binnen rechte buxushaagjes patronen van buxus opgevuld met rozen. Het ontwerp van de hoekperken is weer gebaseerd op de Schotse distel, de Engelse roos en de Franse fleur de lis. Hierbinnen liggen rozenperken met zeer bijzondere buxushaagjes eromheen. Deze haagjes moeten een kwelling zijn om te knippen, want dat zal toch echt met een heel klein schaartje moeten gebeuren. In de haagjes zijn namelijk letters geknipt, die het motto vormen van de maker van de tuin: *Spiro Spero* ('zolang ik adem hoop ik'), en *Endure Forte* ('houdt moedig stand'). Misschien dat dit er in 1604 niet helemaal zo uitgezien heeft, maar deze tuin past uitstekend bij het kasteel. Het kasteel is nu niet meer dan een ruïne en draagt door zijn ligging in hoge mate bij tot een romantisch geheel. Een onbekende reiziger schreef het in 1700 al: '*It is ane excellent dwelling, a great hous, delicat gardine with walls sumptuously built of hewen stone polisht, with pictures and coats of armes in the walls.*'

ADRES

Edzell Castle, Edzell, bij Bechin, Tayside DD9 7TG, Schotland, tel. 01356-648631.

ROUTEBSCHRIJVING

AA 89 5969: 11 km ten noorden van Bechin, via de A90 en de B966.

EIGENAAR

Historic Scotland.

OPENINGSTIJDEN

Dagelijks, 's zomers van 9.30 tot 18.00 uur (zondag van 14.00 tot 18.00 uur), 's winters van 9.30 tot 16.00 uur (zondag van 14.00 tot 16.00 uur).

FACILITEITEN

Bezoekerscentrum en ruïne ('s winters op donderdagmiddag en vrijdag gesloten). Tearoom in het dorpje Edzell.

SPECIALITEITEN

Ommuurde tuin met parterres bij kasteelruïne.

IN DE BUURT

House of Pitmuies (98), Glamis Castle (99).

FALKLAND PALACE (107), Fife, Schotland

De tuin van Falkland is niet bepaald historisch te noemen, maar eerder 20ste-eeuws. Na de Tweede Wereldoorlog werd aan de landschapsarchitect Percy Cane opdracht gegeven de tuin te ontwerpen. Hij maakte een tuin met eilandbedden en borders, die er in de tijd van de koningen niet geweest zullen zijn. Het grote gazon ligt wel ongeveer op dezelfde plaats waar James V oefende met pijl en boog. Falkland was oorspronkelijk een middeleeuws kasteel, waar een renaissance-paleis uit voortkwam. James II bracht in de 15de eeuw de voornaamste veranderingen aan en maakte er een koninklijk onderkomen van. De koningen van Schotland hadden eigenlijk geen permanent onderdak en waren voortdurend op reis. Ze namen dan hun hele hofhouding mee en die van James IV bestond uit ongeveer honderd mensen, die van de koningin niet meegerekend, want zij had haar eigen hofhouding. Ze moesten wel rondreizen, want de pachters van de koningen betaalden hen in natura en groente, fruit en graan werden afgeleverd bij het dichtstbijzijnde paleis. Ze bleven nooit lang op een plaats, want de geur van ongewassen lijven en kleding in een paleis werd na een paar weken ondraaglijk en vormde een gevaar voor de gezondheid. Falkland Palace werd als jachtkasteel gebruikt. In de omringende bossen werd op wilde zwijnen gejaagd, die niet werden doodgemaakt, maar weer losgelaten, zodat ze nog een keer konden worden gevangen. De koningen speelden er ook graag een partijtje court tennis op de tennisbaan die in 1539 voor

Falkland Palace was vroeger het koninklijk jachtkasteel.

koning James V werd gemaakt. Dit court tennis, of royal tennis zoals het vroeger werd genoemd, is veel ingewikkelder dan lawn tennis. Het wordt gespeeld met kortere, smallere en asymmetrische rackets en de ballen zijn massief, zwaarder en iets kleiner. Via een videoprogramma en een tentoonstelling wordt het spel in Falkland uitgelegd en de tennisbaan is er ook nog te zien. Het paleis ligt midden in het plaatsje Falkland, de *best kept small town*, zoals een bord aangeeft.

ADRES

Falkland Palace, Falkland, Fife KY15 7BU, Schotland, tel. 01337-857397.

ROUTEBSCHRIJVING

AA 83 **2507**: 15 km ten noorden van Kirkcaldy, via de A92 en de A912.

EIGENAAR

The National Trust for Scotland.

OPENINGSTIJDEN

Van 1 april tot 22 oktober maandag tot en met zaterdag van 11.00 tot 17.30 uur, zondag van 13.30 tot 17.30 uur.

FACILITEITEN

Winkel, tearoom in dorp.

SPECIALITEITEN

Borders.

IN DE BUURT

Kinross House (106), Hill of Tarvit (108), Kellie Castle (109), Bell's Cherrybank Gardens (102), Branklyn Garden (103).

GAWSWORTH HALL (19), CHESHIRE

So placidly amid the noise and haste
and remember what peace there may be in silence

Dit staat geschreven in de kapel van Gawsworth Hall. In 1365 wordt er al over een kapel in Gawsworth Hall gesproken, maar de kapel die we nu zien is de derde of vierde en is uit 1701. Vier gebrandschilderde ramen zijn van de bekende William Morris (1834–1896) en verbeelden St. Agnes, St. George, St. Stephen en St. Alban. In de kapel worden nog steeds diensten gehouden. Het vakwerkhuis van Gawsworth ziet er bijzonder aantrekkelijk uit, aan de ene kant gespiegeld in het water en aan de andere kant ligt een formele, besloten tuin.

Het van oorsprong Normandische huis werd zowel in 1480 als in 1701 verbouwd. Het huis was de inzet van het beroemdste duel uit de Britse geschiedenis, dat zich in 1712 afspeelde. Lord Mohun en de Duke of Hamilton duelleerden om het landgoed, maar vonden beiden de dood. William Stanhope, die in 1742 Earl of Harrington werd, kocht het landgoed van Gawsworth in 1725. Deze en de volgende Earls hadden echter overal bezittingen en woonden niet in

Veel geschiedenis in Gawsworth Hall.

de Hall. Zij woonden in Elvaston Castle, waar Beau Petersham zijn beroemde tuin maakte. Aan het eind van de 19de eeuw woonde Lady Philippa, de zuster van de achtste en negende Earl, er samen met haar echtgenoot William Waithman. Tijdens de Eerste Wereldoorlog stond het leeg, tot de familie Shimwell het in 1918 huurde; zij woonden er tot 1930. Daarna woonde Dennis de Ferranti er met zijn familie en in 1962 gingen de Richards er wonen (de ouders van de huidige eigenaren). De toenmalige Lord Harrington, die in Ierland woonde, droeg officieel het Lordship of the Manor en de Patronage of the Living aan hem over. Deze bewoners herstelden de Hall in oude glorie en openden hem voor het publiek.

Timothy en Elizabeth Richards wonen er sinds 1981. Zij hebben er een traditie van gemaakt om 's zomers openluchtconcerten en toneelstukken te organiseren. Het is aan te raden hiervoor (ruim van tevoren) kaartjes te bemachtigen en met een stoeltje, plaid en picknickmand een plekje in de tuin te zoeken. Het is heel sfeervol om in deze omgeving een stuk van Shakespeare te zien of een eigentijds galaconcert bij te wonen. Dit speelt zich allemaal af in de tuin, waar voor plantfanaten niet zo heel erg veel te zien is. Aan de noordkant van de Hall ligt een groot gazon dat grenst aan een vijver, en aan de andere kant van het huis ligt een formelere tuin met zonnewijzer, een rond vijvertje met fontein, perken met moderne rozen en *hanging baskets* met surfinia's aan weerszijden van de deur. Er is ook een aantal overblijfselen van een 16de-eeuwse tuin. De muur die er staat was een onderdeel van deze tuin, die 12 ha groot geweest moet zijn. Recente opgravingen laten trappen en terrassen zien. Dus niet alleen in het huis is veel geschiedenis te vinden, maar ook in de tuin en de Richards zullen er graag over vertellen. Wat *noise and haste* in de zomer vinden ze wel gezellig; de rest van het jaar krijgen ze hun *silence* wel weer terug.

ADRES

Gawsworth Hall, Macclesfield, Cheshire SK11 9RN, tel. 01260-223456.

ROUTEBSCHRIJVING

AA 48 **8**970: 5 km ten zuiden van Macclesfield, via de A536.

EIGENAAR

Mr. en Mrs. Timothy en Elizabeth Richards.

OPENINGSTIJDEN

Van 1 april tot eind september dagelijks van 14.00 tot 17.30 uur.

FACILITEITEN

Pavilion Tearoom vlakbij, openluchtconcerten en -toneelstukken.

SPECIALITEITEN

Formele tuin, vijver.

IN DE BUURT

Lyme Park (16), Dunge Farm Gardens (17), Capesthorne Hall (18), Little Moreton Hall (20).

GLAMIS CASTLE (99), Tayside, Schotland

Glamis thou art, and Cawdor, and shalt be
What thou art promised. Yet do I fear thy nature:
It is too full o'the milk of human-kindness
To catch the nearest way. Thou wouldst be great,
Art not without ambition, but without
The illness should attend it. What thou wouldst highly
That wouldst thou holily, wouldst not play false,
And yet wouldst wrongly win. Thou'dst have, great Glamis,
That which cries, 'Thus thou must do' if thou have it,
And that which rather thou dost fear to do
Than wishest should be undone.

Macbeth, Shakespeare

Shakespeare heeft het waar gebeurde verhaal van Macbeth als uitgangspunt genomen voor zijn beroemde tragedie. Koning Duncan werd door Macbeth om het leven gebracht en hoewel deze moordaanslag in 1040 bij Elgin plaatsvond, zijn de eigenaren van Glamis Castle van mening dat deze heeft plaatsgevonden in het kasteel, in de zaal van Duncan. Drama's als dat van Macbeth speelden zich toen in Schotland regelmatig af. De voorvaderen van de huidige graaf van Strathmore zullen ook niet allemaal van die lieverdjes zijn geweest. In 1372 gaf koning Robert Glamis Castle aan Sir John Lyon en vier jaar later trad Sir John in het huwelijk met de dochter van de koning. Sir John kwam net als koning

Duncan door een moordaanslag om het leven. Toen de zesde graaf John trouwde met een dame die tot de Douglas-clan behoorde, begon de ellende. De toenmalige koning beschuldigde haar van hekserij, veroordeelde haar tot de brandstapel en zette haar zoon gevangen. Daarna vond hij dat het kasteel hem ook toebehoorde en vierde hij hier van 1537 tot 1542 feest. Toen deze koning stierf en de zevende graaf werd vrijgelaten en zijn eigendommen terugkreeg, bleek het hele kasteel geplunderd te zijn. De dochter van deze wrede koning, koningin Mary, kwam weer gezellig op bezoek in Glamis Castle. Heel wat graven trokken vervolgens voorbij, bouwden en verbouwden wat aan het kasteel en ontsloegen de hofnar omdat die de euvele moed had om de dochter des huizes ten huwelijk te vragen. De dertiende graaf moderniseerde het kasteel, liet in 1865 gas en stromend water aanleggen en in 1929 elektriciteit. In 1893 maakte hij voor het kasteel een Dutch Garden. De jongste dochter van de veertiende graaf, Lady Elizabeth Lyon, trad in 1923 in het huwelijk met prins Albert, hertog van York. Aangezien haar aanstaande de tweede zoon was van koning George V, zagen de Schotten dit wel zitten, want hierdoor werden de vriendschappelijke banden met Engeland versterkt. Toen Edward VIII afstand deed van de troon werden zij koning en koningin van Groot-Brittannië. Eilzabeth is nu koningin-moeder en haar dochter is aan de regering. Zo ontmoet het verleden het heden en begrijpen we de koninklijke connecties weer helemaal.
Op het moment woont de achttiende graaf van Strathmore met zijn gezin in Glamis Castle. Hij houdt de Dutch Garden voor zichzelf, maar zoveel is er aan deze buxusperkjes met rozen niet te zien. De zonnewijzer, die is pas bijzonder. Dit enorme gevaarte uit de 17de eeuw staat op het gazon en heeft voor elke week van het jaar een facet, zodat de tijd nauwkeurig af te lezen is (zomer- en wintertijd daargelaten). Aan de oostkant van het kasteel ligt een Italiaanse tuin met hoge taxushagen, perken met eenjarigen, borders en fonteinen. De rest van de tuin is op landschappelijke manier aangelegd en hierin kun je dwalen onder de hoge bomen die de tuinlieden van de graven lang geleden plantten. David Austin noemde een van zijn rozen in 1992 naar dit beroemde kasteel. De roos 'Glamis Castle' is een van de mooiste witte Engelse rozen, geurt sterk, bloeit lang en heeft een mooie, komvormige, gevulde bloem.
Meer geschiedenis dan tuin? Dat mag wel een keertje bij een van de meest historische kastelen van Schotland.

ADRES

Glamis Castle, Glamis, Tayside DD8 1RJ, Schotland, tel. 01307-840242/840393.

ROUTEBESCHRIJVING

AA 88 **3846**: 8 km ten westen van Forfar (AA 89), via de A94.

EIGENAAR
The Earl of Strathmore and Kinghorne.
OPENINGSTIJDEN
Van 1 april tot 30 oktober dagelijks van 10.30 tot 17.30 uur.
FACILITEITEN
Restaurant, winkels.
SPECIALITEITEN
Italiaanse tuin, parkwandeling.
IN DE BUURT
Edzell Castle (97), House of Pitmuies (98).

GLASGOW BOTANIC GARDENS (73), STRATHCLYDE, SCHOTLAND

Wat direct opvalt bij de botanische tuin van Glasgow is de bijzondere kas. Dit Kibble Palace werd in 1873 in de tuin geplaatst door John Kibble, een excentrieke organisator. Deze kassen stonden eerder op zijn landgoed en hij mocht ze in de botanische tuin zetten als hij dit zelf betaalde en de kassen ook vergrootte. Van zijn kant stelde hij de eis dat hij er concerten en manifestaties in mocht houden en zo hebben er ooit Amerikaanse evangelisten voor 7000 man publiek gepreekt. Toen deze overeenkomst in 1881 was afgelopen, werd de kas beplant met planten uit verschillende landen, uit Zuid-Afrika, Australië, Nieuw-Zeeland, Zuid-Amerika, Noord-Amerika, China en Japan, het Middellandse-Zeegebied, de Canarische Eilanden en Madeira. Onder de centrale koepel bevindt zich een unieke collectie boomvarens uit Nieuw-Zeeland en Australië. Veel van deze boomvarens werden in 1881 geplant. De botanische tuin heeft de Nationale Collectie (zie blz. 222) van 10 soorten boomvarens.
In de botanische tuin zijn nog meer kassen. In de Main Range, een aaneengeschakelde rij kassen, zien we orchideeën, nuttige planten, tropische varens, tropische bloemen en een kas waar de grote bladeren van de *Victoria regia* in het water drijven. Bovendien vinden we in een van de kassen de Nationale Collectie van 219 soorten en 110 cultivars begonia's, en dan praten we nog niet eens over de knol- en winterbloeiende begonia's, want die horen daar niet bij. Het is een paradijs voor begonialiefhebbers. Er is ook een Nationale Collectie van 83 soorten en 144 cultivars *Dendrobium*.
Het lijkt wel of de botanische tuinen van Glasgow geen buiten hebben, maar dat hebben ze wel. De tuinen zijn 16 ha groot; al direct bij de ingang, nog voor Kibble Palace, ligt een aantal tuinen, waaronder een kruidentuin en een kleine rotstuin met alpiene planten. In de chronologische tuin zijn de planten gerangschikt volgens de eeuwen dat ze geïntroduceerd werden. De tuin ligt langs de rivier en als je erdoorheen wandelt kom je bij de syste-

matische tuin, waar planten die groeien in het Schotse klimaat, op familie gerangschikt staan.
Lopen we verder langs de rivier, dan komen we bij het arboretum. Hier wordt vanaf 1975 een collectie heesters en bomen opgebouwd die door David Douglas (1799–1834) werden geïntroduceerd. Douglas, de zoon van een Schotse steenhouwer, werkte onder de beroemde Sir William Hooker in deze botanische tuin en werd later door de Royal Horticultural Society uitgezonden om planten te verzamelen. Zijn eerste reis maakte hij naar Noord-Amerika, waar hij in zes maanden tijd 499 verschillende plantensoorten verzamelde. De bekendste hiervan is *Pseudotsuga menziesii*, de douglasspar.
In de zeven jaar dat hij in Californië en op Hawaï naar planten zocht, verzamelde hij ongeveer 20.000 verschillende soorten. Zijn verzamelwoede werd hem ten slotte noodlottig: in 1834 werd hij dood gevonden in een wilde-dierenval op de Sandwich Eilanden. Douglas heeft het landschap veranderd; in totaal heeft hij meer dan 200 verschillende planten, waaronder veel bomen, geïntroduceerd.
Dat botanische tuinen niet alleen mooi zijn, maar ook nog iets te vertellen hebben, wordt hier in Glasgow duidelijk.

ADRES

Glasgow Botanic Gardens, Great Western Road, Glasgow G12 0UE, Strathclyde, Schotland, tel. 0141-3342422.

ROUTEBSCHRIJVING

AA 74 5865: in het centrum van de stad, vlak bij het BBC Broadcasting House. Ingang op de hoek van de Great Western Road en de Queen Margaret Drive.

EIGENAAR

Glasgow City Council.

OPENINGSTIJDEN

Dagelijks van 7.00 uur tot zonsondergang. Kibble Palace van 10.00 tot 16.45 uur ('s winters tot 16.15 uur). Main Range (kassen) van 13.00 tot 16.45 uur ('s winters tot 16.15 uur, en 's zondags om 12.00 uur open).

SPECIALITEITEN

Nationale Collecties van begonia's, *Dendrobium* en boomvarens, kassen, arboretum, plantenverzamelingen.

IN DE BUURT

Kittoch Mill (71), Greenbank Garden (72).

GLENDOICK GARDENS (104), TAYSIDE, SCHOTLAND

In de tuinen van Glendoick is een van de grootste rhododendroncollecties ter wereld te vinden. Euan H.M. Cox, de vader van de tegenwoordige eigenaar Peter A. Cox, is hiermee in 1920 begonnen. Hij was kweker, plantenjager en schrijver van boeken over deze onderwerpen. Een paar boeken die de reeds overleden Euan H.M.

Cox publiceerde zijn: *Plant Hunting in China*, *The Evolution of a Garden*, *Primulas* en *Wild Gardening*. Zijn zoon Peter volgde in zijn voetsporen en heeft een aantal toonaangevende standaardwerken over rhododendrons geschreven. *The Larger Species of Rhododendron*, *The Smaller Rhododendrons*, *The Encyclopedia of Rhododendron Hybrids*, *Cox's Guide to Choosing Rhododendrons* en het onlangs verschenen *The Cultivation of Rhododendrons* zijn zeer degelijke werken. Een aantal ervan heeft hij samen met zijn zoon Kenneth geschreven, die in de voetsporen van zijn grootvader en vader treedt. De familie weet ongelooflijk veel van rhododendrons en heeft veel gereisd om de bijzondere soorten te verzamelen. Het verzamelen van rhododendrons in China, Tibet, Bhutan en Nepal is volgens Cox tegenwoordig bijzonder moeilijk. De overheden vinden het niet nodig dat buitenlanders hun planten verzamelen en te gelde maken. Cox ziet met lede ogen aan hoe bossen, waarin tot nu toe onontdekte rhododendrons groeien, in steeds toenemende mate worden gekapt, en de mogelijkheid dat zaden van rhododendrons in het wild kiemen is 1 op de 1000, zodat veel verzamelde zaden in het wild toch geen kans gehad zouden hebben. De moderne plantenjagers zijn gedreven mensen, die niet uit winstoogmerk op jacht gaan, maar alleen proberen de kosten van hun reizen gedeeltelijk terug te verdienen door net als vroeger voor sponsors zaden mee te nemen. In bepaalde gevallen kan Cox zich de weerstand tegen het verzamelen van zaden en planten wel voorstellen. In China is dit met orchideeën gebeurd, die een veel beperkter verspreidingsgebied hebben en uitgebreid in de catalogi van Japanse 'kwekers' verschenen. De enorme rijkdom aan rhododendrons hebben we te danken aan plantenjagers uit verleden en heden en de Coxen zouden dan ook graag willen dat het verzamelen van beperkte hoeveelheden rhododendronzaad werd toegestaan en dat de natuurlijke bossen waarin ze groeien behouden kunnen blijven.

In hun eigen bos in Glendoick zijn niet alleen schitterende exemplaren van meer dan 2000 verschillende rhododendronsoorten en cultivars te zien, maar ook de Nationale Collecties (zie blz. 222) van *Enkianthus* en lepelboom (*Kalmia*) (alleen op zondagmiddagen in mei!). In hun kwekerij kweken ze een uitgebreide collectie en ze leveren de planten over de hele wereld. De derde poot is het tuincentrum, dat er op het eerste gezicht niet anders dan andere uitziet maar waar, hoe kan het ook anders, een zeer grote collectie rhododendrons te vinden is. Voor rhododendronliefhebbers is Glendoick een must.

ADRES

Glendoick Gardens, Glendoick, bij Perth, Tayside PH2 7NS, Schotland, tel. 01738-860205.

ROUTEBSCHRIJVING

AA 82 2022: 10 km ten oosten van Perth, via de A90.

EIGENAAR

Mr. en Mrs. Peter Cox.

OPENINGSTIJDEN

De tuin is alle zondagmiddagen in mei open van 14.00 tot 17.00 uur. Het tuincentrum is het hele jaar dagelijks open, 's zomers van 9.00 tot 18.00 uur en 's winters van 9.00 tot 17.00 uur.

FACILITEITEN

Tuincentrum, Acorn Restaurant vlakbij.

SPECIALITEITEN

Bijzondere collectie rhododendronsoorten en azalea's, Nationale Collecties van *Enkianthus* en *Kalmia*.

IN DE BUURT

Bell's Cherrybank Gardens (102), Branklyn Garden (103), Megginch Castle (105), Kinross House (106).

GLENWHAN GARDEN (68), DUMFRIES & GALLOWAY, SCHOTLAND

In 1979 groeiden er alleen varens en gaspeldoorn in de tuin. Nadat Tessa Knott en haar echtgenoot Bill het huis hadden opgeknapt, wilden ze aan de tuin beginnen, maar daar was al een fors aantal tuinlieden bezig, die korte metten maakten met alles wat eetbaar was. Eerst moest er dus letterlijk paal en perk aan deze vreterijen van konijnen en herten worden gesteld en daarna werd er een windsingel van bomen geplant om de frisse wind uit zee te breken. Ze boften wel met die zee, want door de Warme Golfstroom kunnen in Zuidwest-Schotland planten groeien die op andere plaatsen niet winterhard zouden zijn. In de 5 ha grote tuin, die Tessa Knott met hard werken en hulp van echtgenoot Bill en tuinman Willie Paterson heeft aangelegd, groeit nu heel wat meer dan varens en gaspeldoorn. Niet alle gaspeldoorn is trouwens verdwenen, het restant wordt als een soort kindermeisje gebruikt om kleine planten tegen de wind te beschermen en als deze op eigen wortels kunnen staan verdwijnt de *nanny*. De grote watervlakte ziet er zeer natuurlijk uit. Het lijkt wel of deze er altijd al gelegen heeft, maar dat is toch echt niet zo. De waterstroompjes die overal door het terrein lopen zijn afgedamd en naar twee zelfgegraven vijvers geleid. Zo ontstond een ideale omgeving voor moerasplanten zoals primula's, waarvan er heel veel in de tuin staan. Voordat de rhododendrons, azalea's en magnolia's geplant konden worden, moesten er heel wat rotsblokken worden verwijderd en gaten met voedzame grond worden gevuld. Het meest gebruikte gereedschap in deze tuin is dan ook een koevoet. Vlak bij huis liggen borders met vaste planten en heeft Tessa Knott een krui-

De Warme Golfstroom helpt een handje mee in Glenwhan Garden.

dentuin aangelegd. Het pad in de tuin leidt langs water, onder rozenbogen, via heuvels en dalen, en intussen is er een weelde aan planten te zien. Onverwachte combinaties zoals duizendschonen onder dennen en crocosmia's aan het water zorgen ervoor dat je je niet verveelt. Als het even meezit speelt de zwarte labrador voor gids en loopt gezellig kwispelend mee door het kunstwerk van zijn bazen.

ADRES

Glenwhan Garden, Dunragit, Dumfries & Galloway DG9 8PH, Schotland, tel. 01581-400222.

ROUTEBSCHRIJVING

AA 54 **15**57: 15 km ten oosten van Stranraer, via de A75.

EIGENAAR

Mr. en Mrs. Bill en Tessa Knott.

OPENINGSTIJDEN

Van 1 april tot eind september dagelijks van 10.00 tot 17.00 uur.

FACILITEITEN

Tearoom, plantenverkoop, winkel.

SPECIALITEITEN

Uitzicht, moerasplanten, vijver.

IN DE BUURT

Logan Botanic Garden (67), Castle Kennedy (69).

GREENBANK GARDEN (72), STRATHCLYDE, SCHOTLAND

Toen Greenbank in 1763 door de zakenman Robert Allason werd gebouwd, was Glasgow een drukke haven, omdat die stad het dichtst bij Amerika lag. De helft van alle tabak kwam in zeilsche-

Formele tuin in Greenbank Garden.

pen in deze haven aan. Robert Allason was de jongste zoon van een bakker en kon dus geen erfenis van zijn vader verwachten, dat was alleen voor de oudste zoon weggelegd. Hij begon toen zelf een bakkerij om de schepen te bevoorraden, en had met dit gat in de markt zoveel succes, dat hij miljonair werd. Greenbank, dat in de tijd van Allason 9 km van de stad lag, is nu geheel door huizen omsloten en vormt een oase van rust in het drukke verkeer. Het heeft veel verschillende eigenaren gehad en de laatste, Mr. W.P. Blyth, gaf het in 1976 aan de NTS met de opdracht er een voorbeeldtuin van te maken. De ommuurde tuin is inderdaad een soort voorbeeldtuin geworden, doorsneden door brede graspaden en door hagen in kleinere eenheden verdeeld. De zonnewijzer (1620) die in het midden van de tuin staat, is ouder dan het huis. Er zijn borders van oude heesterrozen, gecombineerd met vaste planten en een schaduwborder. In deze laatste border staan planten als rodgersia's, astilbes, kerria's en hosta's. In de voorjaarstuin staan, hoe kan het ook anders, bollen en andere planten die van december tot april bloeien. Bedden met winterharde fuchsia's zorgen vanaf begin juni tot aan de vorst voor kleur. Er zijn borders met eenjarigen en er is een 'fruittuin' waar appels, peren, bessen en frambozen worden gekweekt. Droogbloemen, klimplanten, een rotstuin en een gehandicaptentuin vinden ook een plaats binnen de 17de-eeuwse muren. De gehandicaptentuin is gemaakt van een oude tennisbaan. In deze tuin, met verhoogde bedden en brede paden, worden demonstraties en cursussen gegeven, geheel volgens de ideeën van de schenker. Hoewel deze tuin voor Schotse begrippen niet erg groot is (2,5 ha), is het toch een charmant geheel. Behalve in de ommuurde tuin kun je ook een wandeling door het bos maken. Ondanks dat het hier van begin september tot zelfs in juni kan vriezen, treffen we in de tuin van Greenbank meer dan 2400 plantensoorten en cultivars aan.

ADRES

Greenbank Garden, Clarkston, Strathclyde G76 8RB, Schotland, tel. 0141-6393281.

ROUTEBSCHRIJVING

AA 74 5656: 9 km ten zuiden van het centrum van Glasgow, langs de A77.

OPENINGSTIJDEN

Het hele jaar dagelijks van 9.30 uur tot zonsondergang, behalve eerste en tweede kerstdag en 1 en 2 januari.

EIGENAAR

The National Trust for Scotland.

FACILITEITEN

Tearoom, winkel.

SPECIALITEITEN

Ommuurde tuin, in aparte tuinen verdeeld.

IN DE BUURT

Kittoch Mill (71), Glasgow Botanic Gardens (73).

HALECAT (33), Cumbria

Tuinieren zit de familie in het bloed, want de moeder van Mrs. Stanley, Mrs. Emmeline Hugh Smith, maakte de tuinen van Ardtornish (80) en haar zus Mrs. Faith Raven de tuin van Dowcra's, en ze beheert nu ook de tuin van haar moeder. Halecat House ligt niet echt op een gemakkelijk plekje om te tuinieren en soms was het laagje grond zo dun, dat er met de drilboor een stuk rots weggehaald moest worden om er wat aarde in te brengen. Maar ondanks die problemen is Halecat een tuin met mooie borders en een schitterend uitzicht. Het is tegelijkertijd een weidse tuin door de gazons, maar toch ook een romantische tuin met veel vaste planten en rozen. De rozen omarmen pilaren, bedekken bogen en houden de vaste planten gezelschap. We komen mooie oude bekenden tegen: 'Fritz Nobis', 'Raubritter', *Rosa gallica* 'Versicolor', die vroeger *Rosa* 'Mundi' heette, en 'François Juranville'. De twee paar stenen obelisken van 1,5 m hoog zijn net als het tuinhuis ontworpen door Francis Frederick Johnson. Tegen het 19de-eeuwse huis groeit blauwe *Ceanothus* en tussen de voegen van de stenen van het terras komen allerlei kruipertjes te voorschijn. Aan een kant vinden we een prachtige gemengde border tegen een lage keermuur. Net als in de rest van de tuin staan er ook in deze border veel rozen, die het geheel iets weelderigs geven als tegenwicht tegen de strenge gazons. Overal in de tuin vinden we schitterende borders, zoals aan de noordkant een border met grijze bladeren

De schaduwhal van de kwekerijk van Halecat.

en witte bloemen met af en toe een tikje paars erin. Via een pad met aan weerszijden een haag van *Rosa gallica* 'Versicolor' kom je in een stille tuin, waarin een witte bank staat. Op de bijbehorende kwekerij vinden we de kinderen van de planten uit de tuin: veel vaste planten en een bijzonder groot sortiment hortensia's. Het is de moeite waard er rond te snuffelen, want ze hebben veel meer dan in de catalogus staat.

ADRES

Halecat, Witherslack, bij Grange-over-Sands, Cumbria LA11 6RU, tel. 01539-552229.

ROUTEBSCHRIJVING

AA 59 **4**2**8**2: 7 km ten noordoosten van Grange-over-Sands, via de A590 en kleine wegen (staat aangegeven langs de A590).

EIGENAAR

Mrs. F.C. Stanley.

OPENINGSTIJDEN

Maandag tot en met vrijdag van 9.00 tot 16.30 uur en zondag van 14.00 tot 16.00 uur.

FACILITEITEN

Kwekerij, o.a. gespecialiseerd in hortensia's, de pubs The Derby Arms en The Old Vintage zijn vlakbij.

SPECIALITEITEN

Borders, uitzicht.

IN DE BUURT

Holker Hall (32), Levens Hall (34), Sizergh Castle (35).

HARLOW CARR BOTANICAL GARDENS (14), North Yorkshire

Deze 'Wisley van het Noorden', zoals de tuin vaak wordt genoemd, heeft ongelooflijk veel te bieden. De 27 ha grote tuin is bedoeld om te laten zien welke planten het in Noord-Engeland goed doen. Het klimaat daar is niet erg vriendelijk; de grond is zeer zuur, de wind kan ijzig koud zijn, er kan veel sneeuw vallen, de temperaturen kunnen in de winter zeer laag zijn en de regenval is groot. Aan de tuinen van Harlow Carr is natuurlijk weer een stukje geschiedenis verbonden. Ze maakten eens deel uit van het Forest of Knaresborough, waar koningen jaagden. In 1734 ontdekte men zwavelbronnen, die echter pas in 1840 werden geëxploiteerd. De toenmalige eigenaar van het landgoed, Henry Wright, bouwde een hotel en een badhuis waar de gasten in verwarmd zwavelwater konden baden. Rond hotel en badhuis werd een keurig park aangelegd, zodat de kuurgangers zich tussen het zwavelbaden door konden verpozen onder schaduwrijke bomen. In 1949 kocht de Northern Horticultural Society 16 ha en begon met de aanleg van een botanische tuin. Het badhuis werd verbouwd tot een studiecentrum en het hotel staat er ook nog steeds. In de loop der jaren werden de tuinen tot 27 ha uitgebreid en ze trekken nu meer dan 100.000 bezoekers per jaar. Dat is geen wonder, want er is bijzonder veel te zien.

Door de tuinen loopt een stroompje, waarlangs een van de langste waterkanttuinen van heel Groot-Brittannië te zien is. Deze Streamside Garden is op zich al een tuin en een plezier om langs te lopen. Grote plekken met hosta's, gunnera's, gele moerasaronskelken (*Lysichiton americanus*) en witte *Lysichiton camtschatcensis*, afgewisseld met allerlei soorten en cultivars primula's. Aan het eind van het stroompje vinden we de Nationale Collectie (zie blz. 222) van rabarber (*Rheum*) met 30 soorten en 115 cultivars. Deze collectie is in Harlow Carr zeer op zijn plaats, want vroeger werd in de omgeving veel rabarber gekweekt. Vlakbij staat nog een Nationale Collectie, die van 400 verschillende cultivars van struikheide (*Calluna*).

Voor deze wandeling is het alleen al de moeite waard om naar de tuinen van Harlow Carr te gaan, maar er is nog veel meer te zien. Er zijn verschillende rotstuinen: een Sandstone Rock Garden en een Limestone Rock Garden. In de eerste tuin groeien planten die van zure grond houden en in de tweede de kalkminnende planten, zoals anjertjes, varens en orchideeën. In deze laatste tuin komen we nog twee Nationale Collecties tegen, 6 soorten en 20 cultivars eikvarens (*Polypodium*) en 16 soorten en 30 cultivars niervarens (*Dryopteris*). En dan zijn er nog de proefvelden, die een belangrijk onderdeel vormen van het takenpakket van de Northern Horticultural Society. Hier worden groenten en bloemen getest op hun geschiktheid voor het Noordengelse klimaat, en ook hier zien we een Nationale Collectie, van 61 soorten en 15 cultivars *Hypericum*. Een arboretum, een rozentuin, een bos, veengrondterrassen met rhododendrons en een echte folly (overgebleven uit de tijd van de kuuroorden) completeren het geheel. Eigenlijk kun je beter vertellen wat er niet, dan wat er wel te vinden is in de tuinen van Harlow Carr. Ook is er een museum over tuinieren, met een houten kruiwagen, een komkommer-strekker, oude maaimachines en nog meer tuinantiek. Harlow Carr staat borg voor een dagje leerzaam tuinplezier.

ADRES

Harlow Carr Botanical Gardens, Crag Lane, Harrogate, North Yorkshire HG3 1QB, tel. 01423-565418.

ROUTEBSCHRIJVING

AA 55 **2854**: 2 km ten westen van Harrogate, via de B6162.

EIGENAAR

The Northern Horticultural Society.

OPENINGSTIJDEN

Dagelijks van 9.30 tot 18.00 uur. Bezoekers mogen, als ze voor 18.00 uur binnen zijn, zo lang blijven als ze willen.

FACILITEITEN

Plantenverkoop, winkel, restaurant.

SPECIALITEITEN

Nationale Collecties van *Hypericum, Calluna, Polypodium, Dryopteris* en *Rheum*. Voorbeeldtuinen, oeverplanten, rozentuin, arboretum.

IN DE BUURT

Studley Royal (5), Newby Hall (6), Beningbrough Hall (8), Bramham Park (13).

HERTERTON HOUSE (47), Northumberland

Er zullen weinig tuinen zijn waar je op zo'n betrekkelijk klein oppervlak zulke volkomen verschillende tuinen kunt vinden. Herterton House was twintig jaar geleden nauwelijks meer dan een bouwval, een aantal verwaarloosde schuren, meer was het niet. Vanaf het begin stond het voor Frank en Marjorie Lawley vast dat rond hun 17de-eeuwse huis een formele tuin het beste zou passen. De voortuin ziet er met zijn geknipte hagen, kegels en bollen dan ook zeer formeel uit. Kleurvariatie wordt verkregen door verschillende soorten en cultivars hop, klimop, hulst en taxus. Hierdoor is deze tuin niet alleen in de zomer mooi om te zien, maar ook in de winter is het het visitekaartje van het huis. Een hoogtepunt in deze tuin is als aan het eind van de winter de *Crocus tommasinianus* het rustige groen door een paars tapijt komt opvrolijken. Even is er een moment van kleur en overdaad, daarna is de tuin weer stilzwijgend formeel. Des te groter is de verras-

In de kruidentuin van Herterton House staat een koepelvormig geknipte treurpeer.

sing van de kruidentuin met planten die een 17de-eeuwse huisvrouw had kunnen gebruiken, en die door vrolijke haagjes wordt omrand. De haagjes zijn van schildersverdriet of, nog mooier, hoe-langer-hoe-liever (*Saxifraga* x *urbium* 'Elliott's Variety'). Deze tuin heeft als bijzonder middelpunt een koepelvormig geknipte treurpeer (*Pyrus salicifolia* 'Pendula'). Net als de meeste planten heeft deze boom zich aangepast aan ritme en orde en zijn de rommelig overhangende takken verdicht tot een bijzondere vorm. In de zes bedden rondom de niet meer treurende treurpeer staan planten als lelietjes-van-dalen, akonieten, vuurwerkplant, citroenkruid, marjolein, longkruid en viooltjes. In de rand eromheen staan allerlei soorten salie, bont zevenblad, zeepkruid, smeerwortel, salomonszegel en de rozen 'Tuscany' en 'Céleste'. Nu we aan wat kleur gewend zijn komt het juweel uit de kroon dat achter het huis ligt niet meer als een te grote schrik. Hier is zomerse overdaad troef. De planten zijn hier in blokken geplant, wat een bijzonder effect geeft, vooral omdat de planten zich natuurlijk niet tot het aan hen toegewezen vierkant beperken. En dan is er nog de kwekerij, want de Lawleys, die van origine kunstenaars en ontwerpers zijn, kweekten al planten voordat ze in Herterton House kwamen wonen. In de zomer besteden ze de meeste aandacht aan de kwekerij en in de winter aan de tuin. Zo vinden ze een evenwicht in het werk dat ze zonder verdere hulp met zijn tweeën doen. Het resultaat is een hedendaags juweeltje in een 17de-eeuwse zetting.

ADRES

Herterton House, Hartington, bij Cambo, Morpeth, Northumberland NE61 4BN, tel. 01670-774278.

ROUTEBESCHRIJVING

AA 68 **0288**: 3 km ten noorden van Cambo, langs de B6342.

EIGENAAR

Mr. en Mrs. Frank en Marjorie Lawley.

OPENINGSTIJDEN

Van 1 april tot eind september dagelijks van 13.30 tot 17.30 uur, behalve op dinsdag en donderdag.

FACILITEITEN

Kwekerij. Elsdon, dat 10 km ten noordwesten van Herterton House ligt, is een mooi plaatsje met historische gebouwen, een *village green* en een pub.

SPECIALITEITEN

Kruidentuin, cottagetuin, formele tuin met vormsnoei.

IN DE BUURT

Belsay Hall (44), Kirkley Hall College (45), Wallington (46), Bide-a-Wee Cottage (48), Cragside (49).

HEXHAM HERBS (43), NORTHUMBERLAND

In 1986 namen Susie en Kevin White de ommuurde tuin van Chesters over. De muren zijn meer dan twee eeuwen oud, uit dezelfde tijd als het huis (1771). In 1891 werd het huis verbouwd door de bekende architect Norman Shaw, die ook Cragside (49) ontwierp. Vanuit de ommuurde tuin is een glimp van het huis op te vangen, waar de Whites trouwens niet wonen. Een beroemde eigenaar van het huis was John Clayton. Deze amateur-archeoloog zorgde er eind 19de eeuw voor dat de mooiste stukken van de muur van Hadrianus behouden bleven. Hij groef ook het Romeinse fort van Chester op, dat tussen het huis en de rivier de Tyne ligt.

In de ommuurde tuin, waar nu kruiden worden gekweekt, stonden vroeger kassen met perziken, nectarinen, druiven, passievruchten en bloemen. In warme bakken groeiden ananassen om als exotisch toetje te dienen. In de overblijfselen van diezelfde bakken is nu het pronkstuk van Hexham Herbs te vinden, de Nationale Collectie van tijm van meer dan 130 soorten en cultivars (zie blz. 222). Deze collectie is door Kevin opgezet en alle tijmplanten staan iets verhoogd, zodat de afwatering perfect is. De grond is arm en de planten staan in de volle zon. Dat de planten het er dik naar hun zin hebben wordt bewezen doordat er in al die jaren maar twee planten zijn doodgegaan. De zodevormende tijm groeit plat over de bodem en hangt van de rand af en de opgaande tijm staat hier als mooie pollen tussen. De geuren van tijm zijn heel bijzonder, *Thymus azoricus* ruikt naar hars, *Thymus camphoratus* naar kamfer. De lekkerst geurende tijm, *Thymus citriodorus* 'Fragrantissimus', heeft een vleugje sinaasappel bij zich. Niet alleen Kevin heeft een Nationale Collectie, Susie heeft er ook een,

In een ommuurde tuin kweken Suzie en Kevin White van Hexham Herbs hun geurige kruiden.

en wel van marjolein (*Origanum*). Haar collectie bestaat uit 42 soorten en cultivars. Behalve deze twee Nationale Collecties zijn er nog veel meer kruiden binnen de ommuurde tuin te zien, in totaal zo'n 900 verschillende, waarvan ze er 300 in hun catalogus hebben staan. De kruiden zijn gerangschikt in borders en perken, gecombineerd met oude rozen, cottageplanten, buxushaagjes en wilde bloemen.

Elk jaar maken de Whites er een nieuwe tuin bij, een rozentuin, een tuin rond een fontein, een potager met bijzondere groenten. Het uitzicht over de muur naar het landschap is schitterend. Eigenlijk wil je in deze heerlijk geurende en kleurige tuin je blik niet naar buiten wenden en alleen maar genieten van al het moois. Wie uiteindelijk van kruiden verzadigd is kan een boswandeling maken, vergezeld van eekhoorntjes en omringd door wilde bloemen naar een vijver in het bos lopen en een 18de-eeuwse ha-ha (zie blz. 32) bewonderen.

ADRES

Hexham Herbs, Chesters Walled Garden, Chollerford, Hexham, Northumberland NE46 4BQ, tel. 01434-681483.

ROUTEBSCHRIJVING

AA 68 **9171**: 6 km ten noordwesten van Hexham, via de A6079. Bij het verkeersplein van Chollerford linksaf de B6318, na 1 km bij Fourstones linksaf.

EIGENAAR

Mr. en Mrs. Kevin en Susie White.

OPENINGSTIJDEN

Van eind maart tot eind oktober dagelijks van 10.00 tot 17.00 uur. Voor openingstijden in de winter even bellen.

FACILITEITEN

Kwekerij, winkel met kruidenprodukten.

SPECIALITEITEN

Nationale Collecties van tijm en marjolein, kruiden.

IN DE BUURT

Belsay Hall (44), Kirkley Hall College (45), Wallington (46), Herterton House (47).

HILL OF TARVIT (108), Fife, Schotland

De architect Robert Lorrimer verbouwde in opdracht van Mr. F.B. Sharp in 1906 het 17de-eeuwse huis, Hill of Tarvit. Mr. Sharp was jutefabrikant en hij wilde een huis waar zijn waardevolle collectie meubelen en schilderijen goed zou uitkomen. Lorrimer stond erom bekend dat hij zich niet alleen met het huis bemoeide, maar ook met de tuin. Bij deze opdrachtgever ging dat echter niet van een leien dakje, want de opvattingen van beide heren over tuinen liepen nogal uiteen. Afgesproken werd dat Lorrimer de tuin aan de voorkant mocht ontwerpen en Mr. Sharp die aan de achterkant. Lorrimer pakte zijn gedeelte op niveau aan en maakte drie terrassen gekeerd door muren en een rozentuin aan weerszijden van het huis. Hij gebruikte zo min mogelijk kleur, omdat hij vond dat dit anders de aandacht van zijn creatie, het huis, zou afleiden. De voorkant ziet er nog grotendeels uit als in Lorrimers tijd met terrassen, muren, trappen en taxushagen. Alleen de borders had hij er niet bij verzonnen, die zijn van later datum. Mr. Sharp hield wel van planten en maakte een grote rotstuin – die er nu niet meer is – en legde achter zijn huis een lange border tegen een muur aan. Hij plantte ook rhododendrons in het bos eromheen. Zijn zoon Hugh hield ook erg van planten en bracht van zijn verre reizen bijzondere planten mee. Maar er rustte geen zegen op de familie. Mr. Sharp stierf in 1932 en vijf jaar later kwam zijn zoon Hugh bij een treinongeluk om het leven. Zijn moeder stierf in 1946 en zijn ongetrouwde zuster Elizabeth twee jaar later. Zij liet het huis na aan de NTS.

De tuin is dus vrij sober, maar past wel bij het huis. De NTS heeft het oude pottenhok in ere hersteld en het lijkt of de tuinman uit het begin van deze eeuw er zo uit weggelopen is. Behalve door de tuin kan er ook door het bos worden gewandeld. Het mooiste van deze tuin is echter het uitzicht, echt om even voor neer te strijken en van te genieten.

ADRES

Hill of Tarvit, Cupar, Fife KY15 5PD, Schotland, tel. 01334-53127.

ROUTEBSCHRIJVING

AA 82 **3812**: 3 km ten zuiden van Cupar, langs de A916.

De architect van Hill of Tarvit, Lorrimer, legde dit gedeelte van de tuin aan.

EIGENAAR

The National Trust for Scotland.

OPENINGSTIJDEN

Dagelijks van 9.30 uur tot zonsondergang. Het huis is open van Goede Vrijdag tot de derde week van oktober van 13.30 tot 17.30 uur.

FACILITEITEN

Tearoom, winkel (zelfde openingstijden als huis), plantenverkoop.

SPECIALITEITEN

Uitzicht.

IN DE BUURT

Kinross House (106), Falkland Palace (107), Kellie Castle (109).

HILL TOP (36), CUMBRIA

First he ate some lettuces
and some French beans;
and then he ate some radishes

And then, feeling rather
sick, he went to look for
some parsley.

Als je over het hekje van het moestuintje kijkt zie je de schop nog in de grond staan en ook de gieter van Mr. McGregor staat er nog. Hij was de boze tuinman, die Peter Rabbit wilde vangen. Zijn moeder had nog zo gezegd:

In Hill Top schreef en tekende Beatrix Potter veel van haar beroemde boekjes.

'you may go into the fields
or down the lane, but don't go
into Mr. McGregor's garden:
your father had an accident
there; he was put in a pie by Mrs. McGregor.'

Maar Peter was ongehoorzaam en toen zijn zusjes en broertje Flopsy, Mopsy en Cotton-tail braaf bramen gingen plukken moest Peter zonodig radijsjes uit Mr. McGregors tuin jatten. Misschien gaat er al iets dagen en komen er nostalgische herinneringen boven aan de lieve boekjes van Beatrix Potter (1866–1943). Er zullen weinig mensen zijn die niet opgegroeid zijn met de konijnen, poezen, kikkers en muizen die zij allerlei avonturen liet beleven.
Beatrix Potter, de dochter van een welgestelde familie uit Londen, bracht elk jaar met haar ouders en broer drie maanden vakantie door op het platteland. Eerst was dat Schotland en later het Lake District. Aangezien je als dochter destijds weinig te vertellen had, was de enige manier om uit huis te ontsnappen: een rijke man trouwen. Voor Beatrix, die zo iemand niet ontmoette, bleef weinig anders over dan bij haar ouders te blijven. Zij amuseerde zich in deze vakanties door veel te tekenen en te schilderen en nam altijd haar dieren mee. Een van die dieren was een konijn, Peter. Toen zij op dertigjarige leeftijd voor het eerst in het Lake District een vakantie doorbracht, wist ze dat ze hier ooit zou willen wonen. Hoewel het in die tijd zeer ongebruikelijk was dat een vrouw haar schildertalenten zakelijk aanwendde, kreeg ze het toch voor elkaar om haar eerste boekje, *The Tale of Peter Rabbit*, in 1902 uitgegeven te krijgen. Het werd meteen een succes en eind 1903 waren er

50.000 exemplaren van verkocht. Dit ontlokte Beatrix Potter de opmerking: 'The public must be fond of rabbits! What an appalling quantity of Peter!' Daarna volgden *The Tale of Squirrel Nutkin* (1903) en *The Tailor of Gloucester* (1903). Zij had alle dieren waar ze boekjes over schreef als huisdier en als ze op reis ging werd ze vergezeld door een egeltje (Mrs. Tiggy-Winkle), een aantal muisjes, een eekhoorntje of een konijn.
De zoon van uitgever Norman Warne en Beatrix Potter konden bijzonder goed met elkaar opschieten en zij kreeg op 39-jarige leeftijd een (schriftelijk) huwelijksaanzoek van hem. Dit stuitte op grote problemen, want haar ouders waren het er helemaal niet mee eens en vonden hem geen partij voor hun dochter. Beatrix had echter lang genoeg naar haar ouders geluisterd en nam het aanzoek aan. Een paar maanden later overleed helaas haar aanstaande echtgenoot. Beatrix was ontroostbaar en stortte zich op het tekenen en schrijven van nieuwe boeken. Van de royalty's van haar eerste boeken kocht zij in 1905 Hill Top. Zij zou hier nooit permanent wonen, maar gebruikte het als studio en om er inspiratie op te doen. In heel veel van haar boeken zijn situaties uit het huis en de tuin van Hill Top te herkennen. Mrs. Tabitha Twitchit zie je in *The Tale of Tom Kitten* op een paadje in de tuin lopen met haar ondeugende kinderen Mittens, Tom Kitten en Moppet. Dit paadje, dat naar het huis van Hill Top leidt, ziet er in het echt nog net zo uit. Er staan dezelfde cottagebloemen die Beatrix in de tuin neerzette. Binnen zien we de grote staande klok waarvoor Mrs. Tabitha Twitchit een potje stond te huilen om haar stoute zoon Tom. We zien de twee poppen Lucinda en Jane uit *The Tale of Two Bad Mice* en het dressoir uit *The Tale of Samuel Whiskers.* Beatrix bracht zoveel tijd als ze kon in Hill Top door en liet er een stuk aanbouwen, zodat John Cannon, die met zijn gezin als toezichthouder in Hill Top woonde, en Beatrix elkaar niet in de weg zaten. Samen begonnen ze aan een kudde Herdwick-schapen en de bij de schapen horende hond Kep was een van een hele reeks border collies die zij zou bezitten.
Intussen gingen de zaken goed. Elke keer als Beatrix royalty's van haar boeken ontving breidde ze haar land uit en in 1909 kocht ze haar tweede boerderij. Bij die aankopen werd ze bijgestaan door een plaatselijke advocatenfirma en ze raakte bijzonder gesteld op een van de partners, William Heelis. Toen hij haar ten huwelijk vroeg was zij 47 jaar, maar zelfs toen waren haar ouders nog tegen. Ze wist ze echter over te halen en op 15 oktober 1913 trouwden Beatrix en William met elkaar en gingen in hun geliefde Lake District wonen. Niet in Hill Top, maar in een grotere boerderij, en Hill Top werd als studio gebruikt. Beatrix concentreerde zich vanaf die tijd niet meer alleen op haar boeken, maar ook op het fokken van schapen en het boerenleven. Haar boeken werden ook in

Amerika uitgegeven en er verschenen bordjes en kopjes met afbeeldingen uit haar boeken. Zij ging intussen door met het aankopen van land en boerderijen, omdat ze het Lake District wilde laten zoals het was en voorkomen dat er nieuwe bungalows werden gebouwd. In 1930 kocht zij het 1600 ha grote Monk Coniston Estate en bood de helft aan de National Trust aan voor dezelfde prijs als zij ervoor betaald had, met de belofte dat ze de andere helft zouden krijgen als zij overleed. De Trust ging hierop in en Beatrix Potter beheerde het geheel tot 1937, tot ze 71 jaar was en het haar te zwaar werd. Zij overleed in 1943 en liet haar bezittingen na aan haar echtgenoot, onder de voorwaarde dat alles na zijn dood naar de National Trust zou gaan. Hill Top mocht niet verhuurd worden en alles moest blijven zoals het was. William Heels stierf twee jaar later en vanaf 1946 is het huis open voor het publiek. Mensen over de hele wereld komen het huis en de tuin bezoeken en hopen op een glimp van herkenning. De NT maakt zich zorgen over de enorme aantallen bezoekers en als het druk is, moet je vaak even wachten. Ze hebben er gelukkig geen kermis van gemaakt en alleen gezorgd dat het er net zo uitziet als in Beatrix Potters tijd. De schop in de moestuin herkennen we natuurlijk, hoewel dit een stukje geschiedvervalsing is, want zij had Peter Rabbit al geschreven voordat ze Hill Top kocht. Maar dat maakt niet uit, want je kunt het toch niet laten om even te kijken of je Peter niet toevallig ziet lopen.

ADRES

Hill Top, bij Sawrey, Ambleside, Cumbria LA22 0LF, tel. 015394-36269.

ROUTEBESCHRIJVING

AA 59 3796: 3 km ten zuidoosten van Hawkshead.

EIGENAAR

The National Trust.

OPENINGSTIJDEN

Van 1 april tot 31 oktober zaterdag tot en met woensdag en Goede Vrijdag van 11.00 tot 17.00 uur. Wachttijd als het druk is.

FACILITEITEN

Vlakbij is de Tower Bank Arms (die voorkomt in *The Tale of Jemima Puddle-duck*). In Hawkshead is de NT Beatrix Potter Gallery, in Keswick is het Beatrix Potter's Lake District.

SPECIALITEITEN

Cottagetuin van Beatrix Potter.

IN DE BUURT

Levens Hall (34), Sizergh Castle (35), Brockhole (37), Holehird Gardens (38).

HOLDEN CLOUGH NURSERY (31), LANCASHIRE

Richard Milne-Redhead is deze kwekerij in 1927 begonnen in de moestuin van Holden Clough. De kwekerij, die in 1978 overgenomen werd door Anne en Peter Foley, is nu een van de oudste rotsplantenkwekerijen van Groot-Brittannië en volgens Peter ook een van de koudste. Doordat de kwekerij in een vorstzak ligt zijn de planten en de staf bijzonder winterhard. Een Clough (spreek uit 'cluf') is een diepe inham in een rots en de kwekerij ligt langs een klein riviertje. De kwekerij is niet alleen gespecialiseerd in rots- en alpiene planten, maar we kunnen er ook andere planten vinden. Van crocosmia's bijvoorbeeld hebben ze een bijzonder groot sortiment: de mooie goudgele *Crocosmia* x *crocosmiiflora* 'George Davison', de geel met oranje *C.* x *crocosmiiflora* 'Jackanapes' en *C.* x *crocosmiiflora* 'Solfaterre' met abrikoosgele bloemen. Alle cyclamen die ze hebben zijn uit zaad gekweekt en niet in het wild verzameld. Kopers zijn er dus van verzekerd dat ze niet meewerken aan het uitsterven van bepaalde soorten. Saxifraga's vormen een van de specialiteiten, net als primula's. Voor wie het moeilijk vindt te kiezen zijn er speciale collecties, van 3, 6 of 12 verschillende planten. Hoewel de catalogus zeer uitgebreid is, staan er toch niet alle planten in die op de kwekerij te koop zijn. Er is een speciale Collector's Corner, waar de echte plantenfanaten altijd eerst even kijken of er iets van hun gading bij is. Hoewel de Holden Clough Nursery zelf alle planten kweekt en beslist geen tuincentrum is, mogen de klanten toch zelf hun planten uitzoeken. Deze kwekerij met bijzondere en sterke planten ligt in een prachtige omgeving.

ADRES

Holden Clough Nursery, Holden, Bolton-by-Bowland, Clitheroe, Lancashire BB7 4PF, tel. 01200-447615.

ROUTEBSCHRIJVING

AA 54 **7749**: 10 km ten noorden van Clitheroe, via de A59, bij Sawley afslaan, 3 km verder links bij het Copy Nook Hotel linksaf, na een halve km linksaf naar Holden, 200 m verder rechts ligt de kwekerij.

EIGENAAR

Mr. en Mrs. Peter en Anne Foley.

OPENINGSTIJDEN

Van maart tot september maandag tot en met donderdag van 13.00 tot 17.00 uur, zaterdag van 9.00 tot 17.00 uur. In april en mei ook zondag (ook eerste paasdag) van 14.00 tot 17.00 uur. Bank Holidays die niet op vrijdag of zondag vallen geopend van 9.00 tot 17.00 uur. Van oktober tot februari elke dag van 9.00 tot 17.00 uur. Eerst bellen in verband met slecht weer. Als de eigenaren meedoen aan een Flower Show, is de kwekerij korter open.

FACILITEITEN

Copy Nook Hotel en Coach and Horses Hotel in Bolton-by-Bowland, Dog and Partridge Inn in Tosside.

SPECIALITEITEN

Kwekerij van rotsplanten.

IN DE BUURT

Tan Cottage (15), Catforth Gardens (30).

HOLEHIRD GARDENS (38), CUMBRIA

Het landgoed van Holehird is 220 ha groot en daarvan wordt het gedeelte rond het huis bijgehouden door de Trustees en de ommuurde tuin en het stuk tuin dat daaraan grenst door de Lakeland Horticultural Society. Deze zeer enthousiaste vereniging adopteerde dit stuk tuin in 1969 om de praktijk van het tuinieren te bevorderen. Ongeveer honderd van deze 1500 leden tellende vereniging houden de tuinen van Holehird geheel vrijwillig en zeer deskundig bij. Tot vijf uur is er altijd iemand aanwezig die van alles over de tuin wil vertellen: over de drie Nationale Collecties (zie blz. 222): astilbe, hortensia en *Polystichum*, over de ommuurde tuin met de prachtige borders, het kasje met stekjes en wie verantwoordelijk is voor alle eenjarigen die er in de perken staan. In Holehird gaat men zeer deskundig te werk en wordt niet alleen alles tot in de puntjes bijgehouden, maar staan ook nog overal de juiste namen bij. Iedereen mag van de tuin genieten en er is alleen een *honesty box* voor een kleine bijdrage, om planten, zaden, mest en dergelijke te kopen. De familie Groves, die zeer sociaal was en allerlei goede werken deed, liet hun landgoed na aan de Cumbria County Council voor 'the purpose of the better development of the health, education and social welfare services of the County'. Ook toen ze er nog woonden mocht de plaatselijke bevolking van hun tuin gebruik maken en het zou ze genoegen doen om te weten dat niet alleen de vrijwilligers van de Lakeland Horticultural Society er veel plezier aan beleven, maar ook de bezoekers. In het huis wonen zwaar gehandicapte mensen, maar het is mogelijk om de rest van de tuinen die door de Trustees worden onderhouden te bekijken.
William Groves sponsorde in 1914–1915 de expeditie van de plantenjagers Reginald Farrer en William Purdom naar Kansu in China. In ruil hiervoor kreeg hij 10% van het zaad dat ze daarvandaan meenamen. Waarschijnlijk zijn toen *Buddleja alternifolia*, *Viburnum fragrans*, *Gentiana farreri*, *Clematis tangutica* en *Clematis macropetala* in de tuinen van Holehird terechtgekomen. De familie stond ook bekend om de orchideeën die ze in de kassen in de ommuurde tuin kweekten. Daar waren niet alleen orchideeënkassen, maar ook druiven-, perziken-, meloenen-, komkommer- en champignonkassen. Van al deze kassen is niets meer over, maar dankzij de Lakeland Horticultural Society is er nu weer een weelde aan planten te zien. Elke border in de tuin is met de geschiktste planten beplant. We vinden zonne- en schaduwborders, klimplanten tegen de muren en verhoogde bedden met geurende planten voor slechtziende mensen. In de eilandbedden staan heesters gecombineerd met eenjarigen en vaste planten en in het midden van de tuin staat een zonnewijzer ter nagedachtenis aan een lid

Holehird Gardens wordt door meer dan honderd vrijwilligers bijgehouden.

van de vereniging.
De hortensiacollectie staat aan weerszijden van de oprijlaan en hoewel de collectie al 11 soorten en 163 cultivars telt, wordt geprobeerd om alle soorten en een groot gedeelte van de cultivars te verzamelen. Iets verder vinden we de astilbecollectie, die met 14 soorten en 150 cultivars waarschijnlijk de grootste ter wereld is. Als de astilbes in juni en juli bloeien is dat een fantastisch gezicht. De astilbecollectie grenst aan de rozenborder, waarin oude heesterrozen gecombineerd zijn met geraniums. Over deze border heen is een zeer fraai uitzicht op het landschap. In de zeer uitgebreide rotstuin zien we een fraaie verzameling kleine heesters, heben, rhododendrons, daphne en allerlei soorten bollen en rotsplanten, en we vinden hier ook de Nationale Collectie van 12 soorten en 50 cultivars *Polystichum*. Deze varens hebben langs het bovenste pad een plaatsje gekregen. In de *Davidia*-border staat niet alleen een vaantjesboom (*Davidia involucrata*), maar ook een mooie collectie kerstrozen (*Helleborus*) en hosta's. Een watertuin vormt een voorproefje van de wandeling naar de Tarn. Een van de vorige eigenaren vond kennelijk het uitzicht op het water van Lake Windermere niet genoeg en maakte zijn eigen meer. Hiertoe werd een stroompje afgedamd, dat uiteindelijk resulteerde in een waterplas van ongeveer 1,5 ha. Rond het meer staan moerasplanten en erin drijven waterlelies. Er is veel te zien in Holehird, hulde aan de vrijwilligers.

ADRES

Holehird Gardens, Patterdale Road, Windermere, Cumbria LA23 3JA, tel. 015394-46238.

ROUTEBSCHRIJVING

AA 59 **4101**: 3 km ten noorden van Windermere, langs de A592.

EIGENAAR

The Lakeland Horticultural Society.

OPENINGSTIJDEN

Dagelijks van zonsopgang tot zonsondergang.

FACILITEITEN

Tearoom.

SPECIALITEITEN

Nationale Collecties van *Astilbe, Hydrangea* en *Polystichum*, ommuurde tuin, borders, rotstuin, watertuin, uitzicht.

IN DE BUURT

Halecat (33), Levens Hall (34), Sizergh Castle (35), Hill Top (36), Brockhole (37).

HOLKER HALL (32), CUMBRIA

Holker Hall is een van de tuinen die je gezien moet hebben. De voorouders van Lord en Lady Cavendish leverden hun bijdrage aan de tuin. De formele tuinen die Sir Thomas Lowther in 1720 aanlegde werden door Lord George Cavendish weggevaagd. Hij plantte bomen en maakte een tuin in landschapsstijl. De zevende Duke of Devonshire zorgde weer voor wat formaliteit en met adviezen van de beroemde Joseph Paxton werden terrassen en balustraden rond het huis aangelegd. Ook werden een grote ommuurde tuin voor groente en kruiden en een grote kas gebouwd. De grootmoeder van de huidige eigenaar, Lady Moyra Cavendish, gaf Thomas Mawson opdracht een rozentuin en een pergola te ontwerpen. Zij plantte, net als later haar dochter, veel nieuwe bomen en heesters in de tuin. De tegenwoordige eigenaren zijn beiden zeer betrokken bij de tuin en minstens een dag per week werken ze mee, ondanks het feit dat ze vijf tuinlieden hebben. Ook zij voegen net als hun voorouders elementen aan de tuin toe. Een van de opvallendste is de watertrap. Inspiratie hiervoor kregen ze door een bezoek aan India. Het water, dat aan weerszijden van de trap stroomt, verandert van richting door een patroon van kiezels, gadegeslagen door Neptunus. Het ontwerp is van Lady Grania Cavendish en er zijn een slang in een achtvorm en een egeltje in te ontdekken. De slang, die vaker in de tuin voorkomt, maakt onderdeel uit van het familiewapen en het idee van de egel is afkomstig uit Italië, waar de familie een zomerhuis heeft. Dit zou weleens de reden kunnen zijn dat deze tuin iets luchtigs en on-Engels heeft en dat vooral de watertrap doet denken aan het zonnige zuiden. De fontein waar de watertrap op uitkomt is van Paxton en zo gaan de verschillende tuinstijlen in elkaar over.

Dicht bij het huis liggen formele tuinen met buxushaagjes, rozen en kleurige borders. In grote bakken gemaakt van natuursteenplaten groeit lathyrus tegen een piramide van trellis. De formele

De formele tuin van Holker Hall gaat via een bloemenweide over in het landschap.

tuin gaat langs dezelfde as over in de Summer Garden. Deze as wordt benadrukt doordat er aan weerszijden zuilvormige taxussen staan waarin de mooie *Tropaeolum speciosum* zich goed thuisvoelt. Treurperen geven hoogte aan perken en het is de bedoeling dat de laurierkers op den duur aan weerszijden een tunnel vormt. Door een hek aan het eind van deze tuin kom je in een wilde-bloemenwei waarin een graspad uitgemaaid is. In de verte staat een grote schaal. Dit blijkt een bijzondere zonnewijzer te zijn, die vooral door de plaatsing opvalt. Iets opzij van het hek van de bloemenweide bij The Vase begint een bijzonder leuke wandeling, die beschreven wordt door Lord en Lady Cavendish. Zij hebben hier erg hun best op gedaan en alle genummerde bomen en heesters die we onderweg tegenkomen zijn terug te vinden in het boekje *The Woodland Gardens*. En passant wordt er ook nog iets over de tuin verteld. De korte wandeling duurt ongeveer een uur en de lange ongeveer anderhalf uur. *Pterostyrax hispida* maakt onderdeel uit van de Nationale Collectie (zie blz. 222) van 15 soorten en 4 cultivars *Styracaceae*, waartoe de geslachten *Halesia*, *Pterostyrax*, *Styrax* en *Sinojackia* behoren. De rozentuin die we onderweg tegenkomen is een verrassing. Het is nog ongeveer dezelfde tuin die Thomas Mawson in 1912 ontwierp. Deze tuin ligt iets verdiept en is door een pergola met een pad verbonden.

Er is nog meer te zien bij Holker Hall: het Lakeland Motor Museum, een verzameling oude motoren, tractoren en auto's, een tentoonstelling over de keuken van de Victoriaanse tijd tot heden en een wandeling met een valkenier die demonstraties geeft. Theedrinken kun je in de stallen en de tafeltjes staan gezellig in de paardeboxen. Vergeet niet de mooie foto's te bekijken die Lady Cavendish van het landschap maakte.

ADRES

Holker Hall, Cark-in-Cartmel, bij Grange-over-Sands, Cumbria LA11 7PL, tel. 015395-58328.

ROUTEBSCHRIJVING

AA 59 **3**678: 7 km ten westen van Grange-over-Sands, via de B5277 en de B5278

EIGENAAR

Lord en Lady Cavendish.

OPENINGSTIJDEN

Van 1 april tot eind oktober dagelijks, behalve zaterdag, van 10.30 tot 18.00 uur.

FACILITEITEN

Tearoom, plantenverkoop, winkel, motormuseum, huis is open.

SPECIALITEITEN

Formele tuin, watertrap, fontein, rozentuin, bijzondere bomen.

IN DE BUURT

Halecat (33), Levens Hall (34), Sizergh Castle (35).

HOUGHALL COLLEGE GARDENS (1), DURHAM

Uit de naam blijkt dat het hier om schooltuinen gaat, die gebruikt worden door docenten en studenten van het Houghall College. De studenten kunnen er full- en part-time opleidingen volgen op tuin- en landbouwgebied. Er zijn korte en lange studies onder andere op het gebied van boomchirurgie, bloemschikken, hovenier, management en paardendressuur. Het College biedt ook een groot aantal korte cursussen voor zowel professionals als amateurs. De cursus Growing for Showing sprak ons wel aan, maar daar kwamen we niet voor. We wilden de schijnpapavers bekijken, want in Houghall hebben ze de Nationale Collectie (zie blz. 222) van 60 soorten en cultivars *Meconopsis*. Mike Hirst, die aan het College verbonden is, koestert deze collectie in de Woodland Garden. Hij probeert de planten dezelfde groeiomstandigheden te geven als in hun oorspronkelijke verspreidingsgebied, de Himalaja. *Meconopsis* komt, afhankelijk van de soort, voor in gebieden waar de atmosfeer voortdurend vochtig is, op stenige, grasachtige hellingen langs stroompjes, op open, hooggelegen alpiene weiden en in rotsspleten. Veel *Meconopsis*-soorten doen het goed in het noorden, omdat ze de voorkeur geven aan een koele, natte zomer. Mike Hirst vindt *Meconopsis betonicifolia* een van de gemakkelijkst te kweken planten, net als *M. grandis*, hoewel deze laatste een beschutte plaats en vruchtbare grond nodig heeft. Van

In Houghall College Gardens bloeit de *Tropaeolum speciosum*.

de kleinere soorten vindt hij *M. quintuplinervia* een heel mooie en in Houghall bloeide dit schijnpapavertje in een zachte winter tot in december. Maar niet alle schijnpapavers zijn zo makkelijk te kweken, er is een groot aantal zorgenkindjes bij die, om goede zaden te krijgen, kruisbestuiving nodig hebben en waarvan het zaad een koudeperiode moet doormaken. Maar het is goed voor te stellen waarom iemand gefascineerd raakt door deze bloemen. Houghall heeft nog een Nationale Collectie, van lijsterbessen; 35 soorten en cultivars van *Sorbus* (sectie *Aria*) en 4 soorten en cultivars van *Sorbus* (sectie *Micromeles*). Deze staan verspreid door de tuinen. Wat we behalve verzamelingen nog meer in Houghall kunnen vinden, zijn een watertuin waar primula's, hosta's, irissen en andere planten langs de oever groeien, de eerder genoemde bostuin, waar behalve *Meconopsis* primula's, rhododendrons en lelies als onderbeplanting dienen, een alpiene kas, een rotstuin, waarin verhoogde bedden en troggen het onderkomen vormen van rots- en alpiene planten, een heidetuin, een tuin met winterharde fuchsia's, een arboretum, fruit- en oefentuintjes van de studenten. Er is genoeg te zien, maar houdt er rekening mee dat het hier om een tuin gaat die gebruikt wordt en er niet alleen maar voor de show bijligt. Je kunt een docent tegenkomen die een demonstratieles geeft en dan voel je je haast een indringer. Maar de tuinen zijn echt open en rondlopen is toegestaan.

ADRES

Houghall College Gardens, Houghall College (Durham College of Agriculture & Horticulture), Houghall, Durham DH1 3SG, tel. 0191-3861351.

ROUTEBESCHRIJVING

AA 61 **2941**: 3 km ten zuiden van Durham, langs de A177.

EIGENAAR

Durham College of Agriculture.

OPENINGSTIJDEN

Dagelijks van 10.00 tot 16.00 uur.

SPECIALITEITEN

Nationale Collecties van *Meconopsis, Sorbus* (sectie *Aria*) en *Sorbus* (sectie *Micromeles*).

IN DE BUURT

Rookhope Nurseries (2).

HOUSE OF PITMUIES (98), TAYSIDE, SCHOTLAND

De mooiste borders van heel Schotland zagen we bij House of Pitmuies. Het kan toevallig net de goede tijd geweest zijn, maar zelfs dan kom je zulke schitterende borders maar zelden tegen. Eigenlijk is de tuin achter het huis één grote cottagetuin, waar de planten in schijnbare wanorde door elkaar groeien en bloeien. Niets is minder waar, want Mrs. Farquhar Ogilvie houdt het samen met de *head gardener* en *handyman* allemaal zeer goed in de hand. De combinaties van vaste planten, eenjarigen en rozen is zo goed gekozen, dat het lijkt alsof zoiets vanzelf ontstaat. Het grootste deel van het huis is in 1730 gebouwd, maar een gedeelte ervan stamt nog uit het begin van de 17de eeuw. De twee vleugels en de entree met pilaren werden in 1770 toegevoegd. De kas aan de achterkant van het huis, die het huis met de tuin verbindt, werd in 1966 gebouwd. De schoonouders van de tegenwoordige eigenaar kochten het House of Pitmuies in 1945 en de tuin zoals we die nu zien hebben we aan de twee generaties Ogilvie te danken. Mr. Farquhar Ogilvie is in 1983 overleden en sindsdien heeft Mrs. Ogilvie veel tijd besteed aan de verdere ontwikkeling van de tuin.
De entree tot de tuin is via de ommuurde moestuin met groente, fruit, kruiden en bloemen. De oude appels gaan schuil onder clematis en via een border met zomerbloemen waar cosmea, papaver en duizendschoon mooi gecombineerd zijn met grijsbladige planten komen we via een poort van treurpeer in de tuin, waar schitterende borders aan weerszijden van een smal graspad liggen. Als bijzondere achtergrond hebben zij een haag van de donkerbladige *Prunus cerasifera* 'Nigra'. Dit donkere blad combineert mooi met de kleur van de border, die van grijs, wit en roze naar sterkere kleuren loopt. Hierdoor lijkt de border korter, maar dit effect wordt gedeeltelijk opgeheven door het witte hek in de verte. De grijze kleuren in de border zijn van ezelsoren (*Stachys byzantina*), witte knoopjes (*Anaphalis margariticea*) en verschillende artemisiasoorten. De witte bloemen zijn van *Eryngium alpinum* 'Slieve Donard', witte viooltjes en groenwitte Zeeuwse knoopjes. Van de roze kleuren van rozen, sidalcea's en geraniums

Rond House of Pitmuies vinden we de mooiste borders van Schotland.

verloopt de kleur via het geel van *Achillea filipendulina* 'Gold Plate', *Heliopsis* en gele lupinen naar de oranje *Alstroemeria aurantiaca*, donkerrode geraniums en blauwe campanula's. Het lijken wat gedurfde combinaties en zelf zou je niet zo snel zo'n knaloranje *Alstroemeria* gebruiken, maar het effect is overweldigend. Halverwege de borders staat, op het kruispunt van graspaden, een zonnewijzer en via dit zijpad komen we in de rozentuin. De beplanting rond de vijver die in deze tuin ligt bestaat uit varens, euphorbia's, malva's, geraniums en anjertjes. Natuurlijk staan hier rozen in de tuin, oude heesterrozen, trosrozen, grootbloemige rozen, gecombineerd met erbij kleurende vaste planten. Aan een kant van deze rozentuin, aan de andere kant van de bruinbladige haag, ligt een indrukwekkende border met riddersporen. Major Crombie, die van 1919 tot 1945 in het House of Pitmuies woonde, kweekte riddersporen en dahlia's om mee naar tentoonstellingen te gaan. Via de rozentuin komen we in de trellistuin, waar clematis met rozen de trellis bedekken met hosta's, varens en bergenia's aan hun voeten. Door een hekje aan het eind van de tuin ligt een klein weitje dat vroeger als bleek werd gebruikt door het 200 jaar oude, kapelachtige washuis. In het voorjaar bloeien hier sneeuwklokjes en krokussen en in de zomer wilde bloemen. Over een bruggetje kom je op een smalle strook tussen het kunstmatige kanaaltje, Turbie Burn, en het natuurlijke stroompje, Vinny Water. Hier staan oude bomen die het riviertje schaduw geven en hier zien we ook een duiventil uit 1643. Aan het eind komen we bij Cupido terecht die zijn pijlen uitprobeert op een paar grote bonte hulsten, twee hoge apenbomen, een *Acer griseum* en een tulpeboom. Via een bruggetje over de Turbie Burn leidt een met

haagbeuken beplante laan naar de voorkant van het huis. Voor het huis zorgt een ha-ha (zie blz. 32) voor een ononderbroken uitzicht over het Policy Field. Naast deze weide ligt de Black Loch, een waterplas die druk bezocht wordt door eenden, zwanen en reigers.
Na deze rondwandeling is de verleiding groot om nogmaals de ommuurde tuin achter het huis te bekijken en dan zie je weer dingen die je de eerste keer niet opmerkte, zoals het terras bij het huis, dat op zich al een tuin is en waar planten vrolijk tussen de stenen en langs de traptreden kruipen. Mrs. Farquhar Ogilvie heeft een tuin gemaakt waar ze trots op kan zijn en waaraan je niet voorbij kunt rijden.

ADRES

House of Pitmuies, Guthrie, bij Forfar, Tayside DD8 2SN, Schotland, tel. 01241-828245.

ROUTEBESCHRIJVING

AA 89 **5650**: 11 km ten oosten van Forfar, langs de A932.

EIGENAAR

Mrs. Farquhar Ogilvie.

OPENINGSTIJDEN

Van 1 april tot 31 oktober dagelijks van 10.00 tot 17.00 uur.

FACILITEITEN

Plantenverkoop.

SPECIALITEITEN

Borders, rozen.

IN DE BUURT

Edzell Castle (97), Glamis Castle (99).

HOWICK HALL (50), NORTHUMBERLAND

Van 1319 tot heden hebben er Greys in Howick gewoond. Niet in het huis zoals we dat nu zien, want dat werd pas in 1782 gebouwd voor de vrijgezel Sir Henry Grey. Hij liet het huis na aan zijn oudste neef, de tweede Earl of Grey, die er met zijn zestien kinderen in ging wonen en er het nodige aan verbouwde. In 1926 werd het huis volledig door brand verwoest en weer opgebouwd door de vijfde Earl. In de kerk die ook op het landgoed staat, wordt nog steeds elke zondag een dienst gehouden. Deze kerk werd in 1849 gebouwd nadat de vorige, die op een Griekse tempel leek, ook al door brand was verwoest. Vroeger lag het dorpje rondom de kerk, maar dit lag naar de zin van de toenmalige Grey te dichtbij en moest verhuizen. Je zou zo zeggen, wie was er eerder, maar daar werd toen niet naar gevraagd.
De Greys zijn nooit grote verzamelaars van kunstwerken, zoals schilderijen en meubelen, geweest en de inrichting van hun huis was dan ook niet evenredig aan hun welstand, maar het waren wel

Een knus door taxushagen omsloten vijvertuintje bij Howick Hall.

tuiniers en bomenplanters. Veel bomen werden geplant door de tweede Earl Grey (met de zestien kinderen), maar de tuin zoals we die nu zien is voor het grootste deel aangelegd door de vijfde Earl en Countess Grey en door hun dochter Lady Mary Howick. Het koude klimaat van Northumberland, waar een ijzige oostenwind van zee waait, lijkt niet erg aantrekkelijk om een tuin te maken, maar doordat er al zoveel bomen waren geplant was er een milder microklimaat ontstaan. Toen de vader van Lady Mary ontdekte dat van de 6 ha tuin die hij bezat meer dan 1 ha zuur genoeg was om rhododendrons te planten, was hij niet meer te houden. Vanaf die tijd waren zijn interessen en die van zijn vrouw verschillend. Hij zorgde voor zijn bostuin en zij voor de borders, perken en terrassen. De bloemen van de rhododendrons die hij toen plantte kunnen we nu in mei en juni bewonderen. We zien dan *Rhododendron sinogrande*, *R. falconeri*, *R. cinnabarinum* subsp. *xanthocodon* en de heerlijk geurende gele en oranje *Rhododendron luteum*. Deze laatste hoorde vroeger tot de azalea's. Nog vroeger dan de rhododendrons bloeien de magnolia's, *Magnolia campbellii* en *Magnolia wilsonii*.
Lady Grey vermaakte zich intussen dichter bij huis en zorgde voor een aantal zeer mooie borders, die haar dochter Lady Mary later verder verzorgde. Een knus, door taxushagen omsloten, vijvertuintje is ook van haar hand. Bijzonder is de enorme hoeveelheid Afrikaanse lelies (*Agapanthus*) die in de volle grond van het tweede terras staan en aan het eind van de zomer een overweldigende blauwe kleur tentoonspreiden. Aan deze planten zit een verhaal vast. Het zijn Headbourne-Hybriden en die waren destijds een openbaring, omdat ze winterhard waren. Tot dan konden de

Afrikaanse lelies wel in de zomer buiten staan, maar ze moesten vorstvrij overwinteren. Headbourne-Hybriden worden ook wel Palmer-Hybriden genoemd en eigenlijk is die naam beter, want ze werden door Lewis Palmer ontwikkeld. Deze Lewis was een broer van de moeder van Lady Mary, dus zijn deze Headbourne-Hybriden van Howick Hall nog de originele die door Lewis Palmer werden gekweekt.

De tuinen van Howick Hall hebben een lange traditie van openstelling en het is de bedoeling dat dat zo blijft. De zoon van Lady Mary Howick, Lord Howick, regelt de zaken voor de stichting waartoe de tuinen nu behoren. Hij wil de tuinen, die door vijf tuinlieden worden onderhouden, niet commercieel exploiteren, maar houden zoals ze zijn: een erfenis van vroeger, waar elke generatie het zijne toe bijdraagt.

ADRES

Howick Hall, Alnwick, Northumberland NE66 3LB, tel. 01665-577285.

ROUTEBSCHRIJVING

AA 77 **25**1**7**: 9 km ten noordoosten van Alnwick (AA 69), via de B1340 en kleinere wegen.

EIGENAAR

Howick Trustees Ltd.

OPENINGSTIJDEN

Van begin april tot eind oktober dagelijks van 13.00 tot 18.00 uur.

SPECIALITEITEN

Rhododendrons, borders.

IN DE BUURT

Bide-a-Wee Cottage (48), Cragside (49), Chillingham Castle (51).

HUTTON-IN-THE-FOREST (42), CUMBRIA

Een wandeling door de tuin is een wandeling door de tijd. Een ommuurde tuin uit 1730 omsluit een 20ste-eeuwse tuin. De terrassen die aan het eind van de 17de eeuw zijn aangelegd, zijn versierd met in vorm gesnoeide taxussen uit 1890. Veel bomen zijn halverwege de 18de eeuw geplant en in de 19de eeuw plantte Sir Henry Vane veel Amerikaanse loof- en naaldbomen. De tegenwoordige eigenaar en zijn vader hebben deze boomplanttraditie hooggehouden. De middelste vijver dateert uit de 18de eeuw, toen er nog geen diepvriezers bestonden en de vis mocht zwemmen tot hij werd opgediend. De 17de-eeuwse duiventil zorgde ook voor de nodige eiwitten; de eieren en vogels zelf werden verwerkt in allerlei gerechten. In deze duiventil konden wel 400 vogels wonen en binnen is nog een Potence, een wentelladder, te zien waarmee de tuinman goed bij de nesthokjes kon komen. De mest van de duiven gebruikte hij voor de moestuin en zo kreeg iedereen zijn deel. In de ommuurde tuin wordt nu geen groente meer gekweekt.

De head gardener van Hutton-in-the-Forest heeft grootse plannen.

Deze vierkante ruimte is aan twee zijden omgeven met een muur en aan twee andere zijden door hoge taxushagen en het geheel is door taxushagen in vier compartimenten verdeeld. In deze ommuurde tuin heeft Lady Inglewood samen met de *head gardener* Ian Corri een aantal mooie borders gemaakt en volgens Ian Corri staan er nog grootse dingen te gebeuren. Leifruit is tegen de muren geplant en rozen, kattekruid en lavendel zijn maar enkele van de vele planten die hier te zien zijn. Aan de andere kant van het huis liggen de terrassen met de geknipte taxussen.
Zoals bij een tuin die zoveel invloeden uit verschillende eeuwen toont hoort, zijn er ook 20ste-eeuwse invloeden aan toegevoegd. Alles bij elkaar is het een charmant geheel, passend bij het huis met zijn eigentijdse bewoners die aan hun kinderen voor het slapen gaan het verhaal van Sir Gawain and the Green Knight vertellen, net als hun voorvaderen. 'Er was eens een groene ridder die dwaalde door het bos van Inglewood en plotseling zag hij de toren van Hutton-in-the-Forest...'

ADRES

Hutton-in-the-Forest, Skelton, Penrith, Cumbria CA11 9TH, tel. 017684-84449.

ROUTEBSCHRIJVING

AA 59 **4736**: M6, afslag 41, via de B5305.

EIGENAAR

Lord en Lady Inglewood.

OPENINGSTIJDEN

Dagelijks, behalve op zaterdag, van 11.00 tot 17.00 uur. Het huis is open op eerste en tweede paasdag, van 30 april tot 1 oktober op donderdag, vrijdag en zondag, in augustus ook op woensdag, en op Bank Holidays van 13.00 tot 16.00 uur.

FACILITEITEN

Tearoom als huis open is.

SPECIALITEITEN

Ommuurde tuin, terrassen met vormsnoei.

IN DE BUURT

Acorn Bank (40), Dalemain (41).

INSHRIACH NURSERY (89), Highland, Schotland

Hoewel Jack Drake liever planten kweekte trad hij toch, zoals toen gebruikelijk was, in de voetsporen van zijn vader en werd suikermakelaar. Intussen hield hij wel zijn collectie van voornamelijk rotsplanten bij. Na een aantal jaren hield hij het kantoorleven voor gezien en besloot kweker te worden. Nadat hij een korte periode in de leer was geweest bij Ingwersens Nursery, besloot de familie naar Inshriach House in Schotland te verhuizen. Bij het huis hoorde een klein landgoed met een boerderij en een stuk woeste grond, maar vlak bij de weg was een vrij vlak stuk van ongeveer 2,5 ha waar berken op stonden en een stroompje doorheen liep. Op deze plaats werd 13 februari 1938 de Inshriach Nursery geboren. De plantenverzameling van Jack Drake verhuisde van Hertfordshire naar Aviemore en zijn alpiene kas, die dezelfde reis maakte, werd ook weer opgebouwd. Bakken en een potten schuur vervolmaakten het geheel. Het eerste seizoen was een fiasco. Niets groeide goed en zaailingen en jonge planten gingen dood. Gelukkig had op dat moment het John Innes Institute een potgrondmengsel samengesteld dat de oplossing voor alle problemen bleek te zijn. Deze potgrond, die John Innes Base werd genoemd, bestond uit klei, turf, zand en mest in een bepaalde verhouding. Jack Drake vertelde vaak dat de kwekerij het zonder dit mengsel niet overleefd zou hebben. Maar toen kwam de oorlog en werd Jack Drake onder de wapenen geroepen. Toen hij in 1945 terugkeerde was de kwekerij een grote wildernis. Samen met een meisje en twee Duitse krijgsgevangenen werden de alpiene kassen, bakken en pottenschuur weer in orde gemaakt en werd een rotstuin aangelegd. De stenen hiervoor haalden ze zelf van de heuvels. Toen dit allemaal gebeurd was moest er een nieuwe plantenvoorraad worden opgebouwd. Zodra Jack Drake aan benzinebonnen kon komen trok hij door heel Groot-Brittannië en kocht alle planten die hij tegenkwam. Zo kon hij in 1947 zijn eerste catalogus uitgeven.

De kwekerij breidde zich uit en in 1949 kwam John Lawson bij hem werken. Hij kon toen niet vermoeden dat hij in 1955 een partnerschap met Jack Drake zou aangaan. De kwekerij en de showruimte werden steeds meer uitgebreid en de twee partners bouwden een zeer goede reputatie op rots- en alpiene-plantengebied op. Toen Jack Drake in 1971 met pensioen ging werd John Lawson de eigenaar. Hij leidt nu de kwekerij met behulp van de zeer *loyal staff*. In de catalogus van de kwekerij staan de rots- en alpiene planten die meestal op voorraad zijn, maar in voor- en najaar komt er een supplement met bijzonderheden. De liefhebbers zitten hier op te wachten en zijn er als de kippen bij, omdat de planten anders al verkocht zijn. Want waar vind je de blauwe *Allium kansuense* of de witbloeiende *Anacyclus depressus*, de felgele 45 cm hoge akelei *Aquilegia* 'Songbird Gold Finch', de paarsblauwe akelei met witte topjes *Aquilegia moorcroftiana*, de donkerroze tot wijnrode *Astrantia major* 'Primadonna' of het wit met gele viooltje *Viola cunninghamii*? De kwekerij ligt in de mooie Schotse hooglanden, waar het behoorlijk koud kan zijn, en bij Inshriach zeggen ze altijd dat als de planten bij hen winterhard zijn, dan zijn ze het elders zeker. Het is niet zo dat rots- en alpiene planten onder slechte omstandigheden en op arme grond kunnen groeien. Ze hebben wel degelijk een goede verzorging nodig en zeker een goede afwatering, want als deze planten ergens een hekel aan hebben dan is het aan natte voeten. Bij de Inshriach Nursery gaan de planten niet zonder advies de deur uit en er zijn veel planten te zien die in de voor hen juiste omgeving groeien.

ADRES

Inshriach Nursery, Aviemore, Highland PH22 1QS, Schotland, tel. 01540-651287.

ROUTEBSCHRIJVING

AA 93 **8909**: 6 km ten zuidwesten van Aviemore, via de B970. Volg het bord met de Schotse distel.

EIGENAAR

John Lawson.

OPENINGSTIJDEN

Het hele jaar van maandag tot en met vrijdag van 9.00 tot 17.00 uur en op zaterdag van 9.00 tot 16.00 uur. 's Zondags gesloten.

FACILITEITEN

Kwekerij met plantenverkoop.

SPECIALITEITEN

Rotsplanten en alpiene planten.

IN DE BUURT

Speyside Heather (88).

Agapanthus bloeit in de kas van Inveresk Lodge.

INVERESK LODGE (58), LOTHIAN, SCHOTLAND

Inveresk Lodge is het oudste huis in het authentieke dorpje Inveresk. De National Trust for Scotland heeft het 17de-eeuwse huis echter verhuurd en zich geconcentreerd op de tuin. Deze ligt op een schuin talud, gesteund door hoge keermuren. Sinds 1959, toen de NTS het huis en de tuin van Mrs. Helen Brunton kreeg, zijn ze bezig met de restauratie van de tuin naar een voorbeeld uit 1881. Eerst was het plan om van de tuin van Inveresk Lodge een voorbeeldtuin te maken, waar mensen konden zien hoe ze hun eigen tuin konden inrichten. Door weer terug te gaan naar het oorspronkelijke plan wordt echter duidelijk hoe je een (voor Schotse begrippen) kleine tuin kunt inrichten. Er is heel terughoudend met planten omgegaan door niet de hele tuin vol te spikkelen met bloemen, maar deze te beperken tot een paar forse borders. In de borders staan prachtige boompioenen en daglelies (*Hemerocallis*). De border met heesterrozen werd ontworpen door Graham Stuart Thomas. In de lange kas staan Afrikaanse lelies (*Agapanthus*) te bloeien met aan een kant de parkieten en aan de andere de kanariepietjes. Het is boffen als een bezoek aan deze tuin samenvalt met een van de open dagen van de twee andere Inveresk-tuinen, Shepherd House en Catherine Lodge. De openingstijden staan in het Schotse gele boekje (Scotland's Garden Scheme) en zijn elk jaar anders.

ADRES

Inveresk Lodge, Inveresk, bij Musselburgh, Lothian EH21 6BQ, Schotland, tel.

0131-6657181.

ROUTEBSCHRIJVING

AA 75 **3472**: 9 km ten oosten van Edinburgh (ten zuiden van Musselburgh), via de A6124.

EIGENAAR

The National Trust for Scotland.

OPENINGSTIJDEN

Van 1 april tot eind september op maandag tot en met vrijdag van 10.00 tot 16.30 uur, op zaterdag en zondag van 14.00 tot 17.00 uur. Van 1 oktober tot 31 maart 's zaterdags gesloten.

SPECIALITEITEN

Rozenborder, borders.

IN DE BUURT

Royal Botanic Garden Edinburgh (59), Malleny House (60).

INVEREWE (81), Highland, Schotland

The Gardener's Curse

Awake, my Muse, bring bell and book
To curse the hand that cuttings took.
May every sort of garden pest
His little plot of ground infest
Who stole the plants of Inverewe,
From Falkland Palace, Crathes too.
Let caterpillars, capsid bugs,
Leaf-hoppers, thrips, and all sorts of slugs,
Play havoc with his garden plot,
And a late frost destroy the lot.

Zo, nu weet iedereen tenminste waar hij/zij aan toe is en zal niemand het in zijn hoofd halen om stekjes te pikken. Dit is een van de dingen waar eigenaren en tuinlieden een geweldige hekel aan hebben en het bovenstaande gedichtje kom je dan ook in veel tuinen tegen. Er zijn zelfs tuinen die om die reden niet regelmatig open zijn. Niet doen dus, het is onfatsoenlijk en bovendien zijn bij de meeste tuinen planten te koop.

Terug naar Inverewe, het schiereiland aan de westkust van Schotland, waar Osgood Mackenzie zijn eigen paradijs schiep. Hij kreeg het stuk land van zijn moeder, omdat zijn halfbroer Francis, de dertiende Laird of Gairloch, zowel de titel als de landgoederen erfde. Osgood was blij deze zorgen niet op zijn nek gekregen te hebben, zodat hij zich helemaal aan zijn 'tuin' kon wijden. Dit stukje Schotland, dat op dezelfde hoogte ligt als Moskou, was niet bepaald een ideale plek om te tuinieren. Het was een kale heuvel en het enige dat er groeide was een enkele kruipwilg. Maar door de Warme Golfstroom was het ook een plekje waar het nauwelijks vroor en dus begon Osgood Mackenzie met het planten van honderden grove dennen (*Pinus sylvestris*) en Corsicaanse dennen (*Pinus nigra* subsp. *larico*). Hij had het geduld om daarna vijftien jaar te wachten, zodat de bomen groot genoeg waren om bescherming te bieden aan de planten die hij eronder wilde zetten. Hij bouwde in de tussentijd een huis voor zichzelf, dat echter niet hetzelfde huis is wat we nu zien. Zijn huis brandde namelijk in 1914 af. Met de stenen van dit huis maakte hij de rotstuin. Van 1862 tot zijn dood in 1922 was Mackenzie met zijn tuin bezig. Hij plantte heesters en bomen die door de plantenjagers van die tijd werden meegenomen, zoals *Rhododendron hodgsonii* van Joseph Hooker en *Rhododendron sinogrande* van George Forrest. Hoewel de meeste tuineigenaren *Rhododendron ponticum* te 'gewoon' vonden werd deze toch erg veel aangeplant in Inverewe. Maar het zijn niet alleen rhododendrons die we hier vinden, we zien ook planten die je niet in Schotland verwacht, zoals *Eucalyptus coccifera* uit Tasmanië, *Olearia moschata* uit Nieuw-Zeeland en de boomvaren *Dicksonia antarctica* uit Australazië, de waaierpalm *Trachycarpus fortunei* uit Birma en de *Griselinia littoraris* uit Nieuw-Zeeland. Door al die exotische planten worden de tuinen wel vergeleken met een landschap in Noord-China. Het blijft een wonder hoe Mackenzie het voor elkaar heeft gekregen om op zo'n kale rots zo'n weelderige tuin aan te leggen, maar hij heeft er dan ook wel wat voor moeten doen. Er werden boten vol met grond aangevoerd om het kleine beetje veen dat de rotsen bedekte te verbeteren en aan te vullen. Nu groeien er op de 24 ha meer dan 2500 verschillende bomen, heesters en vaste planten en telt de tuin vier Nationale Collecties (zie blz. 222): 10 soorten en 3 cultivars *Brachyglottis*, 10 soorten en cultivars *Ourisia*, 46 soorten en cultivars *Olearia* en 8 soorten en cultivars *Rhododendron* (serie *Barbatum*). Toen Osgood Mackenzie in 1922 overleed wist hij zijn tuin in goede handen. Zijn dochter Mairi, die als jong meisje na de scheiding van haar ouders bij haar vader ging wonen, was van jongs af zeer bij de tuin betrokken. Ook nadat ze trouwde bleef ze meehelpen in de tuin. Mrs. Mairi Sawyer heeft tot haar dood in 1953 haar leven aan de tuin gewijd en is meer dan 60 jaar bij de tuin betrokken geweest. Zij werd een van de meest kundige Schotse tuineigenaren. Om het voortbestaan van de tuin zeker te stellen schonk zij huis, tuin en geld aan de NTS.

De NTS heeft een route in de tuin uitgezet en als je deze volgt weet je zeker dat je alles zult zien: de mooie borders, de rotstuin, de Japanse tuin en het bos waar een aantal stormen in hebben huisgehouden, de vochtige vallei, de grote vijvertuin, het Peace Plot uit 1919, beplant met verschillende soorten *Meconopsis* en primula's, het Bambooselem, met een vaantjesboom (*Davidia involu-

crata) en een prachtige *Magnolia campbellii*, een Amerikaanse afdeling en zelfs een ommuurde tuin. Deze ommuurde tuin ziet er nog net zo uit als in Mackenzies tijd, met een mooie border en allerlei soorten groente en fruit. In zijn tijd zal zo'n tuin een noodzaak zijn geweest, want de groenteboer woonde niet naast de deur. Natuurlijk is het ook heerlijk om niet volgens een bepaalde route, maar zomaar door de tuin te dwalen, terwijl je beseft dat hier in 1862 nog niets was behalve een eigenwijze Schot, die zonodig een tuin wilde maken.
Het verhaal van de creatie van deze tuin heeft Osgood Mackenzie beschreven in het boek *A Hundred Years in the Highlands.* Deze Schotse tuinklassieker kwam in 1922 net voor zijn dood uit, en is gelukkig herdrukt, zodat we kunnen lezen hoe hij van een kale rots een paradijs maakte.

ADRES

Inverewe, Poolewe, Ross and Cromarty, Highland IV22 2LQ, Schotland, tel. 0144-586200.

ROUTEBSCHRIJVING

AA 91 **8682**: 9 km ten noordoosten van Gairloch, via de A832.

EIGENAAR

The National Trust for Scotland.

OPENINGSTIJDEN

Dagelijks van 9.30 uur tot zonsondergang.

FACILITEITEN

Plantenverkoop, tearoom, winkel.

SPECIALITEITEN

Uitzicht, exotische planten, rhododendrons, Nationale Collecties van *Brachyglottis, Olearia, Ourisia, Rhododendron* (serie *Barbatum*).

KAILZIE GARDENS (57), BORDERS, SCHOTLAND

Van Kailzie (de 'z' niet uitspreken) zijn alleen de tuinen over. Het huis werd in 1962 afgebroken. We ontdekken slechts de stallen uit het begin van de 18de eeuw en een nog oudere duiventil. In de stallen zijn tegenwoordig een tearoom, restaurant, winkel en galerie gevestigd. De tuinen, die te bezichtigen zijn, nemen ongeveer 7 ha in beslag. Ze liggen in de prachtige Tweed Vallei. Lady Angela Buchan-Hepburn maakte van de ommuurde moestuin een Pleasure Garden met gras en eilandbedden. De enige groente die overgebleven is wordt in bedden voor de oude kas gekweekt. Hier staat prei die gebleekt wordt door hoge stenen potten en reuzenuien staan gezellig naast eenjarige plukbloemen. De paden zijn van grind en de bedden zijn afgezet met boomstammetjes. Elders in de tuin zien we een padafzetting in de vorm van gebakken Victoriaanse tegels. Deze hebben een om elkaar slingerend touwmotief en zorgen ervoor dat er geen grind bij de buxushaagjes kan

In de kas van Kailzie Gardens staan veel bloeiende planten.

komen. Vanuit een deur in de muur van de tuin loopt een dubbele border met graspad in het midden naar een zonnewijzer. Aan het eind van de borders ligt een fontein en daarvandaan kan een wandeling door het bos worden gemaakt. Maar eerst nog even de ommuurde tuin, want daar is nog meer te zien: een kruidentuin, een rozentuin, waar de rozen nog wat kaal bij stonden, maar het overbekende gedichtje van Dorothy Frances Gurney (1858–1932) maakte dit weer goed:

The kiss of the sun for pardon
The song of the birds for mirth
One is nearer to God's heart in a garden
Than anywhere else on earth

In de mooie kas staan bloeiende planten zoals pelargoniums, veel fuchsia's, begonia's en ook een vijg. De beelden die we in de tuin zien (onder andere een bemoste vrouw met hosta's aan haar voeten) zijn zeer sfeervol.
Dan nu de wandeling, de Major's Walk, die in het voorjaar eerst opgevrolijkt wordt door sneeuwklokjes en narcissen, daarna door schijnpapavers (*Meconopsis*), primula's en veel rhododendrons en azalea's. Hiervandaan kun je naar een kleine vijver wandelen. In een andere vijver kan op forel worden gevist.

ADRES

Kailzie Gardens, Peebles, Border, Schotland, tel. 01721-722807.

ROUTEBSCHRIJVING

AA 75 **2738**: 4 km ten zuidoosten van Peebles.

EIGENAAR

Lady Angela Buchan-Hepburn.

OPENINGSTIJDEN

Van eind maart tot eind oktober van 11.00 tot 17.30 uur. 's Winters van zonsopgang tot zonsondergang (tearoom en restaurant gesloten).

FACILITEITEN

Tearoom, restaurant, winkel.

SPECIALITEITEN

Ommuurde tuin.

IN DE BUURT

Dawyck Botanic Garden (61), Broughton Place (62), Priorwood (55), Abbotsford (56).

KELLIE CASTLE (109), FIFE, SCHOTLAND

Kellie Castle heeft een oude geschiedenis. Via Robert of London, het onechte kind van de Schotse koning William the Lion, Lady Helena of Kellie, ettelijke Lords Oliphant of Kellie Mill, Sir Thomas Erskine, die koning James VI in 1600 redde en de broer van diens kleinzoon, die Charles II tijdens de burgeroorlog steunde en daarna naar Holland werd verbannen, komen we bij Thomas de zesde Earl of Kellie. Hij was een begaafd violist, maar gedwongen om in 1769 bijna al het land te verkopen om zijn vaders schulden te voldoen. De zevende Earl of Kellie was de laatste van zijn familie en is begraven in het mausoleum in het kasteel. Vervolgens erfden verre neven en ooms Kellie Castle en toen de laatste kinderloze Earl overleed was er geen familielid meer te vinden om de titel en het kasteel te erven, tot er een jaar later, in 1830, iemand opdook die kon bewijzen dat hij meer dan 200 jaar geleden een gezamenlijke voorouder had gehad. Dit werd geldig verklaard en zo werd John Erskine de elfde Earl of Kellie. Het kasteel was echter al sinds het eind van de 18de eeuw niet bewoond geweest en omdat de elfde Earl ook niet van plan was om in zijn erfenis te gaan wonen, werd de inhoud van het kasteel verkocht en lag het kasteel er verlaten bij, tot James Lorrimer, die met zijn familie in 1870 in de buurt vakantie kwam houden, het zag. Hij was professor aan de universiteit van Edinburgh en kende toevallig de elfde Earl of Kellie. Zo kwam het dat de familie Lorrimer in de jaren zeventig van de vorige eeuw een huurcontract van 38 jaar kreeg. De elfde Earl zou zorgen dat het kasteel wind- en waterdicht was en de Lorrimers zouden het kasteel van binnen restaureren. In 1878 sliep de familie, bestaande uit de professor, zijn echtgenote Hannah en hun zes kinderen, voor het eerst in hun nieuwe zomeronderkomen. Louise, de jongste dochter, schreef in haar dagboek dat uilen

Kathy Sayer van Kellie Castle kweekt bloemen en groenten op biologische wijze.

en kraaien nesten bouwden in de schoorstenen, dat er gaten in het dak zaten en zwaluwen hun nesten in de verzakte plafonds bouwden, die af en toe in de kamer vielen. De tuin beschreef zij als volgt:

The garden, still encircled by a tumbledown wall, was a wilderness of neglected gooseberry bushes, gnarled apple trees and old world roses, which struggled through the weeds summer after summer with a sweet persistence.

Robert, de zestienjarige zoon van professor Lorrimer, maakte een ontwerp voor deze ommuurde tuin. Hij wist toen niet dat hij later een beroemd architect zou worden, en ook veel tuinen zou ontwerpen. Samen met zijn moeder, zus Louise en broer John, die kunstschilder zou worden, maakte hij een tuin die er ongeveer zo uitgezien moet hebben als de ommuurde tuin nu. Ook nu staan er voornamelijk planten in die aan het eind van de vorige eeuw verkrijgbaar waren en zien we meer dan 80 verschillende rozen. De grindpaden zijn afgezet met buxushaagjes. Het tuinhuis werd ook door Robert Lorrimer ontworpen. Vroeger werd het als pottenschuur gebruikt, maar nu is er een tentoonstelling over deze beroemde architect (1864–1929). Hij ontwierp niet alleen huizen, maar ook oorlogsmonumenten. Als hij een huis ontwierp, zorgde hij meteen voor de juiste zetting (de tuin) van zijn 'juweel'. Het is hem gelukt om vooral zijn geliefde Schotland mooier achter te laten dan toen hij het vond. Dit gaat ook op voor de tuinen van Kellie Castle.
Toen professor Lorrimer in 1890 overleed, ging de familie nog steeds elke zomer naar Kellie Castle, en nadat zijn echtgenote in

1916 ook overleed werd het de woonplaats van John, de kunstschilder. Hij woonde hier tot zijn dood in 1936. Het leek erop dat Kellie Castle toen weer uitsluitend bewoond zou worden door uilen en kraaien, maar de zoon van de architect, Hew, was getrouwd met Mary MacLeod Wylie en aan haar hebben we het te danken dat het kasteel er nog zo mooi bijligt. Zij bracht kamer na kamer van het kasteel weer tot leven en ze vond een kamer pas compleet als er bloemen in stonden. Ze zorgde er dan ook voor dat van de vroege lente tot de late herfst in elk van de twintig kamers een bloemstuk te vinden was, variërend van een groot stuk in de hal tot een paar bloemetjes in een vaasje in de slaapkamer. Uiteindelijk hebben de Lorrimers in 1948 het kasteel zelfs gekocht, omdat hen de huur was opgezegd. Sinds het overlijden van Mary Lorrimer in 1970 is het kasteel een veilige toekomst tegemoet gegaan als bezit van de National Trust for Scotland. De beeldhouwer Hew Lorrimer heeft nog tot zijn dood in 1993 in Kellie Castle gewoond.

ADRES

Kellie Castle, bij Pittenweem, Fife KY10 2RF, Schotland, tel. 01333-720271.

ROUTEBSCHRIJVING

AA 83 **5205**: 5 km ten noordwesten van Pittenweem, via de B9171.

EIGENAAR

The National Trust for Scotland.

OPENINGSTIJDEN

Het hele jaar dagelijks van 9.30 uur tot zonsondergang. Kasteel, winkel en tearoom open van Goede Vrijdag tot en met de derde week van oktober dagelijks van 13.30 tot 17.30 uur.

FACILITEITEN

Tearoom, winkel.

SPECIALITEITEN

Borders, rozen, pioenen.

IN DE BUURT

Hill of Tarvit (108), Falkland Palace (107).

KILDRUMMY CASTLE GARDENS (91), Grampian, Schotland

Het eerste dat je van de tuinen ziet is de opvallende brug. Colonel James Ogston, een zeepfabrikant, liet in 1900 deze brug en zijn huis bouwen. Het huis noemde hij het New Castle, omdat de ruïnen van het oude kasteel er ook nog lagen. De brug, een kopie van de Brig O'Balgownie van Aberdeen, overspant een stroompje in de diepte van een steengroeve. Toen de trotse eigenaar zijn huis en de brug aan een vriend liet zien, moet deze uitgeroepen hebben: 'Maar... je hebt geen tuin!' Dat moet de Colonel zich toen erg hebben aangetrokken, want bij zo'n kasteel van een huis en zo'n

Kildrummy Castle: een tuin als een schilderij met de brug als lijst.

bijzondere brug hoorde natuurlijk wel een tuin. Nu stonden er al wel wat bomen – een paar zilversparren, wat beuken en westerse hemlocksparren (*Tsuga heterophylla*) – maar het huis was van de weg af te zien. Nu is dat niet meer het geval. Het huis, dat inmiddels een hotel is geworden, is echt niet meer te zien. Een Japanse firma kreeg de opdracht om een watertuin te maken van de diepe steengroeve met het stroompje. Een bekende firma uit York kreeg de opdracht om een rotstuin te maken en zij stuurde David Peary, die een half jaar met zijn gezin dichtbij in een boerderijtje ging wonen, om de tuin zo snel mogelijk uit de grond te stampen. Het schijnt dat hij ook voor een groot deel verantwoordelijk was voor de beplanting. Na de tuin pakte de onvermoeibare Colonel de ruïne aan. Hij zorgde er wel voor dat het een ruïne bleef, maar dan een geciviliseerde, een soort folly. Toen 'Soapy' Ogston in 1931 stierf had hij van de steengroeve een echte tuin gemaakt, die anderen verder konden uitbouwen. De Ogstons hadden geen kinderen en Kildrummy werd nagelaten aan een neef van James, generaal Charles Ogston, een vrijgezel met een passie voor stenen. Zodra hij in het New Castle kwam wonen begon hij allerlei 'gebruiksstenen' te verzamelen, variërend van molenstenen tot stenen waarop de smid zijn gloeiende ijzers boog en *ruck founs* die de fundering van houten boerenschuren vormden, en zelfs de stenen die achter of voor de banden van auto's werden gelegd en als handrem dienden. Al deze stenen zijn nu te zien in het museum. Intussen ging hij ook verder met het beplanten van de tuin en het vervolmaken van de rotstuin. Toen de generaal in 1944 stierf erfde een nicht van hem, Mrs. Majorie Yates, het landgoed, compleet met oud en nieuw kasteel. De ruïnen van het oude kasteel schonk

zij in 1952 aan het rijk en het landgoed met het nieuwe kasteel werd in 1954 aan de zakenman James Pierson Smith verkocht. Hij maakte twee jaar later van het huis een hotel en richtte in 1968 een Charitable Trust op, zodat de tuin bewaard zou blijven.
Het resultaat van de plantende en sjouwende eigenaren kunnen we nu zien. Je komt over de brug de tuin binnen en maakt dan vervolgens bovenlangs een wandeling. Maar het is de wandeling onderlangs die ons verrast. De tuin ligt dan als in een lijst gevat. De weelderige oeverbeplanting langs het stroompje komt zo fantastisch uit tegen de bijzonder gevormde brug, dat je het als schilderij aan de muur zou willen hangen. Langs het water lopen smalle paadjes waar in elk seizoen bijzondere planten te zien zijn. Dat begint met bollen als kievitsbloemen, krokussen, hondstand, lenteklokjes, blauwe druifjes, narcissen, scilla's en botanische tulpen in het voorjaar, daarna komt de gele moerasaronskelk en masse boven, de gentianen volgen in mei en de schijnpapavers (*Meconopsis*) in juni en juli. Wie in juli in de tuinen wandelt en zijn neus achterna loopt komt beslist uit bij de *Cardiocrinum giganteum*. Deze opvallende reuzenlelie met grote witte klokken voelt zich in het koele Schotse klimaat uitermate goed thuis. Eerder al zijn de vele verschillende rhododendronsoorten en cultivars te bewonderen en deze worden opgevolgd door allerlei vaste planten, waaronder heel veel primula's. De herfst is een feest van kleuren, want wat diversiteit van bomen en heesters betreft zou deze tuin wel een arboretum kunnen zijn. Een tuin als een schilderij met de brug als lijst.

ADRES

Kildrummy Castle Gardens, bij Alford, Grampian AB33 8RA, Schotland, tel. 019755-71264.

ROUTEBESCHRIJVING

AA 94 **45**1**7**: 14 km ten oosten van Alford, via de A944 en de A97.

EIGENAAR

Kildrummy Castle Garden Trust.

OPENINGSTIJDEN

Van 1 april tot eind oktober dagelijks van 9.00 tot 17.00 uur.

FACILITEITEN

Plantenverkoop, video, museum (open op verzoek).

SPECIALITEITEN

Diepe vallei met water en bijzondere plantengroei.

IN DE BUURT

Candacraig Gardens (90), Leith Hall (92), The Scottish Bamboo Nursery (94).

KINROSS HOUSE (106), Tayside, Schotland

Toen Sir William Bruce in 1686 zijn nieuwe huis liet bouwen was hij een belangrijk man. Hij had het zelf ontworpen, want hij was architect, maar oefende dit beroep alleen als een soort hobby uit.

Uitzicht vanuit Kinross House op Castle Island.

De rest van zijn tijd vulde hij met politiek. Hij zocht een prachtige plaats uit voor het huis met uitzicht op Loch Leven en de heuvels daarachter. Om verschillende redenen raakte zijn geld op en werd de bovenste verdieping niet zo mooi afgewerkt als de andere verdiepingen. Hij stierf in 1710. Ondanks wat minder financiële middelen had Sir William toch zo'n uitgebreide tuin aangelegd, dat het onderhoud hiervan hem in die tijd meer dan £ 400 per jaar kostte. Op een plattegrond uit die tijd zien we tuinmuren, een fontein en de poort met doorkijk naar het Loch, elementen die ook nu nog in de tuin te vinden zijn. De Fish Gate, de poort met het smeedijzeren hekwerk, de vazen en paviljoens zijn afkomstig van 17de-eeuwse Hollandse kunstenaars. Uit familiepapieren blijkt dat zij hieraan in 1686 werkten. Nadat het huis in diverse handen was overgegaan en van 1822 tot 1902 zelfs leeg had gestaan, werd het van de ondergang gered door Sir Basil Montgomery. Hij restaureerde het huis en legde de tuinen weer, binnen het raamwerk van Sir William, op een zeer aantrekkelijke manier aan. Wat we nu zien is een formele tuin, waarvan de hoofdas, geflankeerd door fantastisch mooie borders, uitkomt bij de beroemde Fish Gate met uitzicht op het Loch en op een klein eilandje, het Castle Island, met een kasteel. In dit kasteel heeft Mary Queen of Scots van 1567 tot 1568 gevangen gezeten. Zij ontsnapte op 2 mei 1568. Het is mogelijk om met een bootje over te varen en het eiland te bezoeken. Hiervandaan kijk je weer op een andere manier tegen Kinross House aan.
De moeder van de huidige eigenaar maakte de prachtige borders en in de tempel staat zij gememoreerd als 'Cynthia loved and cared for this garden from 1937 till 1971'. Net als in Sir Williams tijd vormt een ronde vijver met fontein het middelpunt van de

tuin, met in het midden een loden beeld van een kind met een zwaan. Langs de muren zien we prachtige borders en in combinatie met geknipte taxushagen, in vorm gesnoeide taxusfiguren, beelden, gazons en perken is de tuin van Kinross House in alle opzichten geslaagd te noemen, zelfs al zou het uitzicht naar het kasteeltje er niet zijn, al geeft dat de tuin toch net even iets bijzonders. Daniel Defoe, de schrijver van *Robinson Crusoe*, mocht het huis dan het mooiste staaltje van Schotse architectuur vinden, hij zou nu de tuin eens moeten zien!

ADRES

Kinross House, Kinross, Tayside KY13 7ET, Schotland, tel. 01577-863416.

ROUTEBESCHRIJVING

AA 82 **1103**: in het centrum van Kinross.

EIGENAAR

Sir David Montgomery.

OPENINGSTIJDEN

Van 1 mei tot eind september dagelijks van 10.00 tot 19.00 uur.

FACILITEITEN

Plantenverkoop.

SPECIALITEITEN

Borders, uitzicht.

IN DE BUURT

Falkland Palace (107), Bell's Cherrybank Gardens (102), Branklyn Garden (103).

KIRKLEY HALL COLLEGE (45), NORTHUMBERLAND

Tot 1948 was Kirkley nog een gewoon woonhuis. Het was wel iets aan de grote kant, maar voordat het in 1929 door brand werd verwoest was het zelfs nog een verdieping hoger. In 1951 werd Kirkley Hall echter een opleidingsinstituut voor boeren, het Kirkley Farm Institute. In 1968 werd de naam veranderd in Northumberland College of Agriculture en vanaf 1989 heet het gewoon Kirkley Hall College. Hoewel er zich nog steeds veel op agrarisch gebied afspeelt hebben ook opleidingen op tuinbouwgebied hun intrede gedaan. Nu is Kirkley Hall College een groot complex met boerderijen, kassen, sportvelden, onderkomens voor studenten en een tuinencomplex. Deze tuinen zijn de laatste jaren een steeds opvallender plaats gaan innemen en sinds de jaren tachtig zijn zij zeer uitgebreid, zoals Dr. Ron McParlin vertelt. Hij werkt al sinds eind jaren zestig bij Kirkley Hall en is samen met drie tuinlieden verantwoordelijk voor het uitgebreide tuinencomplex van 4 ha.
In de ommuurde tuin, die nog van vroeger over was, kunnen we borders bewonderen en ook een aantal van de klimopplanten van de Nationale Collectie (zie blz. 222). Mr. McParlin heeft de Nationale Collecties van 800 (?) cultivars klimop (*Hedera*), 30 soorten

Een staaltje Victoriaanse tuinmanskunst bij Kirkley Hall College.

en cultivars wilg (*Salix*) en 28 soorten en cultivars beuk (*Fagus*) niet bij elkaar staan, maar verspreid door de tuin. Hij is zeer te spreken over de Nederlandse kwekers, die erg behulpzaam waren bij het zoeken naar bijzondere soorten en cultivars die hij zomaar voor niets kreeg. Van de ommuurde tuin op weg naar de Hall komen we langs een gedeelte waar eilandbedden in het gazon liggen, waarin veel verschillende soorten coniferen en heesters staan. In de verdiepte tuin die aan het gazon voor de Hall grenst staan dwergconifeertjes, heideplanten en rotsplanten. Hiernaast ligt een vijver met wat wildere beplanting rondom. Vlak bij het huis is een staaltje Victoriaanse tuinmanskunst te bewonderen in de vorm van kleurige perken en grote vazen met zomerbloemen. Alle planten in de tuinen zijn benaamd en eigenlijk is het een aangenaam vormgegeven plantencollectie ten dienste van het onderwijs. Op het gebied van tuinen zijn verschillende cursussen te volgen en diploma's te halen. De cursisten die een opleiding hebben afgerond kunnen bij tuincentra, botanische tuinen, landgoederen, particuliere tuinen, parken en dergelijke gaan werken. Een tweejaarlijkse cursus, die een bepaalde reeds vakgerichte vooropleiding vereist, leidt op tot bestuurlijke functies op dit gebied. Het is zeer plezierig wandelen door de tuinen en intussen kunnen we er net als de studenten nog wat van leren.

ADRES

Kirkley Hall College, Ponteland, Northumberland NE20 0AQ, tel. 01661-860808.

ROUTEBSCHRIJVING

AA 69 **1576**: 4 km ten noordoosten van Ponteland, langs de C151 (naar Morpeth). Bij de hoofdingang linksaf, de blauwe borden volgen (dus niet de hoofdingang inrijden).

EIGENAAR

Northumberland County Council.

OPENINGSTIJDEN

Dagelijks van 10.00 uur tot zonsondergang.

FACILITEITEN

Plantenverkoop.

SPECIALITEITEN

Nationale Collecties van klimop, beuk en wilg, ommuurde tuin, plantencollectie.

IN DE BUURT

Belsay Hall (44), Wallington (46), Herterton House (47), Bide-a-Wee Cottage (48).

KITTOCH MILL (71), Strathclyde, Schotland

Wee Kittoch Burn frae Castleglen
Flows past the lanely Too'rs o'Peel,
Past mony a scaur an' rocky den,
Croonin' fu' sweet, it on does steal;
Rowin' past yellow whinny hill,
Rowing through saft green primrose den,
Crooning its wee sang o' the mill
That lies in bonnie Kittoch Glen.

Hardop lezen helpt misschien een beetje. Thomas Thorpe schreef dit gedichtje over de Kittoch Mill in 1883. In deze (verbouwde) molen wonen nu Pat en Howard Jordan. Het is hun 18de huis. Nadat ze overal ter wereld hebben gewoond zijn ze in 1980 op dit idyllische plekje neergestreken. Hun tuin grenst aan een SSSI, een Site of Special Scientific Interest, wat wil zeggen dat daar veel bijzondere planten en dieren voorkomen. Die trekken zich natuurlijk niets aan van een grens en ook in de tuin van Kittoch Mill groeien wilde orchideeën en komen herten, vossen, wezels, woelmuizen en veel soorten vogels voor. Zelfs de bijzondere ijsvogel, die in het Engels zo toepasselijk *kingfisher* heet, komt als een exotische blauwe vlinder zijn voedsel in het water zoeken. Langs de tuin loopt het Kittoch Water, een stroompje dat uitkomt in de rivier de Clyde, en er is een 7,5 m hoge waterval. In de tuin zijn ook meer dan 200 verschillende soorten vlinders geteld. Deze vlinders komen allemaal vanzelf, gelokt door planten waar hun rupsen van kunnen eten en bloemen waar ze als vlinder van kunnen snoepen.

De hosta's zijn niet vanzelf in de tuin gekomen, die zijn door de eigenaren geplant. Zij zijn zulke hostafanaten, dat ze meer dan 300 verschillende soorten en cultivars in de tuin hebben staan. Om precies te zijn 23 soorten en 280 cultivars. Hun collectie hosta's met namen als 'Twinkle Toes', 'Samurai', 'Chinese Sunrise' en de bekendere 'Big Daddy' en 'Big Mama' heeft veel publiciteit op de televisie en in tijdschriften gehad. Daarom zijn ze voor hostaliefhebbers ook buiten de twee dagen van het gele boekje open, maar dan wel na een telefoontje. Behalve veel hosta's zijn ze ook al aardig op weg met een collectie *Ligularia*. Het is bepaald geen makkelijk plekje om te tuinieren, want de temperaturen kunnen in de winter dalen tot 16°C onder nul en in de zomer stijgen tot 30°C boven nul. Het komt zelfs weleens voor dat het in mei nog vriest en sneeuwt. De tuin waarmee de eigenaren in 1980 begonnen is nog steeds in ontwikkeling en ze zijn nu bezig met een Japanse tuin. Behalve hosta's is er dus genoeg te zien.

ADRES

Kittoch Mill, Busby Road, Carmunnock, bij Glasgow, Strathclyde G76 9BJ, Schotland, tel. 0141-6444712.

ROUTEBSCHRIJVING

AA 74 **5957**: 10 km ten zuiden van het centrum van Glasgow. Op de B759, de Busby Road van Busby naar Carmunnock, de afslag nemen tussen nummer 86 en 88.

EIGENAAR

Mr. en Mrs. Pat en Howard Jordan.

OPENINGSTIJDEN

Twee open dagen in juni voor Scotland's Garden Scheme en op afspraak.

FACILITEITEN

Op open dagen plantenverkoop, Laura's Tearoom in Carmunnock

SPECIALITEITEN

Nationale Collectie van hosta.

IN DE BUURT

Greenbank Garden (72), Glasgow Botanic Gardens (73).

LEITH HALL (92), GRAMPIAN, SCHOTLAND

At all times and in all ages gardens have been amongst the objects of the greatest interest to mankind, and the gardener's art has contributed to the delight of men in their time.

Charles Dickens

Er was wat aan de hand in de tuinen van Leith Hall. Er stonden allemaal plantenstalletjes langs de oprijlaan en op het gazon. Toen klonken er ineens doedelzakken: Schotser kon het niet. Op een gazon aan de zijkant van de Hall met het mooie Schotse landschap op de achtergrond gaven de doedelzakspelers een voorstelling. Zoiets tref je maar een dag per jaar, meestal op de derde zondagmiddag in juli, maar wie het zeker wil weten moet even bellen.

Gedeelte van de prachtige ommuurde tuin van Leith Hall.

Door de muziek waren de tuinen vergeten. Er bloeiden rozen tegen de muur van de Hall, maar afgezien van het mooie landschap waren er niet zoveel planten te zien. Toen zagen we de doedelzakspelers tijdens hun pauze allemaal doelgericht een bepaalde kant oplopen, en vermoedden dat daar iets te zien moest zijn. Daar lag, apart van het huis, de tuin, die in feite uit twee tuinen bestaat, de West en de East Garden. Het westelijke gedeelte van de tuin werd door Charles Leith-Hay en zijn echtgenote Henrietta in het begin van deze eeuw gemaakt. De entree is via twee grote heesterrozen, *Rosa forrestiana* en *Rosa moyesii.* Al gauw splitst het pad zich en het linkerpad loopt langs een vrij nieuwe heesteraanplant tegen een achtergrond van de bosrand. Langs het rechterpad staan fantastisch mooie pollen *Geranium psilostemon.* Verderop splitst het pad zich weer, waarbij het linkerpad naar de rotstuin loopt en het rechterpad een bijzondere verrassing in petto heeft. Langs de ene kant een schitterende border en langs de andere kant met als achtergrond een muur stroomt een zee van kattekruid. Wat een effect geeft deze lange border met *Nepeta* x *faassenii* en *Nepeta* x *faassenii* 'Six Hills Giant'. Misschien is de vergelijking met een rivier beter, want de lange border van kattekruid stroomt inderdaad de heuvel af. Het kattekruid is zo hoog, dat de Schotse rokken van de doedelzakspelers erin verdwenen. Op weg naar de rotstuin vinden we nog meer borders, maar dan gemengde waar heesters en vaste planten met elkaar gecombineerd zijn. Onder andere deutzia's en *Philadelphus* nemen het heestergedeelte voor hun rekening.

De rotstuin werd oorspronkelijk in 1920 gemaakt, maar heeft sindsdien veel veranderingen ondergaan. We vinden er een waterval, twee vijvers en zeer veel verschillende planten. De zuidkant van deze tuin werd in 1985 gerestaureerd en beplant met hulp van de Scottish Rock Garden Club. De NTS heeft de westkant van de rotstuin in 1991 helemaal van onkruid ontdaan en is bezig met het opzetten van een varencollectie. Via een bruggetje kom je hiervandaan in het bos, waar in het voorjaar veel narcissen bloeien. De grote bomen die in de westelijke tuin te vinden zijn, zijn twee Amerikaanse eiken. De East Garden werd aangelegd door het nichtje van Henrietta, Lady Mary O'Neill, en haar echtgenoot Lt. Colonel Derrick Gascoigne. In de moestuin worden groenten op biologische manier gekweekt en tegen de muur die dit gedeelte van de tuin omgeeft is het van mei tot juli een feest van roze kleuren van de 'Fairy Foxglove' (*Erinus alpinus*). Wie zin heeft kan ook nog een van de drie wandelingen maken die in het bos rondom zijn uitgezet.

ADRES

Leith Hall, Kennethmont, Grampian AB54 4NQ, Schotland, tel. 014643-216.

ROUTEBSCHRIJVING

AA 94 5438: 11 km ten zuiden van Huntley, via de A97 en de B9002.

EIGENAAR

The National Trust for Scotland.

OPENINGSTIJDEN

Het hele jaar dagelijks van 9.30 uur tot zonsondergang. Het huis is open van Goede Vrijdag tot eind september dagelijks van 13.30 tot 17.30 uur.

FACILITEITEN

Tearoom.

SPECIALITEITEN

Rotstuin, borders.

IN DE BUURT

Candacraig Gardens (90), Kildrummy Castle Gardens (91), The Scottish Bamboo Nursery (94).

LEVENS HALL (34), CUMBRIA

Fantastic forms rise in yew, strange and remarkable, as far as the eye can reach – a peacock here, a huge umbrella-like construction there, an archway, a lion and a crown, a helmet bigger than any man could wear, and a host of other such creations, all shaped out of ductile yew, except that some of smaller adornments are in box. A bewildering world of gardening, some may say!

Dat mag je inderdaad wel zeggen. De journalist van *Country Life* heeft helemaal gelijk, of liever gezegd had helemaal gelijk, want hij schreef dit stukje over Levens Hall in 1899. Bijna 100 jaar later zijn de geknipte figuren er nog steeds, inmiddels 100 jaar ouder geworden en 100 keer indrukwekkender. Het is echt overweldigend wat je daar ziet. Zelfs mensen die niet van in vorm geknipte taxus en

buxus houden zullen zeer onder de indruk zijn van de tuin van Levens Hall. De vormsnoeifanaten gaan hier echter volledig uit hun bol. In de Topiary Garden staan meer dan 90 geknipte taxussen en buxussen, elk in hun eigen model gesnoeid. Ondanks het feit dat ze in een bepaalde vorm zijn geknipt, blijft het levend materiaal en zijn geen twee hetzelfde. Sommige zijn meer dan 300 jaar oud. Toen was zo'n tuin in de mode en deze tuin werd gemaakt door Colonel Grahme, de toenmalige eigenaar van Levens Hall, en de beroemde Guillaume Beaumont, de tuinman van koning James II. Toen James II afstand deed van de troon zaten beiden 'on the wrong side of the Glorious Revolution' en hadden geen werk meer. Colonel Grahme nam de Fransman in 1689 mee naar Levens Hall met de bedoeling om daar een mooie tuin te ontwerpen. Beaumont werd dan wel tuinman genoemd, maar eigenlijk was hij een tuinontwerper, die tuinen maakte in de stijl van Le Nôtre. Het schijnt dat Le Nôtre hem samen met de planten die hij moest leveren naar het Engelse hof stuurde. Wat Beaumont precies bij Hampton Court deed voor hij door George Loudon werd vervangen, is niet helemaal duidelijk, maar wat hij bij Levens Hall deed wel. Het totaalontwerp voor de tuinen en het omringende park is nog net zoals hij het tekende. De tuin verdeelde hij in kamers, waarvan de Topiary Garden er een is. Het is heel bijzonder dat deze tuin nog bewaard is gebleven en niet is weggevaagd door latere tuinstijlen. De tuin was ook al in de 18de eeuw zo beroemd, dat hij door veel mensen bezocht werd. De meeste vormen van taxus en buxus uit de Topiary Garden hebben geen naam, maar er staat een aantal schaakstukken, een leeuw, grote paraplu's, de pruik van de rechter, vier pauwen en Queen Elizabeth and her Maids of Honour. Door de haag en ook door sommige figuren kruipt de Scottish Flame Flower (*Tropaeolum speciosum*), die met zijn rode bloemetjes en later blauwe besjes zo mooi bij al dat groen kleurt. De knipsels staan in perken met zomerbloemen, die door zorgvuldig geknipte lage buxushaagjes omrand zijn. Tweemaal per jaar worden hierin planten gezet, in het voorjaar eerst viooltjes, vergeet-mij-nieten, tulpen en primula's en in de zomer verbena's, heliotroop, grijsbladige artemisia's, siertabak en cosmea's. Bij elkaar zijn dit elk jaar zo'n slordige 15.000 planten. Het is geen wonder dat er in deze arbeidsintensieve tuin vijf tuinlieden werken, want er is nog veel meer te zien en te onderhouden dan alleen het knipwerk en het perkgoed.
De grote beukenhaag die aan de andere kant van het huis ligt is ook nog uit de tijd van Beaumont. Deze 500 m lange, dubbele haag die zich halverwege tot een cirkel verwijdt, is een ramp om te knippen. Twee tuinlieden doen er zes weken over en voor de bovenkant stappen ze in een hoogwerker, omdat ze er anders niet bij kunnen. Wie tussen deze hoge beukenhagen doorloopt en even

Levens Hall: een paradijs voor knipwerkliefhebbers.

goed snuft ruikt een uiegeur. Dat klopt, want onder de haag staat daslook. Deze *Allium ursinum* bloeit als de haag nog geen bladeren heeft en trekt zich in de zomer, als het eronder donker wordt, terug in de grond, maar de uielucht blijft hangen. Evenwijdig aan de beukenhaag loopt de East Walk, een brede laan langs de hele lengte afgezet met door buxus omrande borders. Hier vinden we ook mooie bloeiende heesters, zoals hortensia's. De dubbele borders die dwars op de beukenhaag liggen worden visueel verlengd doordat de blik ongemerkt het landschap in wordt geleid. Aan het eind ligt namelijk een ha-ha. We zijn al vaker ha-ha's tegengekomen, maar deze 'droge sloot' die ervoor zorgt dat de tuin tot in het landschap doorloopt en er tegelijkertijd geen vee de tuin in kan komen, is de eerste van heel Groot-Brittannië. Tot die tijd werd het vee uit de tuin gehouden door een muur, een haag of een hek te plaatsen. Deze ha-ha was ook nog praktisch en zorgde bij een hoge waterstand voor de drainage. De Bowling Green is ook van Beaumont en is aan twee kanten omsloten door de hoge beukenhaag en aan de andere twee kanten door borders van kattekruid (*Nepeta* x *faassenii*). In 1994 werd de Fountain Garden aangelegd, grotendeels volgens het originele ontwerp van Beaumont: een ronde vijver met een fontein in het midden, waar vier paden onder tunnels van linden naar toe lopen. De vijver zelf is afgezet met een cirkel van leilinden. Naast deze nieuwe tuin ligt de moestuin, waar het moes zowel voor decoratie als om te nuttigen wordt gekweekt. In deze potager vinden we een mooie collectie pompoenen. Ook kruiden en een *nuttery*, met allerlei verschillende hazelnoten, vinden hier een plaats. Dit formele gedeelte was echter nog maar een stuk van de tuin, het park vormt de rest van het ontwerp. Doodzonde dat dit park nu alleen maar te bereiken is door de drukke A6 over te steken, de weg die het landgoed in tweeën deelt. Gelukkig heeft de eigenaar van Levens Hall het in een zes jaar durende strijd voor elkaar gekregen dat er niet nog een weg dwars door het landgoed komt, zodat we door het park met herten (Black Fallow Deer) en geiten (Bagot Goats) kunnen wandelen. De tuinen en het park van Levens Hall zijn heel bijzonder en we zijn het volkomen eens met Gertude Jekyll, die in 1904 schreef:

Precious indeed, are the few remaining gardens that have anything of the character of this wonderful one of Levens: gardens that above all others show somewhat of the actual feeling and temperament of our ancestors.

ADRES

Levens Hall, Kendal, Cumbria LA8 0PD, tel. 015395-60321.

ROUTEBSCHRIJVING

AA 59 **5085**: 7 km ten zuiden van Kendal, via de A591 en de A6.

EIGENAAR

Mr. C.H. Bagot.

OPENINGSTIJDEN

Van begin april tot eind september zondag tot en met donderdag van 11.00 tot 16.30 uur.

FACILITEITEN

Tearoom, plantenverkoop, winkel.

SPECIALITEITEN

Vormsnoei, beukenhaag, borders, potager, hertenpark.

IN DE BUURT

Holker Hall (32), Halecat (33), Sizergh Castle (35), Hill Top (36), Brockhole (37), Holehird Gardens (38).

LITTLE MORETON HALL (20), CHESHIRE

Charles Thomas Abraham, de latere bisschop van Derby, schreef in 1937:

I remember taking a day off at Lichfield in 1892 to run down and see what she said she had left me, and shall not forget the thrill as I topped the rise after Scholar Green, walking from Kidsgrove Station, and saw the front of the old black and white house in spring sunshine confronting me.

Elizabeth Moreton, een verre verwante, had hem Little Moreton Hall nagelaten. Zo te lezen was hij daar best blij mee. Misschien werd hij wat minder enthousiast toen hij het geheel eens wat nader had bekeken, want aan dit vakwerkhuis zat nogal wat achterstal-

Little Moreton Hall met tuinontwerp van Graham Stuart Thomas.

lig onderhoud. Hij heeft er echter met veel plezier 25 jaar gewoond en eraan gewerkt. Ook toen al was het huis regelmatig voor het publiek geopend. In 1937 schonk hij samen met zijn zoon Rupert het huis met inhoud aan de National Trust.

Little Moreton Hall is een heel bijzonder huis en het bekendste voorbeeld van een vakwerkhuis in Engeland. Het huis is omgeven met een smalle gracht die meer weg heeft van een sloot en werd halverwege de 16de eeuw gebouwd. Begonnen werd met een klein huis. Alleen de oostelijke vleugel stamt uit 1450. Het is heel bijzonder dat dit huis nog zo gaaf bewaard is gebleven, want de Moretons mogen het dan wel al die eeuwen in bezit hebben gehad, ze hebben er niet permanent in gewoond. Vanaf het eind van de 17de eeuw werd het verhuurd en woonden er maar af toe wat familieleden.

Misschien dat daarom helemaal niets bekend is van een tuin, hoewel er in de 17de eeuw wel een geweest moet zijn. De kleine tuin die nu achter het huis ligt is in 1972 door de National Trust gemaakt. Natuurlijk passend bij het huis, wat wel toevertrouwd was aan Graham Stuart Thomas die toen tuinadviseur van de Trust was. Hij maakte een door taxushagen omsloten Knot Garden. Buxushaagjes vormen een 17de-eeuws patroon, opgevuld met grind en gras. In de borders aan weerszijden staan bloeiende planten onder kruisbessen op stam. In vierkante bedden staan middeleeuwse kruiden en 17de-eeuwse groente. Er is een kleine boomgaard met een haag van haagbeuk, hulst, meidoorn, kamperfoelie en egelantier. De tuin is erg klein en heb je eigenlijk al gauw gezien, maar het huis is zo bijzonder, dat dit een bezoek waard is.

ADRES

Little Moreton Hall, Congleton, Cheshire CW12 4SD, tel. 01260-272018.

ROUTEBSCHRIJVING

AA 47 **8459**: 6 km ten zuidwesten van Congleton, via de A34.

EIGENAAR

The National Trust.

OPENINGSTIJDEN

Van 1 april tot eind september woensdag tot en met zondag van 12.00 tot 17.30 uur.

FACILITEITEN

Tearoom, winkel, kruidenplanten.

SPECIALITEITEN

Knot Garden.

IN DE BUURT

Lyme Park (16), Dunge Farm Gardens (17), Capesthorne Hall (18), Gawsworth Hall (19).

LOGAN BOTANIC GARDEN (67), DUMFRIES & GALLOWAY, SCHOTLAND

Wie een tropisch paradijs wil zien moet naar Schotland gaan, naar de botanische tuinen van Logan. Verwacht geen kassen zoals in andere botanische tuinen, want hier groeien de subtropische planten gewoon buiten. Palmen, boomvarens en cordylines staan hier in de volle grond en bereiken grote hoogten. Natuurlijk heeft dit met de Warme Golfstroom te maken; Logan wordt er zo ongeveer aan drie kanten door omspoeld. De tuinen liggen op een smal schiereiland dat uitsteekt in de Ierse Zee en de enige ongunstige groeivoorwaarden zijn de gemene zuidwestelijke zilte stormen. Daarom bestaat een groot gedeelte van de 10 ha grote tuinen uit beschermende beplanting. In het hart van deze windkeerders is een bijzonder gunstig microklimaat ontstaan. Deze tuin is niet als botanische tuin begonnen, maar als gewone particuliere tuin. De McDoualls of Logan hadden het land al vanaf de 12de eeuw in bezit en de ruïnen van hun middeleeuwse kasteel zijn nu nog naast de terrassentuin te zien. Van origine waren de McDoualls geen tuinliefhebbers en pas toen James McDouall in 1869 met Agnes Buchan-Hepburn trouwde kwam hier verandering in. Zij begon met het planten van allerlei exotische planten in de ommuurde tuin waar tot die tijd alleen maar groente en fruit werd gekweekt. Zij bracht haar enthousiasme voor tuinieren op haar zoons Kenneth en Douglas over en met z'n allen maakten zij het tropische paradijs. Ze namen niet alleen zelf veel planten en zaden van hun verre reizen mee, maar sponsorden ook plantenjagers als George Forrest en Reginald Farrer. In ruil hiervoor kregen ze dan planten en zaad dat zij verzamelden op hun expedities. Kenneth en Douglas wijdden hun hele leven aan de tuin en waren, zoals een Britse tuinschrijver het zo mooi uitdrukte, 'passionate plantsmen who seemingly cared more for rare plants than propagating their ancient lineage'. Na het overlijden in 1945 van Kenneth, de laatste MacDouall, erfde een ver familielid het geheel en het was ook nog korte tijd eigendom van de bankier Olaf Hambro. Toen deze overleed schonken zijn executeurs de ommuurde tuin en het omringende bos aan de staat en werd het de Logan Botanic Garden. Deze botanische tuin maakt net als de Dawyck Botanic Garden en de Younger Botanic Garden deel uit van de Royal Botanic Garden Edinburgh. De erfenis van de McDoualls is bij hen in goede handen, want de tuinen worden niet alleen perfect onderhouden, maar ook uitgebreid. In het kader van het International Conifer Conservation Programme zijn veel soorten coniferen uit Tasmanië, Florida en Zuid-Amerika in de tuinen van Logan geplant, en het onderzoek aan rhododendrons, een specialiteit van Edinburgh, vindt in deze tuin plaats bij de niet-winterharde, heerlijk geurende subsectie *Maddenia*. Ook wordt er regelmatig nieuw verzameld materiaal uit Zuid-Afrika, Nieuw-Zeeland en Chili geplant. De tuinen zijn dus niet stil blijven staan na het uitsterven van de familie.

Binnen de ommuurde tuin, die nog eens extra beschut ligt door het bos eromheen, vinden we een aantal verschillende tuinen. Langs een watertuin staan enorm grote cordylines (*Cordyline australis*), die wij hoogstens als kamerplant kennen, en zomaar op een grasveld daarnaast staan twee soorten boomvarens uit Australazië, *Dicksonia fibrosa* en *Dicksonia antarctica*. Ernaast ligt de Peat Garden, die de broers maakten door veen in terrasvorm op te brengen zodat ze hier dwergrhododendrons in konden kweken. 's Zomers worden veel perken in de ommuurde tuin beplant met kleurige eenjarigen, die goed passen bij de exoten. Ook buiten de ommuurde tuin is genoeg te beleven. Het vreemdste is een laan met waaierpalmen (*Trachycarpus fortunei*). Het lijkt of je in de tropen bent, maar het frisse groene gras onder de hoge palmen doet je beseffen dat het Schotland is. Deze vreemde combinaties kom je in Logan voortdurend tegen en dat maakt de tuin juist zo boeiend.

ADRES

Logan Botanic Garden, Port Logan, Stranraer, Dumfries & Galloway DG9 9ND, Schotland, tel. 01776-860231.

ROUTEBESCHRIJVING

AA 64 **09**43: 20 km ten zuiden van Stranraer, via de A716 en de B7065.

EIGENAAR

Royal Botanic Garden Edinburgh.

OPENINGSTIJDEN

Van half maart tot eind oktober dagelijks van 10.00 tot 18.00 uur.

FACILITEITEN

Winkel, tearoom, plantenverkoop.

SPECIALITEITEN

Subtropische planten, rhododendrons, camellia's, magnolia's, eenjarigen.

IN DE BUURT

Glenwhan Garden (68), Castle Kennedy (69).

LYME PARK (16), CHESHIRE

Vanaf 1388 tot 1946 hebben er zoveel Leghs in Lyme gewoond met de namen Peter of Piers, dat ze genummerd moeten worden om te weten over welke Legh je het hebt. De geschiedenis van deze familie vult een boek van 400 bladzijden; geen beginnen aan dus. Het allereerste huis zal een kleine jachthut zijn geweest, maar in de 15de eeuw scheen het al wat groter te zijn. In 1814 heeft Lewis Wyatt het huis veranderd en aangepast aan de eisen van die tijd. De binnenhuisarchitectuur werd door Leoni uitgevoerd en voor tuinmensen is het leuk even in de Saloon te gaan kijken. Hier is prachtig botanisch houtsnijwerk van Gibbons te vinden. Hij had dit al in 1680 voor een andere kamer gemaakt, maar Leoni liet het naar deze kamer verhuizen. Gibbons had de gewoonte om zijn werk met peulen te signeren. Als de peulen open waren dan was zijn werk betaald en als ze nog dicht waren moest hij zijn geld nog krijgen. De houten guirlandes zijn kunstwerken om te zien en nu maar speuren naar de peulen. Als we toch binnen zijn, gaan we ook even in de Knight's Room kijken. Ruikt het er naar sinaasappels dan is Mary, Queen of Scots, weer aan het spoken. Het is niet helemaal zeker of ze Lyme Hall werkelijk bezocht, maar in elk geval bracht ze wel het recept van marmelade mee naar Engeland. De gidsen die in het huis aanwezig zijn spelen voor bedienden, wat een sfeer uit vroeger tijden geeft. Op het grote landgoed was begin deze eeuw nog veel personeel aanwezig, in het huis werkten 22 bedienden en op het landgoed en de boerderij 102. Veel bedienden reisden voortdurend met de familie heen en weer van Lyme Park naar hun huis in Londen. Dan kon je maar beter een van de vijftien tuinlieden zijn, die konden tenminste rustig in Lyme blijven en hoefden alleen maar te zorgen voor regelmatige zendingen groente, fruit en bloemen naar Londen.

In de tuin zijn vooral Victoriaanse invloeden te ontdekken, hoewel er ook 17de-eeuwse gedeelten zijn. Victoriaans zijn de bedden voor de oranjerie, die eerst in het voorjaar en later nogmaals in de zomer beplant worden met perkplanten, niet om de planten, maar om het kleureffect, dat geheel volgens die tijd uit primaire kleuren bestaat. De oranjerie zelf werd in 1815 door Lewis Wyatt gebouwd. Vroeger werd de oranjerie verwarmd, zodat de sinaasappelbomen hier vorstvrij konden overwinteren. De kachel zorg-

Kleurige Victoriaanse bloembedden voor de oranjerie van Lyme Park.

de tegelijkertijd voor verwarming van de brouwerij en de wasserij die erachter waren gebouwd. Kijk even naar de mooie vloer van tegeltjes met ijzerwerk langs de kanten en een fontein middenin. Er staan twee grote camellia's, die net zo oud zijn als de oranjerie zelf. Welke cultivars het zijn kan niemand, zelfs Kew niet, achterhalen. De rozentuin en border zijn door de laatste bewoonster, Lady Newton, gemaakt, zeer tegen de zin van Lord Newton, omdat zij een boom liet kappen en hij bang was dat ze dit vaker zou laten doen. Als je een rode penstemon in de tuin tegenkomt is dat de *Penstemon* 'Rubicunda'. Deze plant werd hier in het begin van deze eeuw ontdekt. De echte Dutch Garden, die zoals het hoort van bovenaf te bekijken is, bestaat uit een vijver met fontein in het midden en kleurige perken eromheen. Bijzonder is dat een aantal perken omrand wordt door geknipte klimop. Aan de andere kant van het huis is een meer, dat vroeger groter was en waar in de 17de eeuw een klein Leghje in verdronken is. Na alle formele, kleurige perken is de Killtime Garden een groene oase. Het schijnt dat de tuinlieden deze tuin zo noemden omdat zij hierin hun tijd doodden. Of dat met werken of nietsdoen was is niet helemaal duidelijk. De brug aan het eind van deze tuin is uit de 18de eeuw. In het park rondom, dat al eeuwenlang het domein is van herten, zijn mooie wandelingen te maken. Bovenop Cage Hill kunnen we een vreemd, verlaten gebouw zien, dat er al vanaf 1524 staat, maar in 1730 werd verbouwd. Als de heren aan het jagen waren konden de dames hen vanuit deze toren gadeslaan. Later werden er stropers in gevangen gezet, en van 1850 tot 1920 woonde de parkbeheerder in The Cage. Niet erg comfortabel, want hij moest zijn drinkwater onderaan de heuvel uit de wel halen. Een folly met een puntmuts, de Lantern, stond vroeger op het dak van het huis, maar Leoni vond dit niet mooi. Hij liet het verwijderen en in het park plaatsen. In het park loopt ook een heel netwerk van meer dan 30 km muren, de typisch Engelse *drystone walls*. De muren zijn meer dan 2 m hoog en gemaakt van op elkaar gestapelde stenen, zonder dat cement is gebruikt. Het is een kunst om deze muren te bouwen, maar als ze goed gemaakt zijn kunnen ze honderden jaren mee. Door wind, sneeuw en soms ook door mensen kunnen gedeelten toch instorten. In Lyme Park worden de muren goed onderhouden door een team deskundige murenbouwers. Er worden zelfs cursussen in het bouwen van *drystone walls* gegeven, want bouwen zonder cement is een hele kunst.

ADRES

Lyme Park, Disley, Stockport, Cheshire SK12 2NX, tel. 01663-762023.

ROUTEBSCHRIJVING

AA 48 9783: 10 km ten zuidoosten van Stockport, via de A6.

EIGENAAR

The National Trust.

OPENINGSTIJDEN

Tuin: van 1 april tot 31 oktober dagelijks van 12.00 tot 17.00 uur, van 1 november tot half december op zaterdag en zondag van 12.00 tot 16.00 uur. Park: dagelijks van 8.00 tot 20.30 uur of tot zonsondergang.

FACILITEITEN

Tearoom, winkel.

SPECIALITEITEN

Oranjerie, Dutch Garden.

IN DE BUURT

Dunge Farm Gardens (17), Capesthorne Hall (18), Gawsworth Hall (19).

MALLENY HOUSE (60), LOTHIAN, SCHOTLAND

Vanaf 1478 tot 1968 heeft Malleny House veel verschillende eigenaren en huurders gehad en wie nu precies welk stuk van de tuin heeft gemaakt, is niet helemaal duidelijk. De laatste eigenaren Commander en Mrs. Gore-Browne Henderson kochten het in 1960 en gaven het na acht jaar al aan de NTS. Helaas had Mrs. Henderson wel even 8 van de 12 apostelen laten kappen, omdat ze het licht uit een kamer wegnamen. Van deze 12 in paddestoelvorm (inktzwam) geknipte taxussen zijn er nu dus nog 4 over, die dicht bij elkaar staan en waaraan je de tuin onmiddellijk herkent. Bijzonder jammer van die 8 andere, want ze waren al in 1603 geplant. Toch heeft deze vrij kleine (1 ha) tuin iets heel aantrekkelijks en wordt hij niet voor niets de *secret garden* van de NTS genoemd. De entree is heel knus, geen grote oprijlaan, maar twee trapjes met een smeedijzeren hekje en een dakje erboven. Toegang betalen gaat via een *honesty box*. De tuin die je nu ziet is ongeveer in

Hostarand rond droge vijver bij Malleny House.

tweeën gedeeld door een taxushaag en in het midden loopt een pad, waardoor er vervolgens vier tuinen ontstaan. Links gaat een pad naar het huis, dat niet open is, en rechts een pad langs borders naar de elektronisch beveiligde bonsaicollectie van de Scottish Bonsai Society. Leuk is het miniatuurbos van de Scots pine, grove dennen, die hier in de omgeving zoveel voorkomen. Overal in de tuin staan rozen en dat is geen wonder, want Malleny House heeft er een Nationale Collectie van (zie blz. 222). Deze collectie bestaat uit 10 soorten en 80 cultivars heesterrozen uit de vorige eeuw. Zelfs in de mooie borders staan rozen, waaruit weer eens blijkt dat borders echt niet alleen uit vaste planten hoeven te bestaan. Dichter bij het huis staat een indrukwekkende Himalajaceder (*Cedrus deodara*). Vergeet niet om de moestuin te bekijken, waar het moes afgewisseld wordt met bloemen en kruiden. In de grote kas staan bloeiende planten. Verwacht in de tuin van Malleny House geen horden mensen; het is een tuin voor fijnproevers die even kunnen doen alsof het hun eigen tuin is. Maar die 8 apostelen zouden wij toch hebben laten staan.

ADRES

Malleny House, Balerno, Lothian EH14 7AF, Schotland, tel. 0131-4492283.

ROUTEBSCHRIJVING

AA 75 **1766**: 11 km ten zuidwesten van Edinburgh, via de A70.

EIGENAAR

The National Trust for Scotland.

OPENINGSTIJDEN

Het hele jaar dagelijks van 9.30 uur tot zonsondergang.

SPECIALITEITEN

Nationale Collectie van 19de-eeuwse heesterrozen, borders, moestuin.

IN DE BUURT

Royal Botanic Garden Edinburgh (59), Dawyck Botanic Garden (61), Broughton Place (62).

MANDERSTON (52), Borders, Schotland

Manderston lijkt niet wat het is en je moet net als Alice in Spiegelland (*Through the Looking Glass*) andersom denken. De terrassen bij het huis en de formele tuinen zijn namelijk net als het huis helemaal niet oud, maar pas uit het begin van deze eeuw. Het originele huis en het landschap eromheen is uit de 18de eeuw. Sir James Miller (1864–1906) erfde het huis van zijn schatrijke vader. William Miller was een *nouveau riche*, die zijn fortuin had verdiend door met de Russen handel te drijven in haring en hennep. Nadat hij zestien jaar Brits Consul in Petersburg was geweest kocht hij Manderston van zijn broer. Hij liet het wat verfraaien, maar aan de tuin deed hij niet veel. Sir William had eigenlijk het huis willen nalaten aan zijn oudste zoon, maar omdat deze in Eton in een kersepit was gestikt, erfde zijn tweede zoon, Sir James, in 1887 het huis. Hij was een vrolijke vrijgezel die door zijn vrienden Lucky Jim werd genoemd. Hij gaf echter spoedig zijn vrijgezellenbestaan op en trouwde met de Hon. Eveline Curzon, dochter van Lord Scarsdale, die tot een van de oudste families van Engeland behoorde. Lady Miller was opgegroeid in Kedleston Hall in Derbyshire. Om zijn schoonvader te imponeren begon Sir James met het opknappen van het huis en het landgoed. Eerst liet hij nieuwe terrassen aanleggen en een trappenpartij, vervolgens liet hij een botenhuis in de vorm van een Zwitsers chalet bouwen en en passant stallen voor zijn paarden, een cottage voor de rentmeester en een boerderij. De architect van dit alles was John Kinross. Toen Sir James in 1901 weer thuiskwam uit de Boerenoorlog pakte hij het nog groter aan. John Kinross kreeg opdracht om het huis zodanig te verbouwen, dat het net zo mooi was als Kedleston, zodat de familie er hun gasten in kon ontvangen en hun talrijke personeel herbergen. Toen John Kinross vroeg hoeveel dat mocht kosten antwoordde Sir James: 'It simply doesn't matter.' Het resultaat kunnen we nu aanschouwen, want Kinross verbouwde niet alleen het huis, maar ontwierp ook de formele terrassen, de ommuurde tuin, het huis van de *head gardener*, de Dairy en de Tower. Helaas heeft Sir James er toen het af was nog maar drie maanden van kunnen genieten. Hij stierf in 1906 aan een longontsteking die hij opgelopen had door op een koude januaridag te gaan jagen. Hij had nog net het bal meegemaakt dat hij en Lady Miller ter gelegenheid van hun nieuwe huis gaven en het genoegen gesmaakt dat zijn gasten zeer onder de indruk waren.

Dit formele terras van Manderston stamt uit het begin van deze eeuw.

De tegenwoordige Lord Palmer en zijn echtgenote, die het huis in 1978 erfden, zorgen er samen met hun ene *head gardener* en een hulpje voor dat de tuinen er netjes bijliggen. De Laird snoeit de rozen, knipt de hagen en plant het perkgoed, terwijl zijn echtgenote het gras maait. Zij zorgen ook voor de boerderij. Lord Palmer vindt het vanzelfsprekend en zegt: 'It's less a job, more a way of life.' Ook de huidige Lady Palmer is heel wat meer bij de tuin betrokken dan degene voor wie het allemaal gemaakt is. Die hield zich liever bezig met het ontvangen van gasten en organiseren van verkleedpartijtjes, waarbij ze zich bij voorkeur verkleedde als de tsarina van Rusland. Het is haast niet voor te stellen dat er geen leger van tuinlieden in de tuinen van Manderston werkt, maar volgens de *head gardener* helpt de moderne techniek een handje mee. Deed vroeger een tuinman er een halve dag over om het grind netjes te harken, tegenwoordig doet een machine het in een half uur.
Achter het huis liggen terrassen met in vorm geknipte bonte taxus en hulst, gecombineerd met gele en rode trosrozen en bonte hosta's. Twee iets verhoogde vijvers liggen in het midden en een paar beeldjes vervolmaken het geheel. Over de balustrade wordt de blik naar het landschap getrokken. Aan de oostzijde van het terras kom je via trappen bij een poort bewaakt door griffioenen op twee andere terrassen, waarvan er een voor croquet en de andere voor tennis wordt gebruikt. Een prachtige bruine beuk overziet het geheel. De lagere terrassen zijn afgezet met rhododendrons, die de grootvader van Lord Palmer plantte en waarvan in de Woodland Garden een hele verzameling te vinden is. En als je dan denkt alle tuinen gehad te hebben, komt nog de formele,

ommuurde tuin. Het toegangshek is verguld en zo geplaatst dat het de stralen van de ondergaande zon opvangt. Rond een fontein in het midden liggen Victoriaanse perken met zomerbloemen, meestal rode begonia's, afgezet met een rand witte alyssum. Aan een kant ligt een vaste-plantenborder en de tuin wordt verdeeld door een pergola met rozen. Langs de kassen ligt een dahliaborder.

Na deze tuin is een bezoek aan de Dairy beslist aan te raden. Voor dit kunststuk, waar boter en kaas werd gemaakt, is marmer en albast afkomstig uit zeven verschillende landen gebruikt. Een blik door het poortje van de tuin van het huis van de *head gardener* doet vermoeden dat dit personeelslid vroeger een hoge status had, want achter het smeedijzeren hek ligt een keurig tuintje met zelfs een zonnewijzer.

En dan is er als toetje de Tower, waar de dames vroeger gingen theedrinken. Een trap leidt naar boven en hier kom je in een kamer die helemaal met eikehout is bekleed (zonder dat er spijkers gebruikt zijn). De kopjes staan op tafel en met een beetje fantasie zien we Alice in Wonderland hier met de Maartse Haas, de Hoedenmaker en de Zevenslaper zitten. De tijd is blijven stilstaan en het is altijd vier uur. We kunnen het niet laten om bij het weggaan even om te kijken of de Maartse Haas en de Hoedenmaker de Zevenslaper niet in de theepot proberen te stoppen. Op de terugweg door de tuin moeten we maar afwachten of de bloemen het de moeite waard vinden om tegen ons te praten.

'O, Tiger-lily!' said Alice, addressing herself to one that was waving gracefully about in the wind, 'I wish you could talk!'
'We can talk,' said the Tiger-lily, 'when there's anybody worth talking to.'

ADRES

Manderston, Duns, Borders, Schotland, tel. 01361-883450.

ROUTEBSCHRIJVING

AA 76/77 **8154**: 3 km ten oosten van Duns, via de A6105.

EIGENAAR

Lord Palmer.

OPENINGSTIJDEN

Van half mei tot eind september donderdag en zondag van 14.00 tot 17.30 uur en Bank Holidays-maandagen in mei en augustus.

FACILITEITEN

Tearoom, winkel, plantenverkoop.

SPECIALITEITEN

Terrassen, ommuurde tuin, rhododendrons, uitzicht.

IN DE BUURT

Mellerstain (53), Mertoun Gardens (54).

MEGGINCH CASTLE (105), Tayside, Schotland

The moment I come home I walk through it all, just looking and loving it.

Dit zegt Lady Strange, die al haar hele leven in Megginch Castle woont: eerst samen met haar ouders, toen met haar echtgenoot en kinderen, en nu de kinderen inmiddels uitgevlogen zijn wonen ze weer samen in dit romantische kasteel met de nog romantischer tuin. Zou dit een Trust-tuin zijn geweest, dan was hij perfect onderhouden. Nu zien we een tuin die de eigenaren samen met hun *marvellous lady gardener* op orde houden. Ze vertellen dat ze liever alles een beetje bijhouden dan een bepaald gedeelte perfect en de rest helemaal niet. Het is bijzonder leuk om door Lady Strange zelf rondgeleid te worden, want zij weet bij alles een verhaal te vertellen en kent elke plant persoonlijk. Megginch, dat Beautiful Island betekent, ligt iets boven zeeniveau en er bestaat een legende dat een Keltische heilige, Gillemichael, hier een klooster of kluizenaarshut had. De vier enorm hoge taxussen die ongeveer 1000 jaar oud zijn zouden overgebleven zijn van een haag. Het kasteel Megginch wordt voor het eerst in 1460 genoemd, als het bezit is van de familie Kinninmonth. De familie Hay kocht het in 1480 en bouwde er een kleine vleugel aan. De Drummonds (de voorvaderen van Lady Strange) kochten het in 1664. In de loop der eeuwen werd er diverse keren wat aangebouwd en de allereerste tuin, de kruidentuin, zou uit de 16de eeuw stammen. De moestuin met de dubbele muur eromheen werd in 1796 gebouwd en de binnenplaats en duiventil stammen uit 1807. De rozentuin komt uit het midden van de 18de eeuw en de vormsnoei van taxus en hulst aan de voorkant stammen uit 1830. De vader van Lady Strange verbouwde het huis in 1928 en haar moeder zette veel nieuwe planten in de tuin. Na een grote brand in 1969 is het 18de/19de-eeuwse interieur weer herbouwd, terwijl de buitenkant hetzelfde bleef. Ook de tegenwoordige generatie levert haar bijdragen aan de tuin en de eigenaresse maakte een astrologische tuin, waar in het midden de planten van de zon staan met daaromheen de dierenriemtekens. De planten staan volgens de astrologische tekens gerangschikt. De rode bessen, die in lange verticale snoeren tegen de muur worden geleid, stammen uit 1796 en smaken heerlijk zoet. Langs de oude muur staan kruidenplanten, net als in de 16de eeuw. In een volgend gedeelte van de ommuurde tuin ligt een 120 m lange, dubbele eenjarigenborder, die in augustus prachtig is om te zien, en daarom is de tuin in augustus elke dag open. De muren zijn hier dubbel, omdat daar vroeger warme lucht door werd geblazen, zodat het fruit dat ertegenaan stond niet zou bevriezen en eerder rijp zou zijn. In de rozentuin lijkt een oud

Bij Megginch Castle werd de film *Rob Roy* (de Schotse Robin Hood) opgenomen.

kruis te staan, dat bij nader inzien helemaal niet oud is, maar oud gemaakt met zaagsel en mos. Het werd gebruikt in de film over Rob Roy, die in 1994 bij Megginch Castle werd opgenomen. Het kruis stond toen op de binnenplaats. Wie de film van deze Schotse Robin Hood ooit te zien krijgt moet letten op een vrolijke, gezette dame met een wit mutsje en een man die konijnen draagt. Dat zijn de eigenaren van Megginch Castle. Zij speelden mee in de film en hebben zich tijdens de opnamen kostelijk geamuseerd. In de tuin voor het kasteel staan veel knipsels op gazons en groeien alleen planten waar de konijnen hun neus voor optrekken. In de ommuurde tuin kun je ze wel buiten houden, maar in de rest van de tuin is dat moeilijker. Ze houden niet van narcissen, sneeuwklokjes, vrouwenmantel, alstroemeria en lavatera, en zijn gek op tulpen, maar daar heeft Lady Strange wat op gevonden: ze legt tijdens het planten van de bollen een handje hulstblaadjes erbovenop. Daar hebben de konijnen niet van terug.
'A place of great peace', noemde Bishop Brooks uit Amerika de tuinen van Megginch Castle, toen hij ze in de vorige eeuw bezocht. Dat vond ook een meer recente bezoeker in de vorm van de Dalai Lama. Toch eens proberen om de film Rob Roy uit 1994 op de kop te tikken.

ADRES

Megginch Castle, Errol, bij Perth, Tayside PH2 7SW, Schotland, tel. 01821-642222.

ROUTEBESCHRIJVING

AA 83 **2423**: 12 km ten oosten van Perth (AA 82), langs de A90. Megginch Castle staat niet aangegeven. Het ligt aan een afslag tussen Errol en Errol Station. Gevaarlijke op- en afrit.

EIGENAAR

Captain Drummond of Megginch en Lady Strange.

OPENINGSTIJDEN

Elke woensdag van 14.00 tot 18.30 uur en in augustus elke dag.

SPECIALITEITEN

Vormsnoei van taxus en hulst, 100 jaar oude taxussen, eenjarigenborder.

IN DE BUURT

Bell's Cherrybank Gardens (102), Branklyn Garden (103), Glendoick Gardens (104).

MELLERSTAIN (53), BORDERS, SCHOTLAND

De formele tuin die achter het huis van Mellerstain ligt is het mooist als je hem vanaf het bovenste terras bekijkt. Via een rij geknipte taxussen kijken we naar de door Sir Reginald Blomfield ontworpen symmetrische perken, afgezet met buxushaagjes. De perken zijn opgevuld met kleurige eenjarigen. Als we tussen deze twee symmetrische tuinen doorkijken, dan kijken we over de balustrade van dit terras naar het volgende, dat uit een glooiend gazon bestaat en uiteindelijk bij een meer uitkomt. Het gras wordt begeleid door bomen en vroeger stonden er aan weerszijden van het meer diverse standbeelden, maar die zijn allang verdwenen. Over het meer heen kijken we naar het mooie landschap. De tuin die zo in een keer ontworpen lijkt te zijn is in werkelijkheid door Blomfield van allerlei bestaande elementen aan elkaar gebreid, maar hij heeft dit zo knap gedaan, dat het niet opvalt. Hij veranderde hiertoe ook de vorm van het meer, dat eerst langer en smaller was. Mellerstain werd in de 18de eeuw gebouwd door de beroemde William Adam voor George Baillie en zijn echtgenote Lady Grisell. Later verbouwde Adams zoon Robert het huis. Lady Grisell Baillie werd bekend door haar *Household Book*, waarin ze tot in de details zaken betreffende het huishouden opschreef en dat nu als een stukje sociale geschiedenis wordt gekoesterd.

De tuin is dan wel in een blik te overzien, maar als je afdaalt zie je nog meer. Onderaan, tegen de steunmuren van het terras, liggen borders met vaste planten en groeien geurende rozen tegen de muren. Door de steunberen van de muren zijn dit geen lange borders geworden, maar de border is verdeeld in vakken. Als we het tweede terras afdalen zien we een waterlelievijver, waar de karpers naar je toe komen zwemmen.

ADRES

Mellerstain, bij Gordon, Borders TD3 6LG, Schotland, tel. 01573-410225.

ROUTEBSCHRIJVING

AA 76 **6**539: 10 km ten noordwesten van Kelso, via de A6089.

Borders tegen de steunmuren van het terras van Mellerstain.

EIGENAAR

The Earl of Haddington.

OPENINGSTIJDEN

In mei, juni en september op zondag, woensdag en vrijdag van 12.30 tot 17.00 uur. In juli en augustus dagelijks, behalve zaterdag, van 12.30 tot 17.00 uur.

FACILITEITEN

Tearoom, winkel.

SPECIALITEITEN

Formele terrassen, uitzicht, rozen.

IN DE BUURT

Mertoun Gardens (54), Priorwood (55), Abbotsford (56).

MERTOUN GARDENS (54), BORDERS, SCHOTLAND

Mertoun House werd in 1703 voor Sir William Scott of Harden gebouwd. De architect Sir William Bruce had een mooie plaats voor het huis uitgezocht, met uitzicht over de rivier de Tweed. Er is niet veel bekend over de tuinen uit die tijd, maar aan de bomen is te zien dat vele hiervan in dezelfde tijd werden geplant. Misschien is een gedeelte van de tuin zelfs ouder, want het huis waar de *head gardener* nu woont, het Old Mertoun House, was vroeger het huis van de familie en is in 1677 gebouwd. Heel bijzonder is de oude duiventil die dicht bij dit huis staat, gebouwd in 1567 en de oudste van Schotland. De tuinen beslaan in totaal een oppervlakte van 8 ha en er zijn een paar wandelingen in uitgezet. De Mertoun Parish Church ligt ook op het terrein, maar is niet te bezichtigen. Er worden 's zondags wel diensten gehouden.
Achter het grote huis ligt een gazon met vijver en hiervandaan heb

In Mertoun Gardens vind je naast romantische plekjes een enorme moestuin.

je een mooi uitzicht over de Tweed Vallei. In april en mei zijn de grote hoeveelheden narcissen adembenemend om te zien. Hierna komen de rhododendrons en azalea's in bloei. Hoogzomer kunnen we genieten van een aantal perfecte borders van vaste planten en eenjarigen. Je kunt op verschillende manieren naar de ommuurde tuin lopen. Zorg er wel voor om langs de oude duiventil te gaan, want die is erg leuk om te zien. De ommuurde tuin ligt op een zuidhelling en dat is op zich al bijzonder, want de meeste ommuurde tuinen liggen gewoon vlak. Wat je dan te zien krijgt slaat werkelijk alles. In deze ommuurde, 1,2 ha grote tuin worden alle groente- en fruitsoorten gekweekt die er maar bestaan. En geen kleine beetjes, maar rijen asperges en artisjokken, bonen, kardoenen, mierikswortels, bessen, aardbeien, frambozen, leiappels en peren. Je kunt het zo gek niet verzinnen of het staat er. Drie tuinmannen waren aardbeien aan het plukken en vertelden verhalen over vroeger. We werden gewezen op een kasje waarin een schitterende leiperzik stond vol met blozende vruchten. Het kost zoveel vakkundige arbeid, dat er nog maar weinig tuinen op deze manier in gebruik zijn. Rijen met snijbloemen, een boomgaard met gezonde fruitbomen, en geen oude knarren. Het zag er werkelijk uit om door een ringetje te halen. Op onze vraag of ze met hun spullen naar de markt gingen, zei de *head gardener*: 'Nee hoor, the Duke eats it all!' Dan moet hij toch een behoorlijke eetlust hebben, want er wordt heel wat gekweekt. Liefhebbers van staaltjes vakmanschap op het gebied van moes- en fruittuinen mogen Mertoun beslist niet overslaan, want zoiets moois heb je nog nooit gezien.

ADRES

Mertoun Gardens, St. Boswells, Melrose, Border TD6 0EA, Schotland, tel. 01835-823236.

ROUTEBSCHRIJVING

AA 76 **6232**: 3 km ten noordoosten van St. Boswells, via de B6404.

EIGENAAR

The Duke of Sutherland.

OPENINGSTIJDEN

Van 1 april tot eind september op zaterdag en zondag van 14.00 tot 18.00 uur (ook op Bank Holidays-maandagen).

SPECIALITEITEN

Borders, ommuurde moestuin.

IN DE BUURT

Mellerstain (53), Priorwood (55), Abbotsford (56).

MUNCASTER CASTLE (39), CUMBRIA

Wie de rhododendrons van Muncaster Castle wil zien bloeien moet in mei en juni gaan. De uitgebreide collectie is opgebouwd door Sir John Ramsden, die Muncaster in 1917 erfde. Hij sponsorde grote plantenjagers als Frank Kingdon Ward, Frank Ludlow en George Sheriff, waardoor hij een gedeelte van de rhododendronzaden kreeg die zij op hun verre reizen verzamelden. De meeste zaden werden opgekweekt in de tuinen van zijn huis in Buckinghamshire, maar werden later, samen met een grote camelliacollectie, naar Muncaster verhuisd. In de zure grond en het door de Warme Golfstroom gunstig beïnvloede klimaat groeien de rhododendrons prima. Kingdon Ward noemde zelfs een door hem ontdekte rhododendron naar Sir John, de *Rhododendron ramsdenianum*. Deze roodbloeiende rhododendron, die uit Tibet komt, is alleen geschikt voor tuinen met een mild klimaat. In de jaren twintig en dertig had Sir John 32 tuinlieden in dienst die met elkaar 30 ha bijhielden. De Tweede Wereldoorlog maakte een einde aan deze weelde en sindsdien is het een strijd geworden om de bijzondere planten te beschermen tegen hun sneller groeiende buren en ze vrij te houden van bramen. De eigenaren van Muncaster Castle doen er alles aan om hun rhododendroncollectie in stand te houden en uit te breiden. Gelukkig heeft Alan Clark de post van curator van de tuinen aanvaard. Deze moderne plantenjager, die recent heeft deelgenomen aan expedities om planten te verzamelen in Bhutan, Noordwest-Vietnam en Yunnan in China, heeft zijn sporen op plantengebied verdiend. Hij is van plan om de rhododendroncollectie aan te vullen met eind 19de- en begin 20ste-eeuwse hybriden en cultivars. De storm van 1994 heeft hier een handje bij geholpen. Doordat er honderden bomen werden ontworteld ontstond er plaats om nieuwe rhodo-

dendrons aan te planten en verwante soorten, die ze in het wild als buren aantreffen. Hierdoor zal het bloeiseizoen vervroegd en verlengd worden van begin maart tot eind oktober.
Het uitzicht uit de tuin over het landschap is heel mooi, want de tuin ligt in het Lake District. Om iets meer van de geschiedenis van de bewoners te weten te komen is een bezoek aan het kasteel aan te raden. Je krijgt een walkman mee waar op humoristische wijze de familiegeschiedenis uit de doeken wordt gedaan.
Het Muncaster Owl Centre, het hoofdkwartier van de World Owl Trust, geeft elke dag om 14.30 uur een lezing en bij geschikt weer wordt er met de uilen gevlogen. Men is bij Muncaster druk bezig om de tuinen ook buiten de rhododendrontijd aantrekkelijk te maken.

ADRES

Muncaster Castle, Ravenglass, Cumbria CA18 1RQ, tel. 01229-717614.

ROUTEBSCHRIJVING

AA 58 **1196**: 2 km ten oosten van Ravenglass, via de A595.

EIGENAAR

Mrs. P. Gordon-Duff-Pennington.

OPENINGSTIJDEN

Het hele jaar dagelijks van 11.00 tot 17.00 uur. Het kasteel is open van eind maart tot eind oktober op dinsdag tot en met zondag en alle Bank Holidays van 13.00 tot 16.00 uur.

FACILITEITEN

Plantenverkoop, tearoom, winkel, Owl Centre.

SPECIALITEITEN

Rododendrons.

IN DE BUURT

Hill Top (36), Brockhole (37), Holehird Gardens (38).

NESS BOTANIC GARDENS (28), CHESHIRE

Iedereen kende Mickwell Brow, het huis van Arthur Kilpin Bulley en zijn familie, als het huis zonder gordijnen. Toen een bezoeker eens tegen Mr. Bulley zei dat de piano verschoot en dat ze toch maar eens gordijnen moesten ophangen, zei Mr. Bulley: 'I can always buy a new piano, but I can't buy the sun.' Uit deze ene zin bleek dat hij geld genoeg had en dat hij de natuur zeer was toegedaan, zozeer zelfs dat hij rond zijn huis uitgebreide tuinen aanlegde. Deze tuinen, die men in zijn tijd de Bulley Gardens noemde, heten nu de Ness Botanic Gardens. Hij begon met het planten van bomen, wat heel verstandig was, want die fungeerden als windsingels. Verder legde hij een rotstuin en een watertuin aan. Dat hij dat niet zelf deed zal duidelijk zijn, en blijkt ook uit een foto uit 1905 waar 48 mensen op staan die voor hem in de tuin werkten. Mr. Bulley kwam niet uit het plantenvak, maar deze katoenmakelaar was een groot plantenliefhebber. Hij probeerde op alle mogelijke manieren aan bijzondere planten te komen door met missionarissen te corresponderen en hen op plantenjacht te sturen. Daar kwam niet veel van terecht en nadat hij Sir Isaac Bayley Balfour van de botanische tuin in Edinburgh om advies had gevraagd, bracht deze hem op het spoor van de plantenjager George Forrest. Hij stelde voor om de reizen van Forrest naar het westen van China te sponsoren in ruil voor zaden en planten. George Forrest zorgde voor erg veel nieuwe planten, zoals *Gentiana sino-ornata, Roscoea humeana* en grote hoeveelheden rhododendrons. Hij nam van al zijn reizen zoveel materiaal mee, dat Mr. Bulley een kwekerij opzette van pas geïntroduceerde planten. Na zeven jaar verhuisde hij de kwekerij, Bees Ltd., naar Sealand bij Chester. In 1911 sponsorde hij de reizen naar China en Tibet van de plantenjager Frank Kingdon Ward, in 1913 die van R.E. Cooper naar Sikkim en later Bhutan, in 1914 van Reginald Farrer naar China en in 1926 van Siehe naar Klein-Azië. We kunnen gerust stellen dat de Engelse en ook onze tuinen er zonder Mr. Bulley anders uitgezien zouden hebben. Natuurlijk was hij niet de enige die in deze plantenreizen geld stak, maar hij scheen toch wel een van de belangrijkste geweest te zijn. Al snel na de eerste aanleg werd de tuin voor het publiek opengesteld, want de Bulleys waren zeer sociaal voelend en vonden dat de gewone man ook van hun rijkdom mocht genieten. Zij deden ook veel voor de mensen uit het dorp en hielpen hen als ze problemen hadden. Tijdens een mijnwerkersstaking zorgde Mrs. Bulley ervoor dat elke stakende mijnwerker dagelijks een pakket voedsel kreeg. Toen de staking voorbij was en iemand haar vroeg wat dat allemaal niet gekost had, antwoordde zij: 'I suppose it has cost me about as much as it would cost a lady in my position to buy a Rolls-Royce motorcar.' Maar het was duidelijk dat zij van haar actie veel meer plezier had dan van een auto.

In 1913 werd Mr. J. Hope de *head gardener* van Mr. Bulley en deze samenwerking zou tot de dood van Mr. Bulley in 1942 duren. Zij konden het goed met elkaar vinden, maar waren altijd aan het bekvechten. Was het niet over de planten, dan was het wel over de tuin en was het niet over de tuin, dan was het wel over de politiek. Hoewel zij het wat het laatste betreft niet altijd eens waren, kwam Mr. Hope toch voor zijn sociaal bewogen werkgever op getuige het volgende verhaal. Er kwam eens een *gentlemanly gentleman* in de rotstuin toen Hope daar aan het werk was, die vroeg: 'Wie is de eigenaar van de tuin?' 'Mr. Bulley,' zei Hope, waarop de man zei: 'O nee, niet A.K. Bulley, die bekende socialist... als ik dat geweten had dan was ik niet gekomen.' Hope moet toen gezegd hebben: 'There's the gate.'

Toen Bulley in 1942 stierf waren de tuinen al verwaarloosd, omdat

De rotstuin van Ness Botanic Gardens.

veel tuinlieden onder de wapenen waren geroepen. Zijn dochter heeft de tuinen in 1948 aan de universiteit van Liverpool geschonken. Ze moesten wel zo blijven ter nagedachtenis aan haar vader en ze moesten ook open blijven voor het publiek, omdat hij dat ook altijd gedaan had. Bovendien zou Mrs. Bulley er zo lang zij leefde in blijven wonen. Nadat Mrs. Bulley in 1955 stierf nam de universiteit het heft in handen en werden de tuinen verder uitgebouwd tot wat ze nu zijn.

De tuinen zijn nu meer dan tweemaal zo groot en Mr. Bulley zou er trots op zijn geweest. Er is ongelooflijk veel te zien. De rotstuin die Arthur Bulley als eerste aanlegde heeft, nadat hij in de Tweede Wereldoorlog volkomen overgroeid was geraakt, een totale face-lift ondergaan. Er zijn planten uit verschillende klimaatsgebieden te zien en er groeien rotsplanten en alpiene planten uit allerlei werelddelen. Er is zelfs een alpenweide te vinden. Elk seizoen is er in de rotstuin iets bloeiends te zien: in het voorjaar euphorbia's en saxifraga's, in de zomer verschillende soorten primula's en campanula's, in de herfst cyclamen en in de winter kerstrozen en sneeuwklokjes. De terrassentuin grenst aan de rotstuin en bestaat uit muren en terrassen beplant met vorstgevoelige planten, zoals de bijzondere *Clianthus puniceus*. In de watertuin, die in dezelfde vallei ligt als de rotstuin, was in 1960 nog maar één vijver, de andere twee werden in 1970 gegraven. In de vijvers is onderzoek gedaan naar planten die tegen afwisselende waterstanden kunnen. In het stuk bos erachter zijn rhododendrons en azalea's geplant, waarvan veel uit de tijd van de plantenjagers stammen. Er is zelfs een hele border met azalea's, die in het voorjaar prachtig is om te zien. Evenwijdig hieraan loopt een lange en

brede vaste-plantenborder, waarin vooral veel hoge planten staan. In de rozentuin, die achter de azaleaborder ligt, geven de rozen hun eigen geschiedenis weer en zijn in de tijd gerangschikt. Verder is er nog een heel mooie heidetuin, waar het hele jaar bloemen of bladeren kleur geven, maar die toch eind zomer, begin herfst het mooiste is.
Zoals bij een botanische tuin gebruikelijk is, zijn alle planten bijzonder goed benaamd. En zelfs de meest *gentlemanly gentleman* zal er niet onderuit kunnen dat in deze tuin bijzonder veel te zien is.

ADRES

Ness Botanic Gardens, Ness, Neston, South Wirral, Cheshire L64 4AY, tel. 0151-3530123.

ROUTEBSCHRIJVING

AA 46 3076: 16 km ten noordwesten van Chester, via de A540.

EIGENAAR

University of Liverpool.

OPENINGSTIJDEN

Van 1 maart tot eind oktober van 9.30 uur tot zonsondergang, van 1 november tot eind februari van 9.30 tot 16.00 uur (behalve eerste kerstdag).

FACILITEITEN

Plantenverkoop, winkel, tearoom.

SPECIALITEITEN

Borders, rhododendrons, rozen, rotstuin, veel bijzondere planten.

IN DE BUURT

Calderstones Park (29).

NEWBY HALL (6), NORTH YORKSHIRE

'I found I had inherited an exceptionally beautiful home but no garden to speak of – a lovely picture but no frame.'

Dit zei de vader van de tegenwoordige eigenaar van Newby Hall, Major Edward Compton, toen hij het huis in 1921 erfde. Newby Hall werd rond 1695 voor Sir Edward Blackett gebouwd. Hij nam Peter Aram als *head gardener* in dienst en op een 18de-eeuwse gravure van Kip zien we een typisch formele tuin met vierkante gazons en een beeld in het midden. De Blacketts verkochten Newby Hall in 1748 aan de familie Weddell. Het huis werd verbouwd door Adam en over de formele tuin werd een informele landschapstuin aangelegd. Toen Weddell kinderloos stierf kreeg een neef het huis en het landgoed eromheen. Deze Lord Grantham liet een eetkamer aan het huis bouwen, maar bemoeide zich niet met de tuin. Hij bracht meer tijd door in Wrest Park, dat ook van hem was en dichter bij Londen lag. Na zijn dood in 1859 kreeg zijn dochter Lady Mary het geheel en zij liet om een droeve reden Wil-

Fragment van de 300 m lange border van Newby Hall.

liam Burges een kerk bouwen. Haar zoon Frederick werd namelijk tijdens zijn *grand tour* door Europa in 1870 in Griekenland gekidnapt. De kidnappers vroegen losgeld, dat Lady Mary bij elkaar bracht, maar nooit betaald heeft. Frederick werd namelijk door een misverstand door de kidnappers vermoord. Van het losgeld liet Lady Mary toen de kerk bouwen. Burges deed ook het een en ander in de tuin en men denkt dat hij de Statue Walk heeft gemaakt en geadviseerd heeft bij het plaatsen van de vele beelden en vazen. Waarschijnlijk heeft haar zoon Robert aan Ellen Willmott de opdracht gegeven een rotstuin aan te leggen. Newby Hall werd door zijn oudste dochter geërfd, die met Lord Alwyn Compton trouwde, en dan komen we weer uit bij de maker van de tuin, hun zoon Major Edward Compton, die van het schilderij zonder lijst. Het enige dat hij aantrof was dicht bij het huis een aantal Victoriaanse parterres, de rotstuin van Ellen Willmott en de Statue Walk van Burges. Major Edward en zijn echtgenote Sylvia waren zeer onder de indruk van de tuin van Lawrence Johnston en dat is wel voor te stellen, want hij maakte de tuinen van Hidcote. Deze tuin was door hagen en muren in een aantal kleinere tuinen verdeeld en dit leek Major Edward ook wel wat. Alleen was Newby Hall veel groter. Het eerste wat hij deed was de Victoriaanse bedden verwijderen en een eenvoudige formele vijver aanleggen. Door deze vijver, die omgeven is door gras, komt het huis mooier uit en vindt zijn spiegelbeeld in het water. Hij besloot om vanuit het huis een hoofdas te maken en langs dit brede graspad, dat

afloopt naar de rivier de Ure, aan weerszijden kleurige borders. Op deze hoofdlijnen doorbordurend wilde hij een aantal tuinkamers maken. Hij plantte veel bomen en heesters en toen hij in 1977 stierf had zijn schilderij een lijst. Toen zijn zoon met zijn echtgenote in het huis kwamen wonen zagen ze zich voor de taak gesteld om niet alleen verder te gaan met de tuin, maar ook om de tuin die de laatste tien jaar was verwaarloosd weer in ere te herstellen. Samen met vijf (in plaats van dertig zoals in de jaren dertig) tuinlieden begonnen zij de borders geleidelijk opnieuw op te zetten, de 'kamertjes' op te knappen en de tuin zo in te richten, dat de tuinlieden hem zouden aankunnen. Maar wie zomaar op goed geluk ronddwaalt door de tuin raakt waarschijnlijk de weg kwijt, omdat de 10 ha grote tuin niet bepaald onderhoudsvrij is te noemen. Waar Newby Hall om bekendstaat is de 300 m lange en 4,5 m brede dubbele border tegen een achtergrond van taxushagen. Hoewel zoiets groots natuurlijk zeer bewerkelijk blijft, vinden we hier toch enkele tijdsbesparingen. Dat is ten eerste de manier van opbinden: op 60 cm hoogte wordt grofmazig gaas over de border gespannen, zodat de planten niet allemaal apart opgebonden hoeven te worden. De andere truc zit aan de achterkant. De borders lagen vroeger tegen de heg aan en nu is er een smal paadje tussen de border en de haag gemaakt, waardoor voorkomen wordt dat de taxus voedsel van de vaste planten weghaalt en de haag makkelijker geknipt kan worden. Mrs. Compton heeft er tien jaar over gedaan om de border stukje bij beetje op te knappen, de planten eruit te halen, te scheuren of te vervangen, de grond te verbeteren en weer in te planten. Zij heeft nu wel eer van haar werk, want de borders zijn overweldigend om te zien.
Maar er zijn nog veel meer 'tuinen' in de tuin. Sylvia's Garden bijvoorbeeld is een verdiepte tuin, genoemd naar de moeder van Mr. Compton. Deze tuin is beplant met grijs- en bruinbladige planten en is een zeer intiem en omsloten tuintje. Er staan veel geraniums, alliums, pioenen, veronica's en camassia's in. De toegang tot deze tuin is via de Wars of Roses, omdat daar de red rose of Lancaster (*Rosa gallica* 'Officinalis') en de white rose of York (*Rosa alba* 'Semiplena') van elkaar gescheiden worden door de mooi gestreepte *Rosa gallica* 'Versicolor'. Er zijn nog veel meer rozen in de tuin te vinden. Uiteraard in de Rose Garden, een verdiepte tuin met flagstones, omgeven met een bruine beukenhaag. In elke hoek is een treurpeer geplant, die met zijn grijze blad de donkere kleur van de beuk wat minder somber maakt. In deze tuin staan voornamelijk oude rozen en het geheel met een urn als fontein in het midden is een plaatje om te zien. De rozen groeien zelfs aan dikke touwen. De roze roos 'Apple Blossom' slingert zich rond een touw met als achtergrond een donkere pruikeboom (*Cotinus*). De gebogen pergola is begroeid met goudenregen en loopt

naar de rotstuin van Ellen Willmott. Van de oorspronkelijke beplanting is niet veel meer over, maar dit wordt zo gelaten omdat de kinderen er anders niet meer zo leuk verstoppertje kunnen spelen. Het is ondoenlijk om alles te beschrijven wat we hier tegenkomen: een witte tuin, een Nationale Collectie (zie blz. 222) van 27 soorten en 59 cultivars kornoelje (*Cornus*), een watertuin, een ronde tuin en een tropische tuin. We kunnen een wandeling maken langs het riviertje, waar zelfs een treintje rijdt. Newby Hall is een tuin waar je in een uur niet bent uitgekeken. Het huis is nu een schilderij met een gouden lijst eromheen.

ADRES

Newby Hall, Ripon, North Yorkshire HG4 5AE, tel. 01423-322583.

ROUTEBSCHRIJVING

AA 55 **3568**: 5 km ten zuidoosten van Ripon, via de B6265.

EIGENAAR

Mr. R.E.J. Compton.

OPENINGSTIJDEN

Van 1 april tot eind september dagelijks, behalve maandag (wel Bank Holidays-maandagen), van 11.00 tot 17.30 uur. Huis en treintje van 12.00 tot 17.00 uur.

FACILITEITEN

Restaurant, winkel, plantenverkoop.

SPECIALITEITEN

Borders, rozen, Nationale Collectie van *Cornus*.

IN DE BUURT

Thorp Perrow Arboretum (4), Studley Royal (5), Harlow Carr Botanical Gardens (14).

NORDEN ALPINES (11), HUMBERSIDE

Norma Walton noemt de kwekerij een uit de hand gelopen hobby. Ze vinden zichzelf een kleine en vriendelijke kwekerij en zeggen dat ze geen experts zijn. Dat laatste is beslist niet waar, want wie een collectie van meer dan 2000 verschillende rots- en alpiene planten heeft en die allemaal zelf kweekt, mag zich best een expert noemen. Vriendelijk klopt wel, je kunt er zelfs logeren. De kwekerij is gecombineerd met een Bed & Breakfast en ze maken zelfs een maaltijd voor je klaar met groente en vruchten uit eigen tuin. En dan kunnen ze meteen alles over hun kwekerij vertellen en over alle bezienswaardigheden die voor tuinmensen van belang zijn, zoals open tuinen en andere kwekerijen. Er komen veel verzamelaars van rots- en alpiene planten naar Norden Alpines, op zoek naar bijzondere planten, en zij gaan nooit met lege handen naar huis. Altijd is er wel iets van hun gading bij. Hoewel er al meer dan 80 verschillende saxifraga's in hun catalogus staan hebben ze er nog eens zoveel op de kwekerij. Ook hebben ze veel pri-

Bij Norden Alpines kun je te gast voor rotsplanten en Bed & Breakfast.

mula's, vooral aurikels. Aurikels zijn planten waar de verzamelaars graag mee naar tentoonstellingen gaan, om elkaar de loef af te steken. De eigenaren van Norden Alpines hebben daar geen tijd meer voor.

ADRES

Norden Alpines, Hirst Road, Carlton, bij Goole, Humberside DN14 9PX, tel. 01405-861348.

ROUTEBESCHRIJVING

AA 56 **6523**: 12 km ten westen van Goole, via de A614 en de A1041.

EIGENAAR

Mr. en Mrs. Denis en Norma Walton.

OPENINGSTIJDEN

Van 1 maart tot eind september op zaterdag, zondag en Bank Holidays van 10.00 tot 17.00 uur.

FACILITEITEN

Kwekerij van rotsplanten, Bed & Breakfast.

SPECIALITEITEN

Rots- en alpiene planten, gespecialiseerd in saxifraga's.

IN DE BUURT

Stillingfleet Lodge Nurseries (10), Yorkshire Garden World (12).

PERRY'S PLANTS (3), NORTH YORKSHIRE

De River Gardens bestaan al sinds Victoriaanse tijden. Een theetuin aan de rivier waar de hele familie zich kan vermaken met bootje varen, een spelletje croquet spelen en na afloop heerlijk theedrinken of wat eten. Dat is de afdeling van Bill Perry, een

De familie Perry kweekt planten en zorgt ook voor de inwendige mens.

voormalig United States Airforce sergeant. Hij maakt de soep en de stews voor het café dat erom bekendstaat dat alles zelf gemaakt is. Patricia Perry doet samen met haar zoon Richard de kwekerij. Moeder en zoon kweken bijzondere planten en zorgen ook voor nieuwe kruisingen. Zij zijn gespecialiseerd in *Anthemis*, euphorbia's, muurbloemen, malva's, lavatera's, heben en *Osteospermum*. Ze introduceren ook nieuwe planten en hun *Osteospermum* 'Stardust', een toevalszaailing uit hun tuin, is zo'n succes dat er alleen al in Groot-Brittannië en Ierland 300.000 van gekweekt zijn en de plant ook al overgestoken is naar de Verenigde Staten. *Euphorbia wulfenii* 'Humpty Dumpty', een mooie euphorbia van 60 cm hoog met lichtgroene schutbladen en rode 'ogen', hebben zij ook zelf geïntroduceerd, net als de *Euphorbia characias* 'Perry's Winter Blusher', waarvan de bloemen en stengels van december tot april een rode blos krijgen. Patricia Perry vindt deze plant zeer goed te gebruiken in winterse boeketten. Twee nieuwe muurbloemen van Perry's Plants zijn *Erysium* 'Perry's Peculiar', een vegetatieve sport van de bekende 'Bowles Mauve' die het hele jaar bloeit en die allerlei kleuren geel, mauve en perzik heeft, en *Erysium* 'Perry's Pumpkin', die met feloranje bloemen van het voorjaar tot de herfst bloeit en waarvan de blaadjes in de winter ook nog een kleur krijgen.

Alle planten van de kwekerij kunnen bewonderd worden in de Riverside Gardens, zodat de keuze vergemakkelijkt wordt. Perry's Plants is zeer aantrekkelijk om te bezoeken, een paar specialiteiten van mee te nemen en ook nog even een lekker hapje te eten.

ADRES

Perry's Plants, The River Gardens, Sleights, bij Whitby, North Yorkshire YO21

1RR, tel. 01947-810329.

ROUTEBSCHRIJVING

AA 63 **8707**: 5 km ten zuidwesten van Whitby, via de A169 en de B1410.

EIGENAAR

Mr. en Mrs. Bill en Patricia Perry.

OPENINGSTIJDEN

Van 1 april tot eind september dagelijks van 10.00 tot 17.00 uur.

FACILITEITEN

Kwekerij, theetuin, roeiboten en kano's, croquet.

SPECIALITEITEN

Bijzondere vaste planten.

IN DE BUURT

Castle Howard (7).

PITMEDDEN GARDEN (93), Grampian, Schotland

Eigenlijk weet niemand of de tuinen van Pitmedden wel kloppen en of Sir Alexander Seton zijn Great Garden wel zo bedoeld had. Critici vinden de tuinen 'thoroughly dubious and unhistorical'. Waarom? Omdat ze in de 17de eeuw tussen de buxuspatronen geen planten gebruikten maar steentjes, omdat ze ook geen familiewapens in buxus maakten, omdat de hoofdas vanuit het huis veel duidelijker geweest moet zijn en omdat er toen zeker nog geen borders waren, zoals die nu tegen de muren gemaakt zijn. Dan maar niet gaan kijken? Toch wel, want historisch juist of niet, Pitmedden Garden is bijzonder om te zien, daar zijn alle critici het over eens. De tuin is 'however inauthentic, enchanting'.
Toen de National Trust for Scotland de tuin in 1952 van Alexander en James Keith kreeg lag er binnen de muren een goed lopende en fraai uitziende kwekerij. Ze ontdekten dat er in een muur een datum stond en besloten de tuin te gaan restaureren zoals die toen geweest zou zijn. Ze hadden hiervoor geen enkel aanknopingspunt behalve de datum, 2 mei 1675, want het oorspronkelijke huis was in 1818 met alles erin volledig afgebrand. De NTS ging op zoek naar tuinontwerpen uit die tijd en Dr. James Richardson vond een tekening uit 1647, een vogelvlucht van de stad Edinburgh waar alle tuinen minutieus op waren getekend. Hij koos drie van deze tuinen, die bij het Palace of Holyroodhouse lagen, uit om in Pitmedden te maken. Het tuincomité, dat speciaal voor Pitmedden was opgericht, besloot toen dat zo'n restauratie allemaal goed en wel was, maar dat ze ook mensen nodig hadden om naar de tuinen te komen kijken. Daarom werden de buxuspatronen opgevuld met eenjarigen en niet met gekleurde steentjes, zoals dat in de 17de eeuw gedaan zou zijn, en werden er langs de muren borders aangelegd. Het raamwerk van de tuin, de muren, trappen, balustraden en twee paviljoens werden gerestaureerd en begon-

De formele tuinen van Pitmedden Garden zijn van boven af bekeken op hun mooist.

nen werd met de aanleg van vier parterres in het lager gelegen deel van de tuin. Als je nu naar de tuinen loopt, zie je eerst alleen maar een gazon dat niets verraadt van de verrassing in het lagere gedeelte van de tuinen. Pas als je aan het eind van deze tuin, waar zeer recent een begin is gemaakt met de aanleg van twee nieuwe parterres en waar een fontein in het midden ligt, bij een stenen balustrade komt, dan weet je niet wat je ziet. De vier parterres vormen een kleurige verrassing en zijn bedoeld om van bovenaf bekeken te worden. Met de buxushaagjes in patronen opgevuld met eenjarige bloemen liggen de vier verschillende parterres er als kleurige borduurwerken bij. Elke parterre heeft zijn eigen verhaal. De vierde parterre, die Dr. Richardson zelf ontwierp, stelt het wapen van Sir Alexander Seton voor: in het midden een bloedend hart met halve maantjes en de motto's van de familie in buxus geknipt eromheen, Sustento Sanguine Signa ('met bloed het vaandel dragend') en Merces Haec Certa Laborum ('arbeid loont'). De letters SAS en DML zijn van Sir Alexander Seton en zijn echtgenote Dame Margaret Lauder. Dat bloedend hart en de motto's slaan op de vader van Sir Alexander, Sir John, die in 1693 in dienst van Charles I de dood vond bij de Battle of Brig O'Dee. Het wapen wordt aan twee kanten geflankeerd door een Schotse distel en een Andreaskruis. Achter deze wapenparterre ligt de leeuwenparterre, zo genoemd omdat in het midden een standbeeld van een leeuw staat. De buxushagen die om elke parterre staan zijn 90 cm hoog en iets naar binnen geknipt. De openingen die toegang geven tot de parterres zijn afgewerkt met vierkant geknipte buxusblokken. De haagjes die de parterre zelf vormen zijn 40 cm hoog en doordat deze hoogte en vorm van de buxushagen voor alle vier

de parterres gelijk gehouden is, vormen ze met z'n vieren toch een eenheid, hoewel de voorstellingen verschillend zijn. De parterre die van bovenaf gezien rechts van de wapenparterre ligt, bestaat uit een rond middenstuk omgeven met perken die aan de ronde kant de lijn van het centrum volgen en aan de andere kant een rechthoek vormen. De parterre die erachter ligt heeft in buxus uitgeknipt de woorden Tempus Fugit ('de tijd snelt vooruit'). Dat klopt, want er staat een zonnewijzer in het midden, en niet zomaar een zonnewijzer, maar een heel bijzondere. Dit soort zonnewijzer kwam veel voor in 17de-eeuwse Schotse tuinen. Doordat de zonnewijzer 24 vlakken bevat waarop de tijd afgelezen kan worden, is het mogelijk om niet alleen de tijd op verschillende delen van de dag, maar ook van de nacht af te lezen. Zulk soort zonnewijzers waren ook 'maanwijzers', zodat men ook door het schijnsel van de maan kon zien hoe laat het was. In dit noordelijke gedeelte van Schotland zijn de zomerdagen lang en speelde de zonnewijzer altijd al een belangrijke rol. Er zijn nog twee zonnewijzers in de tuin te ontdekken, een op een oostmuur voor de tijd in de morgen en een andere op een zuidmuur voor de tijd in de middag.
Het onderhouden en beplanten van de parterres is een gigantisch werk, want er is meer dan 6 km buxushaag om te knippen en 40.000 eenjarigen om te kweken. Het patroon van de twee nieuwe parterres, die op het hoger gelegen gedeelte van de tuin worden gemaakt, is ook afkomstig van de vogelvluchttekening van Edinburgh. Een van de parterres wordt beplant met kruiden die in de 17de eeuw bekend waren en de andere, die hetzelfde patroon zal hebben, wordt opgevuld met gekleurd grind.
De fontein die tussen de vier parterres ligt is omringd door een fraai stukje straatwerk. Met steentjes uit de rivier de Dee zijn patronen van harten en halve manen uit het wapen van de Setons gemaakt.
Tegen twee muren vinden we de veel bekritiseerde borders met leifruit erachter. Historisch juist of niet, deze borders, die zijn ontworpen door Lady Burnett of Leys van Crathes Castle, zijn mooi.
Tegen de muur waarlangs we naar beneden gaan zijn in 1957 langs de volle lengte grote steunberen van geknipte taxus geplant. Ze worden iets breder als ze de muur raken en lijken daardoor deel uit te maken van de constructie van de muur. Ze zijn geknipt in de vorm van een ezelsrug en het laagste punt is versierd met een hups taxus-eitje.
Behalve de tuin is er bij Pitmedden een museum te vinden waar de Cook Collection een plaatsje heeft gekregen. Mr. Cook verzamelde zijn hele leven voorwerpen die met het boerenleven te maken hadden. Hij ging daarvoor naar veilingen en kocht dan de laatste restjes die niemand wilde hebben op. Daardoor is het een zeer gevarieerde collectie en leuk om te zien. Komend vanuit de

17de-eeuwse tuinen is het wel even een andere wereld, maar niet een die Pitmedden vreemd is, want Major Keith, de laatste bewoner, die het geheel aan de NTS schonk, heeft zich zijn hele leven beziggehouden met het verbeteren van landbouwtechnieken en had zelf ook boerderijen rond Pitmedden. Werp voor het vertrek nog even een blik op de parterres, want zo'n perfect staaltje vakmanschap zie je niet gauw nog een keer.

ADRES

Pitmedden Garden, Pitmedden, Ellon, Grampian AB41 0PD, Schotland, tel. 01651-842352.

ROUTEBSCHRIJVING

AA 95 **8**828: 21 km ten noorden van Aberdeen, via de A92 en de B999. Pitmedden Garden ligt langs de A920.

EIGENAAR

The National Trust for Scotland.

OPENINGSTIJDEN

Van eind april tot eind september dagelijks van 10.00 tot 17.30 uur.

FACILITEITEN

Tearoom, museum over het boerenleven.

SPECIALITEITEN

Parterres, borders.

IN DE BUURT

Drum Castle (95), Crathes Castle (96).

POYNTZFIELD HERB NURSERY (85), Highland, Schotland

Hoe haal je het in je hoofd om op zo'n noordelijk plekje in Schotland kruiden te gaan kweken? Duncan Ross vertelt dat juist door dit klimaat en de lange winters alle planten heel erg winterhard zijn en het overal goed zullen doen. Sneeuw ligt hier trouwens zelden en daaraan heeft het eiland dan ook zijn naam te danken, Black Isle. Bovendien ligt de kwekerij op de meest beschutte plaats van het eiland, binnen een ommuurde tuin. De toegang is zeer romantisch via een gemaaid graspad in een bos. De oude Victoriaanse kas is ook nog volop in gebruik. Het oorspronkelijke huis, dat te koop is voor £ 200.000, had deze tuin vroeger in gebruik als groente- en fruittuin. Duncan woont met zijn familie in een kleiner huis vlakbij en vindt dit veel comfortabeler dan het grote huis ooit zou kunnen zijn. Ze zijn in 1976 met de kwekerij begonnen en deze is nu internationaal bekend en levert kruidenplanten en zaden aan Canada, de Verenigde Staten, Frankrijk, Denemarken, Duitsland, Griekenland, Zweden, Kenia, Zimbabwe, Australië, Nieuw-Zeeland, Japan en ook Nederland. In Nederland leveren ze planten en zaden aan de kwekerij van VSM. Duncan bezocht dit bedrijf en vond het een *excellent nursery*. Dat vinden wij ook van zijn kwekerij, want die ziet er perfect uit. De kruidenplanten

De toegang tot de ommuurde Poyntzfield Herb Nursery.

voor de verkoop staan keurig op naam in bedden en we ontdekken al meteen een nieuwe bergamot, die door Duncan Ross zelf is ontwikkeld, de *Monarda* 'Poyntzfield Pink' met rozerode bloemen. Ook zien we een vaste plant basilicum, de 'African Blue', die in 1982 in Ohio in de Verenigde Staten werd geïntroduceerd. De plant is echter niet winterhard en moet vorstvrij overwinteren. In de rest van de ommuurde tuin is het heerlijk ronddwalen, overal staan geurige eenjarige, vaste of heesterachtge kruiden. Op deze kwekerij worden alleen van de arnica de bloemen gedroogd voor eigen gebruik in de keuken, want het gaat hier om de planten en om de zaden. Alle planten en dus ook de zaden worden op biologisch-dynamische manier gekweekt en op de zakjes zaad zien we dan ook het Demeter-keurmerk. Heel bijzonder is dat in de catalogus niet alleen de wetenschappelijke en de Engelse namen staan, maar ook, voor zover bestaand, de Schotse namen in Gaelic. Niet dat we er wat mee kunnen, maar het is toch leuk om te weten dat hop *lus na leanna* heet en kamperfoelie *lus na meala.*
Op de terugweg blijkt het tijdens de oversteek met de kleine pont vanaf Cromarty best hard te waaien, daar was binnen de beschermende muren van de kruidentuin weinig van te merken. Dit pontje heeft niets met kruiden te maken, maar het heeft zoiets geks dat we dit niet onvermeld willen laten. Vanaf een grote steilte rij je vooruit de pont op waar twee auto's op kunnen, en al wiebelend op de forse golven vraag je je af hoe je er achteruit weer afkomt. Geen probleem, want de auto's staan op een draaischijf en voor je aan de overkant bent staat de auto weer netjes met de neus vooruit. Intussen geurt het heerlijk, want de 'African Blue' konden we echt niet weerstaan.

ADRES

Poyntzfield Herb Nursery, Black Isle, bij Dingwall, Highland IV7 8LX, Schotland, tel. 01381-610352.

ROUTEBSCHRIJVING

AA 93 **7164**: 7 km ten westen van Cromarty, via de B9163 (bij Cromarty is een pont). Of vanuit Inverness de A9 naar het noorden nemen en dan rechtsaf de B9163.

EIGENAAR

Mr. Duncan Ross.

OPENINGSTIJDEN

Van 1 maart tot eind september maandag tot en met zaterdag van 13.00 tot 17.00 uur.

FACILITEITEN

Plantenverkoop.

SPECIALITEITEN

Kruiden.

IN DE BUURT

Abriachan Nurseries (82), Dochfour Estate (83), Ardfearn Nursery (84).

PRIORWOOD (55), LOTHIAN, SCHOTLAND

Midden in het centrum vlak bij de ruïne van Melrose Abbey ligt de tuin van Priorwood, die vroeger ongetwijfeld bij de abdij heeft gehoord. Hier is nog een klein stukje van over, de boomgaard. De monniken van Melrose hebben zelfs nog in 1831 een nieuwe appel geïntroduceerd, de 'White Melrose'. Deze grote, lichtgele appel, die gekookt zijn vorm behoudt, heeft een zoetzure smaak en werd in de 19de eeuw veel gekweekt. Het exemplaar dat we nu in de boomgaard van Priorwood vinden is waarschijnlijk een rechtstreekse afstammeling van de oorspronkelijke boom. Over deze echt Schotse appel schreef Hogg in 1875: 'Even in the south it is not disregarded as both in size and quality it is one of the most attractive market apples.' In de boomgaard wordt een aanschouwelijke geschiedenisles over appels gegeven. Deze begint bij de Romeinen, die de wilde appeltjes in Groot-Brittannië maar vies vonden en zelf al de techniek van onderstam en ent hadden uitgevonden. Zij brachten de 'Pomme d'Api' en de 'Court Pendu Plat' mee. Daarna was het kweken van appels bijna geheel voorbehouden aan de monniken, die 'Costard' en 'Old Pearmain' kweekten. De gouden appeltijd van de 16de tot de 18de eeuw leverde veel nieuwe appelrassen op. Vooral toen de Britten de cider ontdekten werden veel boomgaarden aangeplant. Een paar appels uit die tijd zijn 'Adams Pearmains' en 'Wyken Pippin'. De geschiedenis in de boomgaard gaat door tot de 20ste eeuw met de appels 'Discovery' en de pas geïntroduceerde 'Gavin'.

Er zijn geen uren voor nodig om dit alles te bekijken, want de

Priorwood ligt vlak bij de ruïne van Melrose Abbey.

boomgaard is maar klein, net als de bloementuin. Hier worden alleen bloemen gekweekt die gemakkelijk te drogen zijn. In de tuin staan meer dan 200 verschillende planten die hier geschikt voor zijn en er worden demonstraties gegeven hoe je de planten het beste kunt drogen en verwerken. Priorwood is een kleine oase van rust in het drukke Melrose, waar busladingen mensen komen om de ruïne van de abdij te bekijken.

ADRES

Priorwood, Melrose, Lothian TD6 9PX, Schotland, tel. 01896-822965.

ROUTEBSCHRIJVING

AA 76 **5536**: in het centrum van Melrose, langs de A6091.

EIGENAAR

The National Trust for Scotland.

FACILITEITEN

Winkel.

SPECIALITEITEN

Droogbloemen en boomgaard.

IN DE BUURT

Mellerstain (53), Mertoun Gardens (54), Abbotsford (56).

ROOKHOPE NURSERIES (2), DURHAM

Wie planten voor moeilijke plaatsen zoekt kan bij Rookhope Nurseries terecht, want ze zitten zelf op een bijzonder moeilijke plaats: 330 m hoog, geteisterd door lange vorst, gemene wind, zware

sneeuwval en een kort groeiseizoen. Ga daar maar aan staan. Maar Karen en Alan Blackburn kweken dan ook alleen maar zeer sterke planten en hebben de reputatie dat als de planten het bij hen doen, ze zeker op andere plaatsen goed zullen groeien. Nu is het natuurlijk geen kunst om bijvoorbeeld heide te kweken, die ook op de heuvels van North Pennine groeit. De Blackburns zien het als een uitdaging om niet alleen bijzonder harde, maar ook bijzondere planten te kweken. Ze kwamen hier in 1977 wonen in een huis dat rond 1850 gebouwd was door een loodsmelter die iets verderop in de loodsmelterij werkte. De tuin van de Blackburns is een belangrijke bron van vermeerderingsmateriaal en bij de aanleg zijn veel bladplanten gebruikt. Ook worden er planten in uitgeprobeerd om te kijken of ze tegen het klimaat kunnen. Onlangs nog hebben ze een aantal proefbedden voor geraniums gemaakt. Omdat ze alles zonder hulp doen en er op de kwekerij veel werk is, schiet hun eigen tuin er weleens bij in, maar toch vinden alle kwekerijbezoekers het leuk om even de tuin door te lopen en de tegenstelling van de tuin en het omringende barre landschap te ervaren.
De kwekerij beslaat 1,2 ha en zij specialiseren zich in bijzondere rots- en alpiene planten, vaste planten, heesters en een aantal inheemse bomen. Bij de rotsplanten komen we bijzondere tijmplanten en viooltjes tegen: *Thymus citriodorus* 'Andersons Gold' met goudgele blaadjes, *Thymus citriodorus* 'Fragrantissimus' met grijs blad, *Thymus* 'Highland Cream' met roomgroene blaadjes, *Thymus serpyllum* 'Pink Chintz' met zalmroze bloemen boven een dik grijs kussentje en *Thymus serpyllum* 'Rainbow Falls' met wel heel bijzondere blaadjes in geel, groen en rood. Bij de viooltjes ontdekken we een mooie paarsroze bekende uit de tuin van Sissinghurst, *Viola* 'Vita', de lichtblauwe *Viola cornuta* 'Belmont Blue', de zachtlila 'Princess Mab' en het violette viooltje met het gele hart 'Zoe'. Ook bij de akeleien doet de kwekerij zijn reputatie van bijzondere planten eer aan en we zien de oranjerode *Aquilegia elegantula*, de gele *Aquilegia vulgaris* 'Goldfinch' en de mooie, gevuldbloemige, groene *Aquilegia vulgaris* 'Flore Plena Greens'. Bijna alle planten zijn in twee maten te koop, kleine voor geduldige tuinmensen en grote voor ongeduldige. Dat Alan en Karin Blackburn hun planten zeer toegewijd zijn is duidelijk en ze eindigen hun gezellige babbel aan het begin van hun catalogus met:

(...) the plants are the main thing, and they are as good as ever. Take care of yourselves, look after your plants, and hope to see you at the Nursery sometime.

Bij deze!

Geranium x *cantabrigiense* 'Biokovo', een van de planten van Rookhope Nurseries.

ADRES

Rookhope Nurseries, Rookhope, Upper Weardale, Durham DL13 2DD, tel. 01388-517272.

ROUTEBSCHRIJVING

AA 61 **944**3: 40 km ten westen van Durham, via de A690, A689 en kleine wegen, 500 m ten westen van Rookhope. Het staat aangegeven met bruine bordjes: Rookhope Flower Gardens.

EIGENAAR

Mr. en Mrs. Alan en Karen Blackburn.

OPENINGSTIJDEN

's Zomers van half maart tot eind september dagelijks van 8.30 tot 17.00 uur, 's winters van begin oktober tot half maart vrijwel dagelijks (even bellen) van 10.00 tot 16.00 uur.

FACILITEITEN

Plantenverkoop, koffie en thee.

SPECIALITEITEN

Kwekerij van bijzondere planten, tuin.

IN DE BUURT

Hexham Herbs (43).

ROYAL BOTANIC GARDEN EDINBURGH (59), Lothian, Schotland

De botanische tuin van de universiteit van Edinburgh is de een na oudste (1670) en misschien wel de allermooiste van Groot-Brittannië. Om alles goed te kunnen bekijken moet je minstens een dag uittrekken. Dat doen dan ook veel mensen en omdat de toegang gratis is, wordt de botanische tuin als een park gebruikt. Dan

Eenjarigenborder in de Royal Botanic Garden Edinburgh.

krijg je natuurlijk meteen visioenen van platgetrapte planten en voetballende kinderen, maar niets is minder waar. De 27 ha grote tuin is perfect onderhouden en mensen gaan er echt naar toe om iets te zien. Een dag in deze tuinen is een reis om de wereld, want er zijn maar weinig of misschien wel helemaal geen tuinen die de hele diversiteit van het plantenleven laten zien. In tuinen en kassen groeien planten uit de hele wereld, omdat de botanische tuin natuurlijk in de eerste plaats een wetenschappelijk onderzoeksinstituut is dat zich bezighoudt met onderzoek naar en behoud van alle planten. Hun levende-plantencollectie bestaat niet alleen uit bloeiende planten, maar ook uit de even belangrijke varens, mossen, schimmels en wieren. Er groeien planten uit de jungle van Maleisië, de bergen van de Himalaja, de woestijnen van Arabië en de Schotse hooglanden. In deze tuin zou je haast vergeten dat je in Schotland bent. Al met al zijn er meer dan 34.000 levende planten. Daarnaast hebben ze herbaria met meer dan twee miljoen gedroogde exemplaren en een bibliotheek met meer dan 100.000 boeken. Deze botanische tuin is dus niet bedoeld om het publiek iets moois voor te schotelen, evenmin als andere botanische tuinen, maar uit de vele bezoekers blijkt toch wel dat er genoeg te zien is.

De prachtige rotstuin van bijna 1 ha groot werd al in het begin van deze eeuw aangelegd. Sommige planten zijn geografisch gerangschikt en in het stukje Nieuw-Zeeland valt op dat er veel witbloeiende planten zijn. Vroeger, voordat de mensen ze introduceerden, waren daar namelijk geen bijen die voor de bestuiving zorgden. Op het hoogste punt van de rotstuin staan Schotse planten en de oostelijke helling van de rotstuin gaat geleidelijk over in een heidetuin, waar de Schotse heide en vele familieleden het hele jaar voor kleur zorgen. In de Woodland Garden zorgen grote coniferen voor schaduw voor de grootbladige rhododendrons. Aan de voet hiervan groeien schaduwminnende vaste planten en bollen, zoals primula's, *Meconopsis* en lelies. Een groot stuk tuin wordt in beslag genomen door het arboretum, waar we meer dan 2000 verschillende bomen en heesters vinden, variërend van sierappels, lijsterbessen, berken, populieren, wilgen, elzen, esdoorns, linden, cotoneasters en kamperfoelies. In een demonstratietuin vinden we verschillende tuinen door hagen gescheiden. De tuinen zijn gevuld met kruiden, medicinale planten, eenjarigen, speciale heesters voor noordelijke tuinen, of andere interessante planten. De hagen zijn ook allemaal verschillend, zodat je hier het effect van kunt vergelijken. En dan is er nog een 165 m lange border van vaste planten met als achtergrond een gigantische beukenhaag. Tussen haag en border loopt een paadje dat niet alleen handig is voor het onderhoud, maar waarvandaan je de planten ook kunt bekijken en de namen kunt lezen. Want dat is toch wel heel fijn van zo'n botanische tuin, alles is benaamd. Bij het Eastgate House kunnen we vroeg in het voorjaar op verzoek de Nationale Collectie (zie blz. 222) van 75 soorten en cultivars *Primula allionii* bekijken.

Het kan zijn dat men na dit alles uitputtingsverschijnselen vertoont, maar ook wie niet zo 'kassig' is moet toch 'even' de Glasshouse Experience bekijken, want wat we net buiten zagen wordt hier binnen nog eens dunnetjes overgedaan. 'Binnen' wil zeggen tien kassen met planten uit alle warme en tropische gebieden van de wereld. De planten zijn zo neergezet, dat ze een landschap vormen, en terwijl je door de kassen loopt merk je dat met de klimaatsverschillen ook de plantengroei verandert. De opvallendste kas is het Palm House uit 1858. Hier staan natuurlijk palmen in, een plantengroep die ons zeer veel nuttige produkten levert. Deze kas is in tweeën gedeeld, een gematigd en een tropisch deel. Het tropische deel is achthoekig en was in 1834 de hoogste kas die er bestond. Via deze palmenkassen komen we bij de orchideeën en cycaspalmen. In de varenkas staan boomvarens van meer dan 20 m hoog. In de tropische kas groeien nutsplanten zoals bananen, koffieplanten en cacaobomen en in de vijver drijven de enorme bladeren van de *Victoria amazonia*. In het Temperate House valt op dat de dragende constructie niet aan de binnen- maar aan de buitenkant zit, zodat de planten kunnen profiteren van de maximale hoeveelheid licht. In deze kas groeien planten uit Australië, Nieuw-Zeeland, Zuid-Afrika en de Canarische Eilanden. In een aquarium zien we niet alleen een collectie waterplanten en vissen, maar kunnen we ook onder water kijken. We zien vervolgens Zuidamerikaanse planten, cactussen, een tropische rotstuin en een tropische heidetuin. Zowel de kassen als de tuinen buiten zijn perfect onderhouden en benaamd en het is maar goed dat de tuinen vaak en lang open zijn, want het is nog maar de vraag of een dag wel genoeg is.

ADRES

Royal Botanic Garden Edinburgh, Inverleith Row, Lothian EH3 5LR, Schotland, tel. 0131-5527171.

ROUTEBSCHRIJVING

AA 75 **2475**: 1,5 km ten noorden van het centrum van Edinburgh in Inverleith. Bussen 8, 19, 23, 27 en 37 stoppen bij de oostelijke ingang aan de Inverleith Row. Bij de westelijke ingang, Arboretum Place, is voldoende parkeermogelijkheid.

EIGENAAR

Royal Botanic Garden Edinburgh.

OPENINGSTIJDEN

Het hele jaar dagelijks, behalve op 25 december en 1 januari. In maart en april van 10.00 tot 18.00 uur, van mei tot en met augustus van 10.00 tot 20.00 uur, in september en oktober van 10.00 tot 18.00 uur, van november tot en met februari van 10.00 tot 16.00 uur.

FACILITEITEN

Restaurant, winkel, plantenverkoop, tentoonstellingen.

SPECIALITEITEN

Borders, rotstuin, kassen, demonstratietuinen, Nationale Collectie van *Primula allionii* (tel. 0131-5515686).

IN DE BUURT

Inveresk Lodge (58), Malleny House (60).

THE SCOTTISH BAMBOO NURSERY (94), Grampian, Schotland

(...) bamboo has come down the steps of exclusiveness (...)

Dankzij het initiatief van de Lentings hoeven de Schotten niet meer naar de oude buitenplaatsen om bamboe te bekijken, maar kunnen ze er in eigen tuin van genieten. In Victoriaanse tijden was bamboe zeer in de mode en de landeigenaren hadden er veel voor over om met bijzondere planten uit andere landen, zoals bamboe, in hun tuinen te pronken. Daarna is bamboe weer wat in de vergetelheid geraakt en als exclusief bestempeld. Bamboe zou het alleen maar in Zuid-Frankrijk doen en niet in het koude Schotland, maar nu weten ze wel beter. Op de hele wereld zijn ongeveer 1500 verschillende bamboes, waarvan er zeker 300 hard genoeg zijn om zich thuis te voelen in dit klimaat. Deze bamboes kunnen temperaturen van 18 tot 26 graden onder nul doorstaan. Heeft een bamboe het eenmaal naar zijn zin, dan wil hij niet meer weg, net zo min als John Lenting die na twintig jaar in Schotland ook niet meer weg wil. John en Anne, die zich vroeger aan de luchtvaart wijdden, zijn nog niet zo lang geleden begonnen met de bamboekwekerij. De bamboetuin is nog volop in ontwikkeling en hun steeds uitbreidende sortiment bamboe telt al meer dan 80 verschillende soorten en cultivars. Met bamboe kun je vele kanten uit. Voor het maken van een bamboehaag zijn onder andere *Pseudosasa japonica*, een breedbladige bamboe die 4 m hoog kan worden, de even hoge *Phyllostachys bissetii* en *Phyllostachys humulis* van 3,5 m hoog geschikt. Bamboe als bodembedekker kan ook, maar moet wel de ruimte krijgen, omdat deze bamboe 'loopt' en niet zoals de andere als een dikke bos op een plek blijft. De meeste *Pleioblastus*-soorten en cultivars zijn goede bodembedekkers, hoewel er ook een paar zijn, zoals *Pleiblastus chino* 'Elegantissimus', die zich niet door uitlopers verspreiden. Een bamboe heeft het eerste jaar wat extra zorg in de vorm van goede grond en voldoende water nodig, daarna is weinig onderhoud nodig. Wel aan te raden valt de dode stengels en bladeren te verwijderen. Bamboes zijn fascinerende planten en wie ze eenmaal in de tuin heeft wil ze niet meer missen. Wie met John Lenting door de bamboetuin en -kwekerij loopt komt (ook in het Nederlands) van alles over deze planten te weten. Ook horen we dat John veel contact heeft met Charley Younge, onze Nederlandse bamboekoning. Van hem is dan ook de inleidende uitspraak afkomstig. Bamboe kent geen grenzen.

ADRES

The Scottish Bamboo Nursery, Middlemuir Farm, Craigievar, Alford, Grampian AB33 8JS, Schotland, tel. 019755-81316.

ROUTEBSCHRIJVING

AA 94 **5411**: 12 km ten zuidoosten van Alford, via de A980, na (niet in) Muir of Fowlis rechtsaf richting Leochel Cushnie. Na de kruising, nog voor Leochel Cushnie, ligt links de Scottish Bamboo Nursery.

EIGENAAR

Mr. en Mrs. John en Anne Lenting.

OPENINGSTIJDEN

Donderdag tot en met zondag van 10.00 tot 18.00 uur en op afspraak.

SPECIALITEITEN

Bamboe.

IN DE BUURT

Candacraig Gardens (90), Kildrummy Castle Gardens (91), Drum Castle (95), Crathes Castle (96).

SIZERGH CASTLE (35), Cumbria

Het paradepaardje van Sizergh Castle is de rotstuin. Deze in 1926 van plaatselijke Westmorland-stenen gemaakte tuin ligt in de diepte verborgen. Eigenlijk wel goed, want je kunt je toch niet voorstel-

Verwilderde lelies in de tuin van Sizergh Castle.

len dat koene ridders zich met rotstuinen bezighielden; die brachten hun tijd liever door met vechten. Een van de twee spook-ladies zou de rotstuin geprefereerd hebben, want zij werd de dupe van zo'n vechtjas. Toen haar echtgenoot op jacht ging naar de Schotten sloot hij haar in de toren van het kasteel op en bedreigde de bedienden met de dood als zij haar zouden bevrijden. Hij had er nooit rekening mee gehouden dat hij niet meer zou terugkeren en zij in haar toren krankzinnig zou worden en uiteindelijk zou sterven. Het andere spook dwaalt rond in de Queen's Room. Dit is Catherine Parr, de zesde en laatste echtgenote van Hendrik VIII, die vaak in het kasteel logeerde. Lord Strickland hoefde niet net als zijn voorvaderen te proberen om de Schotten te overheersen, want daar had Engeland in de tussentijd al voor gezorgd en hij kon zich rustig aan zijn rotstuin wijden. De blokken steen, het stroompje, de watervallen en vijvers zien er zo natuurlijk uit, dat het lijkt of er geen mens aan te pas is gekomen, maar de dwergconiferen verraden de menselijk invloed. Deze dwergen zijn intussen behoorlijk gegroeid en sommige hebben het formaat van reuzen gekregen, maar toch is er nog plaats genoeg voor een interessante beplanting, vooral van varens, waarvan er meer dan 100 verschillende te vinden zijn. Sizergh Castle heeft vier Nationale Collecties (zie blz. 222): 12 cultivars tongvarens (*Asplenium scolopendrium*), 4 soorten en 1 cultivar blaasvarens (*Cystopteris*), 15 soorten en 28 cultivars niervarens (*Dryopteris*) en 5 soorten en 4 cultivars koningsvarens (*Osmunda*). De varens voelen zich uitstekend thuis in de spleten tussen de rotsen en de meeste zijn benaamd. Rond het water staan twee soorten aronskelken, de gele moerasaronskelk (*Lysichiton americanus*) en de witte *Lysichiton camtschatcensis*. Zij worden gezelschap gehouden door prachtige primula's. Malcolm Hutcheson, de *head gardener* van Sizergh Castle, heeft niet alleen de rotstuin netjes voor elkaar, maar ook de bloemenweide. Door het gras op verschillende hoogten te knippen en bepaalde gedeelten maar eenmaal per jaar te maaien is het hem gelukt om een heel seizoen wilde bloemen in het gras te hebben. Dat begint al in het vroege voorjaar met de wilde narcis (*Narcissus pseudonarcissus*), de bosanemoontjes (*Anemone nemerosa*), Maartse viooltjes (*Viola odorata*), mannetjesorchis (*Orchis mascula*), gulden-sleutelbloemen (*Primula veris*), beemdooievaarsbek (*Geranium pratense*), kruipend zenegroen (*Ajuga reptans*), zwart knoopkruid (*Centaurea nigra*) en verschillende soorten grassen. Behalve de mannetjesorchis heeft de *head gardener* nog een stuk of zes orchideeën in zijn bloemenweide gevonden. Geen van deze wilde bloemen heeft hij geplant of gezaaid, ze zijn er allemaal 'vanzelf' ingekomen doordat er gunstige omstandigheden werden gecreëerd. Zo wordt er voor het eerst pas eind augustus, begin september gemaaid, zodat de zaden al rijp zijn en zich verspreid kunnen hebben. Het maaisel wordt afgevoerd. Zou het afgemaaide gras blijven liggen, dan zou de grond steeds verbeterd worden en deze bloemen groeien nu juist graag op arme grond. Het kasteel zelf is in de herfst het mooist als de ertegenop klimmende wingerd (*Parthenocissus tricuspidata*) de toren uit 1350 in vuur en vlam zet. Misschien om het goed te maken?

ADRES

Sizergh Castle, Sizergh, bij Kendal, Cumbria LA8 8AE, tel. 015395-60070.

ROUTEBSCHRIJVING

AA 59 **5088**: 6 km ten zuidoosten van Kendal, via de A591.

EIGENAAR

The National Trust.

FACILITEITEN

Tearoom, winkel.

SPECIALITEITEN

Rotstuin, Nationale Collectie van varens (*Asplenium, Cystopteris, Dryopteris, Osmunda*).

IN DE BUURT

Holker Hall (32), Halecat (33), Levens Hall (34), Hill Top (36), Brockhole (37), Holehird Gardens (38).

SPEYSIDE HEATHER (88), Highland, Schotland

Als de Schotse hooglanden aan het eind van de zomer paars van de heide kleuren, zijn er bij Speyside Heather ook nog andere kleuren te zien. Daar wordt niet alleen de echte Schotse struikheide (*Calluna vulgaris*) gekweekt, maar ook nog zo'n 300 andere soorten en cultivars. David en Betty hebben beiden hun hart aan de heide verpand. Hij haalde zijn diploma's bij de RHS in Wisley en legde tuinen aan in Schotland, Engeland, op Bermuda en de Bahama's. Zij is bloemiste en beiden zijn vaak op de radio te horen en op de televisie te zien. Geen wonder dat Betty zelfs bepaalde cultivars van heide aanraadt als snijbloem. *Calluna vulgaris* 'H.E. Beale', 'Peter Sparkes', 'Kinlochruel' en 'Silver Rose' zijn hier zeer geschikt voor. Het is mogelijk om elke maand van het jaar struikheide (*Calluna*), dopheide (*Erica*) en Ierse heide (*Daboecia*) in bloei te hebben. Om van elke maand een bloeiend voorbeeld te noemen: januari *Erica carnea* 'King George', februari *Erica carnea* 'Loughrigg', maart *Erica carnea* 'Ruby Glow', april *Erica* x *darleyensis* 'Furzey', mei *Erica erigena* 'Irish Salmon', juni *Daboecia* x *scotica* 'William Buchanan', juli *Calluna vulgaris* 'Caerketton White', augustus *Erica tetralix* cultivars, september *Erica vagans* cultivars, oktober *Calluna vulgaris* 'White Gown', november *Calluna vulgaris* 'Silver Rose' en december *Erica* x *darleyensis* 'Arthur Johnson'. Het is gelukt met heide van mei tot mei, en dit zijn nog maar een paar van de vele planten. Er zijn ook heideplanten die mooi blad hebben en daarom in de tuin worden gebruikt, zoals de volgende cultivars van *Calluna vulgaris*: 'Arran Gold' met geel blad en 'Dixons Blazes' met crèmeroze bladtopjes. Al deze heideplanten zijn bij Speyside Heather te vinden, op de kwekerij en in de tuin. In de tuin is te zien hoe heide gebruikt kan worden en in het bezoekerscentrum wat er vroeger en nu nog van heide kan worden gemaakt. Met heide kan wol worden geverfd, kunnen bezems, touwen en manden worden gemaakt, de hele geschiedenis van heide trekt aan je voorbij. Behalve heidekwekerij, heidetuin en heidetentoonstelling is er nog meer heide (maar ook andere Schotse specialiteiten) in de winkel. Speyside Heather is goed voor een heiige dag.

ADRES

Speyside Heather, Skye of Curr, Dulnain Bridge, Highland PH26 3PA, Schotland, tel. 01479-851359.

ROUTEBESCHRIJVING

AA 93 **99**24: 9 km ten zuidwesten van Grantown-on-Spey, via de A95.

EIGENAAR

Mr. en Mrs. David en Betty Lambie.

OPENINGSTIJDEN

Het hele jaar zeven dagen per week, maar van november tot en met maart op zondag gesloten.

FACILITEITEN

Tentoonstelling, plantenverkoop, winkel, tearoom.

SPECIALITEITEN

Heide.

IN DE BUURT

Cawdor Castle (87), Inshriach Nursery (89).

STAPELEY WATER GARDENS (22), CHESHIRE

Ik heb de witte water-lelie lief,
daar die zo blank en zo stil haar kroon
uitplooit in 't licht.

Rijzend uit donker-koele vijvergrond,
heeft zij het licht gevonden en ontsloot
toen blij het gouden hart.

Nu rust zij peinzend op het watervlak
en wenst niet meer (...)

Ray Davies, de eigenaar van Stapeley Water Gardens, heeft wel meer dan de witte waterlelie van Frederik van Eeden lief. Zijn Nationale Collectie (zie blz. 222) telt 220 winterharde en 30 tropische waterlelies. Veel van deze waterlelies zijn te koop in The World's Largest Water Garden Centre. In 1965 begon Ray Davies in de achtertuin van zijn moeder een bedrijfje dat zich specialiseerde in vijvers. Dit bedrijfje is inmiddels uitgegroeid tot de Stapeley Water Gardens die per jaar 11/4 miljoen bezoekers verwerkt. Hoewel het kweken van waterlelies nog steeds een belangrijk deel van hun bedrijf uitmaakt, hebben de Davies er ook een soort attractiepark van gemaakt, waar de waterlelieliefhebber maar even met de ogen dicht doorheen moet lopen. Alles wat met water te maken heeft is hier te vinden: instant-watervallen, fonteinen in alle maten en soorten verlicht en al, waterstenen, pompen, waterornamenten, kant-en-klare vijvers, en behalve waterlelies natuurlijk ook andere waterplanten. Hengelaars kunnen genieten van een van de grootste *superstores* op hun gebied, waar zelfs voor de zeevisser van alles te vinden is. De toegang tot dit hele gebeuren, waar ook veel tuincentrum-produkten te vinden zijn, is gratis, maar voor de tropische palm-oase moet betaald worden.
In deze moderne, verwarmde kas vinden we de tropische waterlelies, grote palmen en de gebruikelijke kasplanten. Ze hebben ook een gruwelkabinet waar dieren en delen daarvan te zien zijn die door de douane in beslag zijn genomen omdat handel daarin verboden is, om het publiek milieubewust te maken. Behalve dit tropische avontuur is er het 'museum van gisteren', waar een niets met water te maken verzameling stoomwalsen, tanks, auto's, speelgoed enzovoort te bekijken valt.
Nu we weten wat we al dan niet kunnen overslaan, weer even terug naar de waterlelies. Ray Davies is een autoriteit op dit gebied en beheert behalve zijn eigen Nationale Collectie ook die van Burnby Hall van 86 cultivars. Een van de nieuwste ontwikkelingen op het gebied van waterlelies is de door Ray en Barbara Davies aan-

Stapeley Water Gardens bezit de Nationale Collectie van waterlelies.

gekochte waterleliekwekerij, Établissement Latour-Marliac, in Frankrijk. Heel veel waterlelies die we nu kennen hebben we aan Joseph Bory Latour-Marliac (1830–1911) te danken, zoals 'Marliacea Carnea', 'Marliacea Albida', 'Marliacea Chromatella' en 'Laydekeri Lilacea', om maar een paar cultivars te noemen. Latour-Marliac hield zich bezig met het kruisen van waterlelies en volgens Ray Davies is hij verantwoordelijk voor 90% van de winterharde waterlelies die er nu bekend zijn. Hij won destijds veel prijzen met zijn nieuwe introducties en leverde waterlelies aan tuinen van landgoederen over de hele wereld. Een van zijn beroemde afnemers was de impressionistische schilder Claude Monet, die dol was op waterlelies en er veel schilderijen van maakte. In Giverny had hij voor zijn grote vijver speciaal een tuinman in dienst. Voordat Monet begon te schilderen begaf de tuinman zich met een bootje te water om de uitgebloeide bloemen van de waterlelies af te plukken en het stof van bladeren en bloemen af te spoelen. Monet stond er ook op dat de waterlelies in een bepaald patroon werden 'gesnoeid', zodat er een harmonie tussen de planten en het spiegelende watervlak ontstond. De Franse waterleliekwekerij was na het overlijden van Latour-Marliac in 1911 overgegaan naar zijn kleinzoon Jean Laydekker. Deze ging, hoewel op veel kleinere schaal, verder met het werk van zijn grootvader. Hoewel de volgende generaties Laydekker niet echt geïnteresseerd waren in de kwekerij hebben ze alles wel zo gelaten, en toen zij in 1991 op zoek gingen naar een koper en de International Water Lily Society de Engelsman Ray Davies voorstelde, waren ze blij dat de waterleliekwekerij in stand gehouden werd. Ray en Barbara Davies vonden tot hun verbazing dozen vol met aantekeningen

van de grote Latour-Marliac. Zij zijn nu bezig om in Le Temple-sur-Lot (anderhalf uur rijden ten zuidoosten van Bordeaux) de originele, in geometrische patronen aangelegde waterleliekwekerij weer helemaal te restaureren en ze zijn een Nationale Collectie van waterlelies aan het opbouwen in Frankrijk. Tijdens de restauratie kwamen ze veel cultivars tegen waarvan men dacht dat die allang verdwenen waren.
Hoewel Ray Davies de autoriteit op waterleliegebied is, loopt hij hier niet mee te koop, getuige het antwoord op de vraag wat hij voor de kost doet: 'Oh, I'm a gardener. I like to grow water lilies.'

ADRES

Stapeley Water Gardens, London Road, Stapeley, Nantwich, Cheshire CW5 7LH, tel. 01270-623868.

ROUTEBSCHRIJVING

AA 47 **6651**: 1,5 km ten zuiden van Nantwich, langs de A51. Het staat aangegeven vanaf afslag 16 van de M6.

EIGENAAR

Mr. R.G.A. Davies.

OPENINGSTIJDEN

Het hele jaar dagelijks behalve eerste kerstdag, maandag tot en met vrijdag om 9.00 uur open, zaterdag, zondag en Bank Holidays om 10.00 uur. In de winter tot 17.00 uur, in de zomer tot 18.00 uur geopend.

FACILITEITEN

Restaurant, plantenverkoop, tuinwinkel.

SPECIALITEITEN

Waterplanten, Nationale Collectie van waterlelies.

IN DE BUURT

Bridgemere Garden World (21), Cholmondeley Castle (23).

STILLINGFLEET LODGE NURSERIES (10), NORTH YORKSHIRE

Vanessa Cook, de eigenaresse van Stillingfleet Lodge Nurseries, weet alles van *Pulmonaria* en heeft maar liefst 11 soorten en 97 cultivars van deze mooie plant die we longkruid noemen. De bladeren met de vlekken lijken op longen *(Pulmo* is 'long') en daarom werd de plant volgens de signatuurleer gebruikt bij bronchiale aandoeningen. Het bekendste longkruid *Pulmonaria officinalis* heeft een bijzondere Engelse naam: *soldiers and sailors*, omdat er tegelijkertijd blauwe en roze bloemen aan de plant voorkomen. Van deze longkruidsoort heeft Vanessa Cook een cultivar geïntroduceerd die ze 'Stillingfleet Gran' noemde, omdat de plant oorspronkelijk uit haar moeders tuin kwam. De naamgeving bij de pulmonaria's is vaak verwarrend en het komt voor dat verschillende planten onder dezelfde naam in de handel zijn. Maar daar komt het grote nut van een Nationale Collectie om de hoek kijken. Vanessa Cook heeft van alle planten uit haar collectie een paar goedbenaamde voorbeelden en deze dienen als een referentiecollectie waar iedereen zijn planten mee kan vergelijken. De RHS Wisley heeft ook een Nationale Collectie van pulmonaria's (zie blz. 222), maar deze staat verspreid door de tuinen en niet, zoals bij Vanessa Cook, keurig bij elkaar. Zij heeft ook proefbedden van nog onbenaamde pulmonaria's, om te bekijken of deze hun plaats in de tuin en hun naam waard zijn. Op de kwekerij zijn echter niet alleen pulmonaria's te vinden, maar ook veel andere interessante vaste planten zoals vingerhoedskruid, artemisia's, asters, bergenia's, campanula's, hosta's, irissen, geraniums, euphorbia's, viooltjes en dicentra's. De Nationale Collectie-houder van *Dicentra*, Roger Brooks, woont vlakbij in het plaatsje Bolton Percy (AA 56 5342). Deze collectie van 10 soorten en 25 cultivars is alleen op afspraak en een paar zondagmiddagen voor het National Gardens Scheme te bekijken (zie gele boekje). Het kerkhof van Bolton Percy is echter wel altijd toegankelijk en dat is ook het werk van Roger Brooks. Van een met bramen en brandnetels overwoekerd kerkhofje maakte hij een fantastische wilde-bloementuin. Hij gaat ervan uit dat wilde en gekweekte planten zich heel goed kunnen redden, als ze maar op de juiste manier geplant, gezaaid en onderhouden worden en goede groeiomstandigheden meekrijgen. Hier groeien wilde planten als robertskruid (*Geranium robertianum*), tijm, judaspenning, dovenetel, longkruid, dicentra en campanula tussen de oude grafstenen. Liefhebbers van vaste planten en romantische kerkhofjes kunnen een bezoek aan Stillingfleet Lodge en Bolton Percy mooi combineren.

ADRES

Stillingfleet Lodge Nurseries, Stillingfleet, bij York, North Yorkshire YO4 6HW, tel. 01904-728506.

ROUTEBSCHRIJVING

AA 56 5941: 12 km ten zuiden van York, via de A19 en de B1222. De weg tegenover de kerk in Stillingfleet nemen. De kwekerij staat aangegeven.

EIGENAAR

Mrs. Vanessa Cook.

OPENINGSTIJDEN

Kwekerij: van 1 april tot half oktober op dinsdag, woensdag, vrijdag en zaterdag van 10.00 tot 16.00 uur. Tuin: in mei en juni 's woensdags van 13.00 tot 16.00 uur. In april, mei en juni een paar zondagmiddagen voor de NCCPG en The National Gardens Scheme.

FACILITEITEN

Plantenverkoop.

SPECIALITEITEN

Nationale Collectie van *Pulmonaria*, kwekerij van bijzondere vaste planten.

IN DE BUURT

Norden Alpines (11), Yorkshire Garden World (12).

STUDLEY ROYAL (5), North Yorkshire

Een ruïne van een 12de-eeuwse cisterciënzer abdij (Fountains Abbey), een 18de-eeuwse groene watertuin, een huis uit de 17de eeuw, een 19de-eeuwse kerk en een 160 ha groot hertenpark: daar komen we de dag wel mee door. Om te beginnen moeten we de juiste ingang nemen, die van de Canal Gates bij het meer, net als in de tijd van John Aislabie, de maker van Studley Royal. Studley Royal en Fountains Abbey worden tegenwoordig altijd in een adem genoemd, maar toen John Aislabie met zijn tuin bezig was (1722–1742) hoorde de ruïne van deze abdij er nog helemaal niet bij. Hoewel hij wel moeite gedaan heeft om hem te kopen, besloot hij uiteindelijk dat hij net zo goed van het gezicht op de abdij kon genieten zonder dat deze zijn eigendom was. Het schijnt echter dat hij wel een heuvel opwierp, zodat de eigenaren het gezicht op de abdij werd ontnomen. De eigenaar van Studley Royal, een ambitieus politicus, was door financiële malversaties naar zijn landgoed verbannen. Als Chancellor of the Exchequer was John Aislabie er de oorzaak van dat duizenden mensen geruïneerd waren en daarom werd hij uit het parlement gezet. Gezien de aanleg van zijn tuinen had hij zijn persoonlijke kapitaal kennelijk niet geïnvesteerd. Hij pakte fors uit en maakte een groene watertuin van 60 ha. Waarschijnlijk werd hij geïnspireerd door de bekende Fransman Le Nôtre, maar veel heeft hij zelf bedacht met hulp van plaatselijke architecten, handwerkslieden en zijn favoriete tuinman. Het was geen makkelijke man om voor te werken en er sneuvelden nogal wat mensen die niet tegen zijn bemoeizieke en zelfingenomen optreden konden. Het was een constant *hiring and firing* van architecten en werkmensen, waarvan hij er nogal wat in dienst had. Regelmatig werkten er meer dan honderd mensen om met de hand vijvers te graven, rivieren af te dammen en bomen te planten. Het kan geen kwaad eens hieraan te denken als we de tuinen bekijken. Studley heeft net als een Franse tuin uit die tijd een hoofdas, maar die bestaat uit water, en ook de parterres zijn door water vervangen. We moeten in deze tuin geen kleurige bloemen en borders verwachten (wel wilde orchideetjes in de bosrand). Het is een groene tuin, die het moet hebben van zijn verstilde wateroppervlakken, golvende gazons, vreemde bouwwerken (follies) en uitzichten. Zijn zoon William hield de tuin van zijn vader in ere en hij was het die Fountains Abbey en Fountains Hall kocht en in de tuin integreerde. Hij breide een landschappelijk stuk aan de formele watertuin van zijn vader en zorgde voor een 'natuurlijk' landschap. Het is aan te raden om in zo'n 'bedachte' tuin met gecreëerde uitzichten een bepaalde route te lopen, omdat de uitzichten dan het beste tot hun recht komen. Er zijn twee wandelingen, een korte door de watertuin en een lange waarbij je ook de

De ruïne van Fountains Abbey ligt in het park van Studley Royal.

Fountains Abbey een bezoek brengt. De tearoom (voor op de terugweg) die bij het meer van de Canal Gates ligt, bestaat al sinds 1890. Ook toen al was Studley goed voor een dagje uit. Fountains Abbey was een van de rijkste abdijen van Engeland en had veel lekebroeders in dienst die het werk deden, de schapen hoedden, paarden fokten, stenen hakten en in de loodmijnen werkten. Toen Hendrik VIII in 1539 na een ruzie met de paus over het ontbinden van zijn huwelijk de abdijen verbood en de abt en zijn monniken een jaarlijkse uitkering gaf, werd de abdij met 200 ha land door de kroon aan de zakenman Sir Richard Gresham verkocht. Zijn zoon verkocht het geheel aan Stephen Proctor, die tussen 1598 en 1611 zijn huis Fountains Hall gedeeltelijk van stenen van de abdij-ruïne bouwde. Dit huis ligt achter de abdij. De St. Mary's Church, halverwege de vorige eeuw door William Burges in opdracht van de markies en markiezin van Ripon gebouwd, ligt op een prachtige plaats en is zeker ook een bezoek waard. In het houtsnijwerk zijn kleine papegaaitjes te ontdekken, een soort handtekening van Burges, want hij was gek op deze beesten. De markies en markiezin liggen in de vorm van marmeren beelden in de kerk, zij vergezeld van haar hondje. Voor wie nog niet moe is, wordt een tochtje door het hertenpark aangeraden. Maar de meeste tuinliefhebbers zijn nu echt wel aan thee toe.

ADRES

Studley Royal (en Fountains Abbey), Ripon, North Yorkshire HG4 3DY, tel. 01765-608888/601002.

ROUTEBSCHRIJVING

AA 55 **2868**: 6 km ten zuidwesten van Ripon, via de B6265. Voor de tuinen de ingang van de Canal Gates nemen.

EIGENAAR

The National Trust.

OPENINGSTIJDEN

Het hele jaar dagelijks, behalve op vrijdag in november, december en januari en 24 en 25 december. Van april tot en met september van 10.00 tot 19.00 uur en van oktober tot en met maart van 10.00 tot 17.00 uur. Van half augustus tot half oktober is de Abbey op vrijdag- en zaterdagavond tot 10.00 uur verlicht. Informatie over speciale avondevenementen via tel. 01765-609999.

FACILITEITEN

Dagelijks om 14.30 uur gratis rondleidingen in de Fountains Abbey. Audiovisuele presentatie in bezoekerscentrum. Restaurant en tearoom, winkel.

SPECIALITEITEN

Follies, 18de-eeuwse watertuin, Fountains Abbey.

IN DE BUURT

Thorp Perrow Arboretum (4), Newby Hall (6), Harlow Carr Botanical Gardens (14).

TAN COTTAGE (15), North Yorkshire

Barbara Shaw maakt botanische illustraties en is een expert op het gebied van primula's. Over haar geliefde planten schreef ze *The Book of Primroses.* Haar echtgenoot Denis, een gepensioneerd chirurg, specialiseert zich in rotsplanten. Het huis (1610) waarin ze wonen was vroeger een *tannery*, een leerlooierij, vandaar de naam Tan Cottage. In de vorige eeuw werd een gedeelte van het huis gebruikt als kapel en was een ander gedeelte in cottages opgesplitst. Toen ze het begin jaren zestig kochten was de tuin niet meer dan een stuk gras omringd door landerijen. Hoewel de tuin nu volledig veranderd is, zijn de landerijen er nog steeds en brak er laatst een koe door het hek om te proberen of de primula's van Barbara lekkerder waren dan het gras.

De tuin is verdeeld in vijf tuinen die in elkaar overlopen en behalve primula's (93 cultivars) staan er veel kerstrozen, trilliums en andere bijzondere planten in. Omdat de familie oorspronkelijk uit Devon komt, waar het klimaat milder is dan in Yorkshire, kweken ze hier veel planten die eigenlijk niet helemaal winterhard zijn, maar deze doen het uiteindelijk heel goed. De tuin van Tan Cottage is al een paar keer op de televisie geweest en ook in tijdschriften wordt er regelmatig aandacht aan besteed. Wie de tuin met de primulacollectie met eigen ogen wil aanschouwen is van harte welkom, maar graag wel even een telefoontje.

ADRES

Tan Cottage, West Lane, Cononley, North Yorkshire BD20 8NL, tel. 01535-632030.

ROUTEBSCHRIJVING

AA 54 **9846**: 6 km ten zuiden van Skipton, via de A629. Afslag Cononley, dan

In Tan Cottage vinden we de Nationale Collectie van primula's.

rechtsaf Skipton Road en linksaf West Lane.

EIGENAAR

Mr. en Mrs. Denis en Barbara Shaw.

OPENINGSTIJDEN

Alleen op afspraak.

FACILITEITEN

Twee pubs in het dorp.

SPECIALITEITEN

Nationale Collectie van primula's.

IN DE BUURT

Harlow Carr Botanical Gardens (14), Holden Clough Nursery (31).

TATTON PARK (24), CHESHIRE

In deze 20 ha grote tuin kunnen we dankzij de familie Egerton een levend stuk tuinkunstgeschiedenis bekijken. Zes generaties van deze familie hebben 380 jaar in Tatton Park gewoond. Maurice Egerton, de laatste bewoner, die in 1958 stierf, vermaakte het huis en de tuinen aan de National Trust. Het park wordt echter gefinancierd en onderhouden door de Cheshire County Council, waardoor ook NT-leden parkeergeld moeten betalen. Gezien het aantal tuinlieden dat er in de tuinen werkt, niet minder dan dertien, moet er dan ook wel wat te zien zijn, en dat klopt.

Rond het eerste huis van de Egertons of Tatton, dat in 1680 werd gebouwd, lagen kleine formele tuinen. In 1737 werd een beukenlaan aangelegd die toen de toegang tot het huis vormde. De bekende landschapsarchitect Humphry Repton (1752–1818) adviseerde de familie aan het eind van de 18de eeuw om een aantal bomen te

kappen en elders nieuwe bij te planten, zodat de rechte lijn wat golvender zou worden. Gelukkig heeft de familie dit advies niet opgevolgd. Wel werd zijn ontwerp van een nieuwe oprijlaan uitgevoerd en ook nu nog vormt dit de toegang tot Tatton Park. De hoge bomen, voornamelijk beuken, stammen uit Reptons tijd. Als stukje geschiedenis laten we de tuinen in de tijd passeren en na de beukenlaan werd de Sheepstealer's Tower gebouwd. Niemand weet eigenlijk meer waartoe deze toren met twee verdiepingen diende. Misschien werden er schapendieven in opgesloten, ging men er gezellig theedrinken of woonde er een kluizenaar in. De datum van aanleg van het pinetum en de kleine doolhof van beukenhagen is niet bekend, maar beide waren er al in 1795. In 1813 werd een nieuw huis gebouwd en in 1818 volgde de oranjerie. De architect Lewis Wyatt maakte het ontwerp van dit grote gebouw, dat vroeger gebruikt werd als een soort lounge. Er scheen zelfs een verbinding tussen huis en oranjerie te zijn geweest, zodat men elke dag, onafhankelijk van de weersomstandigheden, even kon kijken hoe het met de sinaasappelbomen gesteld was. In deze oranjerie werden namelijk veel citrusvruchten gekweekt die het personeel dan gebruikte om te confijten en in te maken. De laatste Egerton, Maurice, las graag zijn ochtendkrantje in de oranjerie. Helaas kun je nu alleen naar binnen gluren, want de oranjerie is niet toegankelijk voor het gewone volk.
Een heel stuk verder in de tuin, aan het uiteinde van de Broad Walk, staat het Choragic Monument of Lysicrates, een onnut bouwwerk, vroeger opgesierd door trappen en balustraden. Dit monument gaf het verste punt van het 800 ha grote landgoed aan, en werd in 1820 door de architect Thomas Harrison ontworpen. Op veel familiefoto's is het te zien, kennelijk vormde het een mooie achtergrond. De prachtige varenkas werd in 1850 door Joseph Paxton, die van het Crystal Palace, ontworpen. In deze kas staan boomvarens, die Captain Charles Randle Egerton tijdens zijn reizen verzamelde. De wanden zijn groen van de *Ficus pumila*. Men veronderstelt dat de Italiaanse tuin die achter het huis ligt ook door Paxton is ontworpen. Deze tuin was pas in 1890 klaar, dus hebben ze of erg lang over de aanleg gedaan, of het was een plan uit de la van Paxton, want hij leefde van 1803 tot 1865.
De Italiaanse tuin is een formele tuin, met vazen, buxushaagjes, bloembedden gevuld met roze dahlia's, blauwe ageratums en randjes van Engels gras. In het voorjaar zijn de bedden gevuld met vergeet-mij-nietjes en primula's. Triton, de Griekse god van de zee, werd door Earl Egerton in 1920 uit Venetië meegenomen. Zijn rug is wat onafgewerkt, maar dat komt doordat hij oorspronkelijk tegen een muur stond. De tuin wordt afgebiesd door een brede rand blauw kattekruid en een halfronde balustrade. Intussen bouwden de Egertons verder en maakten rond 1900 een arbore-

Gigantisch knipwerk in Tatton Park.

tum en in 1910 een Japanse tuin. Deze tuin is heel bijzonder, omdat de derde baron Egerton niet alleen alle lantaarns, bomen, heesters, het theehuis en de Shinto-tempel uit Japan liet komen, maar ook de tuinlieden om de tuin aan te leggen. Op een foto uit 1913 is de pas aangelegde tuin te zien en het bijzondere is dat de tuin er zoveel jaren later nog veel mooier bij ligt. Alle planten zijn gegroeid en het geheel heeft iets mossigs over zich gekregen, zodat het mooi in de omgeving past. Intussen had Lady Charlotte ervoor gezorgd dat van de niet meer gebruikte mergelput een meer werd gemaakt, zodat de Shinto-tempel mooi uitkwam op het eiland. Lady Anna Egerton liet in 1913 de Rose Garden aanleggen en zij zat hier zo graag, dat er na 10 uur 's morgens geen tuinman meer mocht komen. Misschien wilde ze niet weten hoe het kwam dat de rozen zo mooi bloeiden, of wilde ze gewoon even niemand zien. Vanuit de rozentuin zijn mooie in vorm gesnoeide taxussen te zien. De tuin rond de toren werd in 1930 aangelegd en is omsloten door muren en hoge taxushagen. In het voorjaar en begin zomer zijn de rhododendrons en azalea's de moeite waard. We vinden hier twee Nationale Collecties (zie blz. 222): 35 cultivars venushaar (*Adiantum*) en 21 soorten en 3 cultivars alant (*Inula*). Tatton Park is een tuin waar iedere Egerton of Tatton een stukje aanbreide, zonder het vorige stuk uit te halen. Een breiwerk van eeuwen waar de natuur en de tuinlieden de gouden draadjes doorheen geweven hebben.

ADRES

Tatton Park, Knutsford, Cheshire WA16 6QN, tel. 01565 654822.

ROUTEBESCHRIJVING

AA 47 **7482**: 4 km ten noorden van Knutsford, via de A50 en de A5034.

EIGENAAR

The National Trust.

OPENINGSTIJDEN

Het hele jaar dagelijks, behalve op maandag, van 1 april tot half oktober van 10.30 tot 18.00 uur, van half oktober tot eind maart van 11.00 tot 16.00 uur. Het huis is open van 1 april tot half oktober van 12.00 tot 17.00 uur.

FACILITEITEN

Plantenverkoop, winkel, restaurant.

SPECIALITEITEN

Italiaanse tuin, Japanse tuin, vormsnoei, varenkas, Nationale Collecties van *Adiantum* en *Inula*.

IN DE BUURT

Arley Hall (25), Caddick's Clematis Nursery (26), Dunham Massey (27), Capesthorne Hall (18), Gawsworth Hall (19).

THORP PERROW ARBORETUM (4), NORTH YORKSHIRE

Colonel Sir Leonard Ropner kreeg van zijn vader in 1927 24 ha land, omdat hij gek was op bomen. Vanaf 1931 tot zijn dood in 1977 plantte hij hier duizenden verschillende bomen en heesters. Het arboretum dat we nu zien is het levenswerk van één man. Toen zijn zoon Sir John Ropner het arboretum in 1977 erfde nam deze zich voor het in zijn oude glorie te herstellen en door te gaan met het levenswerk van zijn vader. Hij stelde in 1979 John Beach aan als beheerder om de collectie te vernieuwen. John Beach, een zojuist gepensioneerde bosbouwkundige, ging hard aan het werk om de collectie te catalogiseren, zocht contacten met andere arboreta en zorgde ervoor dat de bomen en heesters goed tot hun recht kwamen. Hierbij moesten vaak moeilijke beslissingen worden genomen, want eigenlijk stonden er veel te veel bomen in het arboretum. Een gedeelte van die taak werd door het klimaat van North Yorkshire uitgevoerd, want van de originele 2049 verschillende geslachten die Sir Leonard Ropner plantte bleven er uiteindelijk 'maar' 1000 over. Deze 1000 verschillende geslachten vormen echter toch nog steeds een van de grootste collecties van Noord-Engeland. Toen John Beach in 1990 voor de tweede keer met pensioen ging lag het arboretum er weer fantastisch bij en was het zelfs een gedeelte van het jaar open voor het publiek. Hij werd opgevolgd door Bob Watson, die ook de nodige sporen op bomengebied had verdiend. Hij stelde zich tot taak om nieuwe bomen en heesters bij te planten en het arboretum nog aantrekkelijker te maken voor het publiek.
Aan het arboretum grenst een pinetum, een verzameling coniferen. Deze verzameling wordt het Milbank Pinetum genoemd en werd van 1840 tot 1850 aangelegd door Lady Augusta Milbank. Zij kreeg destijds veel zaden uit alle delen van de wereld, in het bij-

Thorp Perrow Arboretum is het levenswerk van één man.

zonder uit Noord-Amerika. Veel soorten die zij in haar pinetum plantte waren de eerste in Engeland. Wie een hekel heeft aan al die kleine 'voortuinconifeertjes' moet hier beslist gaan kijken. Deze groot uitgegroeide giganten zien er heel anders uit. Een edele zilverspar (*Abies procera*) uit 1860 en een Spaanse zilverspar (*Abies pinsapo*) uit 1843 staan naast grote mammoetbomen (*Sequoiadendron giganteum*) en redwoods (*Sequoia sempervirens*).
De bomen in het Milbank Pinetum en het arboretum van John Ropner hebben allemaal een letter en een nummer. Door middel van een plattegrond waarop het hele terrein in stukken is verdeeld die met een letter worden aangeduid en een catalogus waarin alle bomen en heesters staan is het niet moeilijk om te zien hoe ze heten. Toen Phil Robinson in 1992 beheerder werd van het Thorp Perrow Arboretum ging hij door met het planten van nieuwe exemplaren, het uitzetten van wandelingen en contacten leggen met andere arboreta. Ook werden er contacten gelegd met scholen, zodat het arboretum nu ook gebruikt wordt voor educatieve doeleinden. Mrs. Louise McNeill assisteerde hem daarbij. In 1995 werd het beheerderschap overgenomen door Philip Swindells Associates.
Tijdens een wandeling door het arboretum komen je zintuigen tot rust. Het is een verademing na allerlei tuinen met kleurige borders bezocht te hebben, waar je van de ene naar de andere plant holt om te kijken of die misschien ook in jouw tuin zou passen. Voor wie de namen er niet toe doen is het er heerlijk wandelen. Maar tuinmensen willen toch meestal meer, zeker als ze weten dat hier maar liefst vier Nationale Collecties staan (zie blz. 222): 14 soorten en 7 cultivars essen (*Fraxinus*), 28 soorten en 11 cultivars eiken

(*Quercus*), 6 soorten en cultivars walnoten (*Juglans*) en 16 soorten en 6 cultivars linden (*Tilia*). Verwacht niet alleen maar grote bomen, ook kleinere bomen en heesters zijn goed vertegenwoordigd. We vinden hier heel veel verschillende soorten en cultivars seringen (*Syringa*), sierappels (*Malus*), lijsterbessen (*Sorbus*), toverhazelaars (*Hamamelis*), cotoneasters en rozen. In het voorjaar bloeien er massa's narcissen, gevolgd door zeeën bluebells. Doordat alleen de graspaden regelmatig worden gemaaid en de andere stukken maar eenmaal per jaar, komen er in het arboretum bijzonder veel soorten vogels en vlinders voor. Het arboretum is niet alleen voer voor dendrologen, maar het is ook voor leken op bomengebied een plezierige plaats om te vertoeven. Wie zoekt naar een monument van de maker van dit moois hoeft alleen maar om zich heen te kijken.

ADRES

Thorp Perrow Arboretum, Bedale, North Yorkshire DL8 2PR, tel. 01677-425323.

ROUTEBSCHRIJVING

AA 61 **2685**: 3 km ten zuiden van Bedale, via de B6268.

EIGENAAR

Sir John Ropner.

OPENINGSTIJDEN

Het hele jaar dagelijks van zonsopgang tot zonsondergang.

FACILITEITEN

Tearoom, plantenverkoop.

SPECIALITEITEN

Collectie bomen en heesters.

IN DE BUURT

Studley Royal (5), Newby Hall (6).

THREAVE GARDEN (64), Dumfries & Galloway, Schotland

Major Alan Gordon, die nadat zijn broer in 1942 overleed de laatst overgebleven Gordon was, schonk Threave in 1948 aan de National Trust for Scotland. Het landgoed Threave, waar drie generaties Gordon sinds 1872 woonden, bestaat uit 445 ha land, vier grote boerderijen, nog eens 60 ha bos en drie cottages. Major Gordon schonk dit alles inclusief zijn huis en tuinen eromheen aan de NTS, omdat hij graag wilde dat dit stukje natuur bewaard bleef voor de vele overwinterende grauwe ganzen en voor de wilde zwanen die ook regelmatige bezoekers zijn. Maar ook heel veel andere vogels komen in dit mooie stukje natuur voor. Een glimp van dit alles kunnen we opvangen als we een wandeling maken langs de oude spoorbaan, die door het centrum van het landgoed loopt. Eigenlijk zou je dat eerst moeten doen voordat je de tuinen gaat bekijken, want anders heb je daar geen tijd meer voor. In de tui-

In Threave Garden worden de toekomstige head gardeners van The National Trust for Scotland opgeleid.

nen rond het huis is namelijk erg veel te zien. Niet dat de Gordons zulke enthousiaste tuiniers waren, want het enige waar zij voor gezorgd hebben zijn de narcissen en de ommuurde tuin, de rest is allemaal van later datum. De NTS kreeg na het overlijden van Major Gordon in 1957 het landgoed in bezit en bij het zoeken naar een bestemming voor het huis en de eromheen liggende tuin besloten zij van Threave een opleidingsinstituut te maken voor toekomstige *head gardeners*. In die tijd waren opleidingen voor tuinlieden die de NTS nodig had om hun bezittingen bij te houden, beperkt. Vroeger kregen deze mensen een opleiding op de landgoederen zelf, maar tegenwoordig is er geen tijd meer om mensen ter plaatse op te leiden. De Threave School of Horticulture, die in 1960 begon, zorgt voor een tweejarige opleiding en elk jaar worden er acht studenten toegelaten. Zij wonen in Threave House en hun 'school' ligt rondom. Elk jaar zorgt de Scottish Heritage in de Verenigde Staten (SHUSA) ervoor dat er een student een jaar lang in de bekende Longwood Gardens in Pennsylvania kan werken en elk jaar komt er een Amerikaanse student in Threave Gardens werken. Dan weten we nu tenminste hoe het komt dat de trap in de rozentuin de Longwood Steps wordt genoemd.

Alles wat we aan tuin zien is dus vrij recent en na 1960 gemaakt. In deze 'schooltuin' worden planten gekweekt die het in het Schotse klimaat en op deze grondsoort goed doen. Het is geen verzameling moeilijke planten of planten die alleen uit botanisch oogpunt de moeite waard zijn. De studenten leren hier hoe ze een goede border moeten aanleggen en onderhouden, hoe ze planten moeten kweken, hoe ze een terras of een buxustuin moeten aanleggen. In de rozentuin vinden we bedden met oude rozen en heesterrozen, gecombineerd met bollen, vaste planten en andere heesters. In 1963 werd hier een grote treures (*Fraxinus excelsior* 'Pendula') geplant en in een andere es klimt een groot exemplaar van *Rosa filipes*. De trap van Longwood leidt naar een collectie moderne rozen en klimrozen. In de Woodland Garden staan vaste planten die goed tegen de schaduw kunnen en bloeien primula's en schijnpapavers (*Meconopsis*) in mei en juni, tegelijkertijd met de rhododendrons. In het kleine heidetuintje, the Small Heath Garden, staan planten die in de winter bloeien of een mooie bast hebben. Op weg naar de ommuurde tuin ligt de Patio Garden, die in 1972 door studenten werd aangelegd als 'stenig' oefenproject voor straatwerk en muurtjes. We vinden hier mooie klimmers en muurstruiken. En dan komt de parel in de kroon van Threave: de ommuurde tuin. Deze is niet zomaar voor het mooi aangelegd, maar wordt nog gebruikt zoals vroeger. In de in 1960 gebouwde kas kweken de studenten planten voor de tuin en de verkoop, we vinden er een kruidentuin, prachtige vaste-plantenborders en zo mogelijk nog mooiere eenjarigenborders. Dit laatste kom je in Schotland vaker tegen: een enkele of dubbele border die helemaal uit eenjarigen bestaat, die met z'n allen eind juli en augustus voor veel kleur zorgen. Tegen de muren wordt fruit gekweekt en worden zelfs de rode bessen als snoeren geleid. Net buiten de ommuurde tuin liggen de Peat Garden en de Rock Garden. In de eerste tuin staan planten die van veengrond houden en eenmaal per tien jaar worden plaatselijk turfjes gestoken, zodat de dwergrhododendrons, gaultheria's en gentianen het naar hun zin hebben. De vijver en de waterval werden door docenten en studenten gebouwd. De rotstuin ligt op een van nature rotsachtige en zonnige plaats en hier is op elk moment van het jaar wel iets in bloei te zien. In de formele tuin, die in 1988–1989 werd aangelegd, zijn de verhoogde bedden, een Knot Garden, een Silver and Gold Garden, een rozen- en clematistuin, een vormsnoeituin omgeven met borders met plantencollecties. Deze collecties kunnen wisselen, maar het is te hopen dat de penstemons en pulmonaria's er nog lang zullen staan, want zij zijn de moeite waard. Achter Threave House ligt een aantal bedden met vaste planten. Deze eilandbedden kunnen van alle kanten bekeken worden en omdat de planten niet zoals bij een border naar het licht toe hoeven te groeien – dat hebben ze immers rondom – hoeven ze nauwelijks opgebonden te worden. Dichter bij het huis liggen perken met eenjarigen die per seizoen tweemaal worden beplant, eenmaal in het voorjaar en eenmaal in de zomer. In de Secret Garden staat een mooie collectie clematis en er staan planten met mooie bladeren. De Sunken Garden was een oefening in het gebruik van harde materialen en in 1963 werd een collectie dwergconiferen aangeplant. Het arboretum is ook nog vrij jong, uit 1965, maar de oude eiken en beuken rondom geven het geheel vast wat schaal. Aan de heidetuin is niet te zien dat deze pas in 1980 werd aangelegd, en in de boomgaard merken we weer dat we in Schotland zijn, want daar staat een mooie verzameling van 20 oude, Schotse perenrassen, gecombineerd met een paar Schotse appelrassen. De mensen die dicht bij Threave wonen boffen, want eigenlijk zou je er meermalen naar toe moeten gaan en zeker een keer in het voorjaar als de meer dan 200 verschillende soorten en cultivars narcissen bloeien.

ADRES

Threave Garden, Castle Douglas, Dumfries & Galloway DG7 1RX, Schotland, tel. 01556-502575.

ROUTEBSCHRIJVING

AA 65 **7561**: 2 km ten zuidwesten van Castle Douglas, via de A75.

EIGENAAR

The National Trust for Scotland.

OPENINGSTIJDEN

Het hele jaar dagelijks van 9.30 uur tot zonsondergang. De ommuurde tuin en kassen gaan om 17.00 uur dicht. Bezoekerscentrum, tentoonstelling en winkel van 1 april tot de derde week van oktober dagelijks van 9.30 tot 17.30 uur, restaurant van 10.00 tot 17.00 uur.

FACILITEITEN

Restaurant, plantenverkoop, winkel, tentoonstelling.

SPECIALITEITEN

Ommuurde tuin, narcissen, heidetuin, borders.

IN DE BUURT

Arbigland (63), Broughton House (65).

WALLINGTON (46), NORTHUMBERLAND

When wearied and overwrought by study or affairs of business, repair to these haunts and refresh your mind by a stroll amid the flowers.

Tegen de tijd dat we deze wijze woorden kunnen lezen hebben we er echter al een flinke wandeling op zitten, want de fontein waarop dit te lezen staat is te vinden in de Victoriaanse kas in de ommuurde tuin. Meestal ligt een ommuurde tuin niet vlak bij huis, omdat de eigenaren liever niet wilden weten hoeveel moeite het kostte om voor hun dagelijkse groente, fruit en bloemen te zorgen. Maar deze ommuurde tuin slaat alles en ligt zover weg, dat het lijkt of het de tuin van de buren is.
Het Wallington House liet Sir William Blackett, zoon van een immens rijke koopman, in 1688 bouwen. Hij had altijd een goed gevulde wijnkelder en hield net als zijn zoon wel van een slokje.

Zijn zoon, ook een Sir William, scheen zelfs speciaal mensen in dienst te hebben die na een copieus diner de dronken gasten naar boven moesten dragen.
Toen deze Sir William in 1728 zonder nakomelingen stierf, liet hij het huis na aan zijn neef, Walter Calverley (1707–1777), op voorwaarde dat deze trouwde met Elizabeth Ord, de onwettige dochter van Sir William. Hij moest dan ook zijn naam in Blackett veranderen. Aldus geschiedde. De erfgenaam was een bijzonder mens, een briljant zakenman en tevens iemand die veel aan liefdadigheidswerk deed. Hij liet het huis op grootse schaal verbouwen, liet wegen en bruggen aanleggen, boerderijen bouwen en waarschijnlijk gaf hij Capability Brown, die in de buurt woonde, opdracht om een park te maken. Hij was dol op follies en toen de poort aan de noordzijde van Wallington te smal bleek voor de rijtuigen liet hij hem als folly in het landschap plaatsen. De griffioenkoppen die nu in het gazon voor het huis liggen liet hij uit Londen komen om zijn folly-kasteel mee te versieren. De Clock Tower (waar nu het restaurant is) uit 1754 werd waarschijnlijk door James Paine gebouwd. Men is hier niet zeker van, omdat de originele tekeningen niet gesigneerd zijn. De brug over de Wansbeck, die de toegang vormt tot Wallington, is wel van Paine. In 1755 betaalde Sir Walter Calverley Blackett er £ 300 voor. Als we even een stukje geschiedenis overslaan, komen we bij Sir Walter Calverley Trevelyan (1797–1879). Deze trouwde met een twintig jaar jongere vrouw, die in bijna alles zijn tegenpool was, maar samen hadden deze knorrige Walter en de vrolijke Pauline een grote hobby, de botanie. Veel van hun verzamelingen zijn in Wallington House te bewonderen. Hun huis was altijd vol met gasten, die niet kwamen om een lekker glas wijn uit de kelder te drinken, want die had hij op slot gedaan en de inhoud vermaakt aan een arts, voor wetenschappelijke doeleinden. Een van zijn gasten schreef destijds in zijn dagboek:
Such a curious place this is, and such curious people! I get on better with them now and even Sir Walter is gruffly kind and grumpily amiable (...) he knows every flower and fossil that was ever found (...)
Omdat Sir Walter geen kinderen had liet hij Wallington na aan zijn neef, Sir Charles Edward Trevelyan. Dat deed hij alleen maar omdat hij diens zoon George Otto (1838–1928) graag mocht, die het landgoed in 1886 dan ook van zijn vader erfde. Deze Sir George liet zich veel gelegen liggen aan de tuin en hij liet ook de kas in de ommuurde tuin bouwen. En dan zijn we weer terug bij af, want hij liet er de fontein met de mooie spreuk in plaatsen. De zeer grote, oude *Fuchsia* 'Rose of Castile Improved' is nog door hem (of zijn tuinman) gekweekt.
Als je de ommuurde tuin binnentreedt, loop je op een verhoogd pad langs de muur. Talloze loden beelden staren je aan. Deze beel-

Het is een eind wandelen naar de ommuurde tuin van Wallington.

den zien er nieuw uit, maar schijnen echt oud te zijn, alleen liet de NT ze een laagje *lead effect* kleur geven. Vroeger werden loden beelden vaak wit of beige geverfd om ze op marmer of zandsteen te doen lijken. Dit laagje was tevens hun behoud, want zo konden weer en wind de beelden niet aantasten. Wij vinden juist die verweerde, groen uitgeslagen beelden mooi, maar hierdoor wordt de levensduur van de beelden wel verminderd. Deze ommuurde tuin is in terrassen verdeeld en was vroeger natuurlijk bedoeld om groente, fruit en bloemen in te kweken. De muren waar vroeger het leifruit hing te rijpen, zijn nu bedolven onder klimplanten en muurstruiken en er liggen fantastische borders met vaste planten en heesters tegenaan. We vinden hier zelfs gazons en vijvers. De NT heeft heel veel gedaan aan de restauratie van de ommuurde tuinen en misschien dat de tuinlieden af en toe eens in de kas gingen kijken om de spreuk te lezen.

ADRES

Wallington, Cambo, Morpeth, Northumberland NE61 4AG, tel. 01670-774283.

EIGENAAR

The National Trust.

ROUTEBESCHRIJVING

AA 68 **0284**: 18 km ten westen van Morpeth (AA 69), via de B6343.

OPENINGSTIJDEN

Ommuurde tuin: van 1 april tot eind september dagelijks van 10.00 tot 19.00 uur; in oktober van 10.00 tot 18.00 uur; van november tot maart van 10.00 tot 16.00 uur. Huis: van 1 april tot eind oktober dagelijks, behalve dinsdag, van 13.00 tot 17.30 uur. Park is het hele jaar dagelijks open van zonsopgang tot zonsondergang.

FACILITEITEN

Winkel, restaurant.

SPECIALITEITEN

Ommuurde tuin, Nationale Collectie van vlieren.

IN DE BUURT

Belsay Hall (44), Kirkley Hall College (45), Herterton House (47), Bide-a-Wee Cottage (48).

YORKSHIRE GARDEN WORLD (12), NORTH YORKSHIRE

'Kijk, dit is het bible leaf,' zegt Carole Atkinson en plukt een blad van *Tanacetum balsamita*, 'dat gebruikten de mensen vroeger als bladwijzer in de bijbel.' Zij geeft een snelle rondleiding, want eigenlijk is ze bezig om een *herb supper* voor te bereiden voor een groep mensen die hier na een lezing over kruiden van gaan genieten. Carole was onderwijzeres, maar in 1989 wonnen de kruiden het van de kinderen. Alleen uit haar vele lezingen en cursussen blijkt dat zij het lesgeven toch niet kan laten. Ze begon in het weekeinde met een combinatie van een heide- en een kruidentuin, maar al gauw vormden de kruiden de hoofdschotel. Op de 2,5 ha staat niet alleen een verzameling heide en coniferen, maar hebben ook meer dan 500 verschillende kruiden een plaats gevonden. Zij zijn verdeeld in groepen: keuken-, medicinale, geur-, verf-, droog-, bijen- en vlinderkruiden. Ze is nu bezig met het maken van een openluchtmuseum van kruiden, zodat de geschiedenis van de kruiden aan de hand van levende planten te zien is. We kunnen er een dierenriem-kruidentuin vinden, een overblijvende kruidentuin en een tuin waarin oude rozen bloeien, gecombineerd met 23 verschillende soorten en cultivars van de heiligenbloem (*Santolina*). Dat deze met elkaar een Nationale Collectie (zie blz. 222) vormen zal niemand verbazen. De heiligenbloem werd vroeger als strooikruid gebruikt tegen ratten en muizen en had de reputatie de pest weg te houden. Daartoe werden blaadjes van de heiligenbloem in een zakje gedaan en dat werd tegen de neus gehouden. Van *Santolina* zijn mooie haagjes te maken en haagje of geen haagje, je moet ze knippen om mooi te houden. Dit kan eind juni als de bloemen afsterven, maar in september kan het ook nog. 'Lemon Queen' is een heel mooie uit de verzameling. Carole weet bij elke plant wel een verhaal te vertellen en zij laat de bezoekers ook veel proeven en ruiken. Zo wordt een wandeling door de kruidentuin een zintuigstrelende ervaring. Ze levert niet alleen kruidenplanten aan de tuinen van de National Trust, maar van bepaalde kruiden maakt ze een olie die goed is tegen eczeem en reuma. Ook *herb posies*, kruidenruikertjes voor bruiloften en begrafenissen, worden bij haar besteld. Witte heide (er staan ook veel heideplanten afkomstig uit de tijd toen het geheel nog Herb

& Heather Centre heette) is vooral geliefd in bruidsboeketten, omdat een takje witte heide geluk brengt. Geluk en hard werken heeft de Yorkshire Garden World gemaakt tot wat het nu is.

ADRES

Yorkshire Garden World, West Haddlesey, bij Selby, North Yorkshire YO2 8QA, tel. 01757-228279.

ROUTEBSCHRIJVING

AA 56 **5627**: 9 km ten zuidwesten van Selby, via de A19 en een kleinere weg.

EIGENAAR

Mrs. Carole Atkinson.

OPENINGSTIJDEN

Dagelijks van 9.30 tot 17.30 uur (of eerder als het donker wordt). In de winter maandag en dinsdag gesloten.

FACILITEITEN

Plantenverkoop, tearoom.

SPECIALITEITEN

Kruiden, Nationale Collectie van *Santolina.*

IN DE BUURT

Stillingfleet Lodge Nurseries (10), Norden Alpines (11).

YOUNGER BOTANIC GARDEN (76), Strathclyde, Schotland

Deze botanische tuin is een van de vier tuinen van de Royal Botanic Garden Edinburgh. Ten eerste is er de botanische tuin in Edinburgh zelf, dan de Logan Botanic Garden in het milde klimaat van Zuidwest-Schotland, ten derde de Dawyck Botanic Garden in de Schotse borders en ten slotte deze Younger Botanic Garden in Benmore in het westen van Schotland. 'Younger' wil niet zeggen dat dit de jongste tuin is, maar dat de tuin in 1925 aan de staat werd geschonken door Harry George Younger. Er was wel een voorwaarde bij dit cadeau: de tuinen rond Benmore House moesten voor educatieve doeleinden en onderzoek gebruikt worden. Het landgoed van Benmore had al een lange geschiedenis achter de rug en vormde vroeger het jachtgebied van de Dukes of Argyll. De eerste eigenaar die een begin maakte met het planten van bomen, was Ross Wilson. Hij begon in 1820 de lagere heuvels te beplanten met grove dennen (*Pinus sylvestris*), fijnsparren (*Picea abies*), Europese lariks (*Larix decidua*) en verschillende soorten buitenlandse coniferen. De grove dennen die we tussen het gouden hek (Golden Gates) en het huis tegenkomen zijn overgebleven van zijn plantwerk. In 1862 kocht Piers Patrick het landgoed met nog meer grond eromheen. Hij bouwde de toren aan het huis en plantte in 1863 een laan met mammoetbomen (*Sequoiadendron giganteum*). In deze schitterende laan staan nu nog 49 van de 50 bomen die hij plantte. De bomen, die nu 50 m hoog zijn, laten de mensen op

dwergen lijken. Om deze laan kun je niet heen, al zou je dat willen, want het is een van de eerste dingen die je ziet. De volgende eigenaar, James Duncan, die het landgoed in 1870 kocht, was een rijke suikerfabrikant. Hij kocht er tegelijk nog een paar landgoederen bij, zodat zijn hele bezit uit 4400 ha bestond. Tussen 1871 en 1883 beplantte James Duncan hiervan 650 ha met 6.480.000 bomen. Hij legde ook nog even een formele tuin, een watertuin, een groot aantal kassen en een varenkas aan. Zijn zaken breidde hij uit met een ijzersmelterij en een zilvermijn. In het gouden hek dat hij in 1875 van een tentoonstelling in Parijs meenam, kunnen we zijn initialen J.D. ontdekken. De vierde eigenaar van het Benmore Estate was Henry J. Younger. Vanaf 1889 ging hij verder met het planten van bijzondere bomen en heesters. Dit werd in 1913 door zijn oudste zoon Harry George voortgezet. De grote Japanse lariksen (*Larix kaempferi*) en reuzenlevensbomen (*Thuja plicata*) hebben we aan hen te danken.
Toen de Royal Botanic Garden Edinburgh Benmore Estate onder zijn beheer kreeg werd dit gebied benut om allerlei pas geïntroduceerde planten van de Sino-Himalajacollectie te planten, waaronder veel rhododendrons. De tuin kon in de oorlogsjaren door gebrek aan mankracht niet goed worden bijgehouden en daardoor kreeg *Rhododendron ponticum* de overhand. Vanaf 1950 is de zaak echter flink aangepakt en momenteel wordt het arboretum uitstekend bijgehouden en voortdurend bijgeplant door een team van tien tuinlieden. Dit aantal is wel wat minder dan de vijftig die voor de familie Younger werkten, om van het aantal dat James Duncan in dienst had maar helemaal niet te spreken. Gelukkig hebben de moderne tuinlieden nu allerlei mechanische hulpmiddelen die er vroeger niet waren. Het lijkt altijd of zo'n arboretum weinig onderhoud vergt, maar als er niets gebeurt wordt alles binnen de kortste keren door de sterkste overgroeid. Het onderhoud in deze tuin bestaat uit het zorgen voor een goede drainage, door het openhouden van alle afvoergoten die door het terrein lopen. Dit deel van Schotland krijgt heel veel regen. De ondergroei moet in toom gehouden worden, zodat zij de zaak niet verstikken, de strijd tegen de *Rhododendron ponticum* duurt voort en er moet gezorgd worden voor een natuurlijke regeneratie, door de zaailingen een kans te geven. De arbeidsintensieve borders, perken en hagen in de ommuurde tuin hebben in 1965 plaats gemaakt voor een verzameling coniferen. Voor het resultaat van al dit werk moeten we wel even de tijd nemen.
We kunnen kiezen uit vijf wandelingen, die door verschillende kleuren worden aangegeven. De Golden Gates Walk, een veel gemaakte wandeling, leidt ons via de mammoetbomenlaan naar de vijver en via de formele tuin naar de Golden Gates. Zoals gebruikelijk in een botanische tuin zijn alle bomen en heesters die

Younger Botanic Garden in het prachtige Schotse landschap.

we tegenkomen benaamd. De Rhododendron Walk is natuurlijk een 'must' als in april, mei en juni de rhododendrons bloeien. Er staan ongelooflijk veel verschillende rhododendrons in de tuin, meer dan 250 soorten, 100 ondersoorten en nog eens 300 hybriden en cultivars. De andere wandelingen voeren ons over heuvels, door dalen en langs de rivier. Deze Younger Botanic Garden is echt een heel bijzonder arboretum:

Here truly is paradise on earth (...) essentially an arboretum whose sitting on craggy slopes just south of Loch Eck makes it the most exciting one in Great Britain.

ADRES

Younger Botanic Garden, Benmore, Dunoon, Strathclyde PA23 8QU, Schotland, tel. 01369-706261.

ROUTEBSCHRIJVING

AA 80 **1486**: 10 km ten noorden van Dunoon, via de A815.

EIGENAAR

Royal Botanic Garden Edinburgh.

OPENINGSTIJDEN

Van half maart tot eind oktober dagelijks van 10.00 tot 18.00 uur.

FACILITEITEN

Tearoom, winkel, plantenverkoop.

SPECIALITEITEN

Arboretum, rhododendrons, magnolia's, laan van mammoetbomen.

NATIONAL COUNCIL FOR THE CONSERVATION OF PLANTS & GARDENS

De National Council for the Conservation of Plants & Gardens (NCCPG) heeft 8500 leden, zowel amateurs als vakmensen, die per graafschap georganiseerd zijn in 41 groepen. De NCCPG is in 1981 in het leven geroepen met het doel de rijke diversiteit van gekweekte planten te bewaren. Zij hebben nu 600 Nationale Collecties die uit meer dan 400 plantengeslachten bestaan en er komen er steeds meer bij. De Nationale Collecties zijn veilige plaatsen voor planten, die immers aan mode onderhevig zijn en anders gedoemd zouden zijn te verdwijnen. Ieder jaar wordt een boekje uitgegeven waarin alle Nationale Collecties vermeld staan. De collecties moeten aan bepaalde eisen voldoen en een van die eisen is dat ze bezichtigd kunnen worden. De onderstaande collecties zijn voor het grootste deel gehuisvest in tuinen die regelmatig open zijn, maar er zijn ook enkele collecties waarvoor een afspraak gemaakt moet worden. De collecties worden ook bij de tuinbeschrijvingen genoemd. Het is zeer de moeite waard de collecties te bezoeken; de eigenaren weten er erg veel van af en voor de plantenliefhebbers is zo'n collectie een eldorado.

ADRES

NCCPG, The Pines, Wisley Garden, Woking, Surrey GU23 6QB, tel. 01483-211465.

Adiantum – venushaar – 35 cultivars – Tatton Park (24)
Aechmea – 31 soorten en 12 cultivars – Calderstones Park (29)
Ampelopsis en *Parthenocissus* – wingerd – 19 soorten en 2 cultivars - Arduaine Garden (78)
Asplenium scolopendrium – tongvaren – 12 cultivars – Sizergh Castle (35)
Astilbe – 14 soorten en 150 cultivars – Holehird Gardens (38)
Begonia – 219 soorten en 110 cultivars – Glasgow Botanic Gardens (73)
Brachyglottis – 10 soorten en 3 cultivars – Inverewe (81)
Calathea – 20 soorten en 14 cultivars – Calderstones Park (29)
Calluna – struikheide – 1 soort en 400 cultivars – Harlow Carr Botanical Gardens (14)
Cassiope – 6 soorten en 19 cultivars – Branklyn Garden (103)
Cimicifuga – zilverkaars – 14 soorten en 4 cultivars – Bridgemere Garden World (21)
Codiaeum – croton – 49 cultivars – Calderstones Park (29)
Cornus – kornoelje – 27 soorten en 59 cultivars en hybriden – Newby Hall (6)
Cystopteris – blaasvaren – 4 soorten en 1 cultivar – Sizergh Castle (35)

Dendrobium – 28 soorten en 63 cultivars – Calderstones Park (29)
Dendrobium – 83 soorten en 144 cultivars – Glasgow Botanic Gardens (73)
Dianthus (Malmaison) – ouderwetse tuinanjertjes – 5 cultivars – Crathes Castle (96)
Dicentra – 10 soorten en 25 cultivars – Roger Brook, Bolton Percy, zie Stillingfleet Lodge Nurseries (10)
Dicksoniaceae – boomvarens – 10 soorten – Glasgow Botanic Gardens (73)
Draceana – drakebloedboom – 34 soorten en cultivars – Calderstones Park (29)
Dryopteris – niervaren – 16 soorten en 30 cultivars – Harlow Carr Botanical Garden (14)
Dryopteris – niervaren – 15 soorten en 28 cultivars – Sizergh Castle (35)
Enkianthus – ? soorten en cultivars – Glendoick Gardens (104)
Erica – dopheide – 1000 soorten en cultivars – Bell's Cherrybank Gardens (102)
Fagus – beuk – 28 soorten en cultivars – Kirkley Hall College (45)
Fraxinus – es – 14 soorten en 7 cultivars – Thorp Perrow Arboretum (4)
Geranium – 380 soorten, cultivars en hybriden – Catforth Garden (30)
Hedera – klimop – 800 cultivars – Kirkley Hall College (45)
Hosta- - 23 soorten en 280 cultivars – Kittoch Mill (71)
Hydrangea – hortensia – 11 soorten en 163 cultivars – Holehird Gardens (38)
Hypericum – 61 soorten en 15 cultivars – Harlow Carr Botanical Gardens (14)
Inula – alant – 21 soorten en 3 cultivars – Tatton Park (24)
Juglans – walnoot – 6 soorten en cultivars – Thorp Perrow Arboretum (4)
Kalmia – lepelboom – ? soorten en cultivars – Glendoick Gardens (104)
Meconopsis – schijnpapaver – 60 soorten en cultivars – Houghall College Gardens (1)
Nothofagus – 10 soorten en cultivars – Crarae Gardens (77)
Nymphaea – waterlelie – 220 winterharde en 30 tropische cultivars – Stapeley Water Gardens (22)
Nymphaea – waterlelie – 86 cultivars – Burnby Hall (9)
Olearia – 46 soorten en cultivars – Inverewe (81)
Origanum – marjolein – 42 soorten en cultivars – Hexham Herbs (43)
Osmunda – koningsvaren – 5 soorten en 4 cultivars – Sizergh Castle (35)
Ourisia – 10 soorten en cultivars – Inverewe (81)

Paphiopedilum – venusschoentje – 13 soorten en 30 cultivars – Calderstones Park (29)
Polypodium – eikvaren – 16 soorten en 20 cultivars – Harlow Carr Botanical Gardens (14)
Polystichum – naaldvaren – 12 soorten en 50 cultivars – Holehird Gardens (38)
Primula allionii – 75 soorten en cultivars – Royal Botanic Garden Edinburgh (East Gate House) (59)
Primula (sectie *Primula*) – 93 cultivars – Tan Cottage (15)
Primula (Aziatische) – ± 110 soorten – Cluny House (100)
Pulmoniaria – longkruid – 11 soorten en 97 cultivars – Stillingfleet Lodge Nurseries (10)
Quercus – eik – 28 soorten en 11 cultivars – Thorp Perrow Arboretum (4)
Rheum – rabarber – 30 soorten en 115 cultivars – Harlow Carr Botanical Gardens (14)
Rhododendron (serie *Barbatum*) – 8 soorten en cultivars – Inverewe (81)
Rhododendron (subsectie *Falconera*) – 20 soorten en cultivars – Brodick Castle (74)
Rhododendron (subsectie *Grandia*) – 39 soorten en cultivars – Brodick Castle (74)
Rhododendron (subsectie *Maddenia*) – 32 soorten en cultivars – Brodick Castle (74)
Rosa – heesterrozen uit de 19de eeuw – 10 soorten en 80 cultivars – Malleny House (60)
Salix – wilg – 30 soorten en cultivars – Kirkley Hall College (45)
Sambucus – vlier – 13 soorten en 23 cultivars – Wallington (46)
Santolina – heiligenbloem – 23 soorten en cultivars – Yorkshire Garden World (12)
Sorbus (secties *Aria* en *Micromeles*) – lijsterbes – 35 soorten en cultivars sectie *Aria* en 4 soorten en cultivars sectie *Micromeles* – Houghall College Gardens (1)
Styraceae (*Halesia, Pterostyrax, Styrax, Sinojackia*) – 15 soorten en 4 cultivars – Holker Hall (32)
Thalictrum – ruit – 14 soorten en 3 cultivars – Bridgemere Garden World (21)
Thalictrum – ruit – 41 soorten en 4 cultivars – Broughton Place (62)
Thymus – tijm – 130+ soorten en cultivars – Hexham Herbs (43)
Tilia – linde – 16 soorten en 6 cultivars – Thorp Perrow Arboretum (4)
Tropaeolum (behalve *T. majus*) – Oostindische kers – 15 soorten en 4 cultivars – Broughton Place (62)
Viburnum – 30 soorten en 32 cultivars – Crathes Castle (96)

THE NATIONAL GARDENS SCHEME CHARITABLE TRUST

The National Gardens Scheme is sinds 1927 een beroemd nationaal instituut. Het begon in 1927 als een voorzichtig experiment. Toen stelden 600 particulieren hun tuinen voor het publiek open en de opbrengst van de toegangsprijzen kwam ten goede aan de verpleegsters, het Queen's Nursing Institute en de Nurses Welfare Service. Nu zijn er elk jaar meer dan 3500 tuinen open, die met elkaar voor het goede doel meer dan £ 1,6 miljoen bij elkaar brengen. Het grootste gedeelte hiervan gaat nog steeds naar de verpleegsters, en wel naar het Cancer Relief Macmillan Fund, een instituut dat gediplomeerde verpleegsters een opleiding geeft tot Macmillan Nurse. Zij begeleiden kankerpatiënten en hun familie en worden ingeschakeld bij terminale thuiszorg.
De vereniging, die geleid wordt door veel enthousiaste vrijwilligers, geeft elk jaar het bekende 'gele boekje' uit: *Gardens of England & Wales*, waarin alle tuinen opgenomen zijn die open zijn voor het National Gardens Scheme. Bij de plaatselijke VVV's, bibliotheken, benzinestations en andere openbare gelegenheden zijn folders te verkrijgen waarin de open tuinen van die *county* worden genoemd. Sommige tuinen zijn maar eenmaal per jaar open, andere een paar maal, en er zijn ook tuinen bij die het hele seizoen open zijn, maar speciaal een of meer dagen voor het National Gardens Scheme. Het is zeer de moeite waard om even de folder door te bladeren of er een tuin in de buurt open is. Ook is het aan te raden bij elk bord met 'Garden open today' naar binnen te gaan, want de mensen maken er op zo'n open dag een heel feest van en voor je het weet zit je met de eigenaren thee te drinken.
Sommige tuineigenaren, die in het begin slechts schoorvoetend meededen en hun tuin een dag per jaar openstelden, zijn nu veel vaker open. Maar de meeste tuineigenaren die meedoen met het National Gardens Scheme zijn zeer op hun privacy gesteld en echt alleen maar op deze dagen open.

ADRES

The National Gardens Scheme, Hatchlands Park, East Clandon, Guildford, Surrey GU4 7RT, tel. 01483-211535.

SCOTLAND'S GARDEN SCHEME

Scotland's Garden Scheme werd in 1931 opgericht om geld bij elkaar te brengen voor het Queen's Nursing Institute in Schotland. Particulieren stelden hun tuinen open en de opbrengst van de toegangsprijzen ging naar de verpleegsters. Dit was zo'n succes, dat er binnen de kortste keren een netwerk van vrijwilligers in

heel Schotland was ontstaan, die de organisatie op zich namen. Zelfs tijdens de oorlog waren de tuinen open, alleen kregen de bezoekers toen geen suiker in hun thee.
Tegenwoordig komt het geld van de open tuinen niet alleen nog steeds ten goede aan het Queen's Nursing Institute, maar ook aan The National Trust for Scotland. Zo zorgen tuinliefhebbers niet alleen voor hun eigen tuin en een plezierig dagje uit voor de bezoekers, maar ook voor de historisch belangrijke tuinen van de NTS. Sinds 1961 werd overeengekomen dat tot 40% van de opbrengst geschonken kon worden aan een liefdadig doel dat door de eigenaren zelf werd uitgekozen. Hierdoor profiteren niet alleen de genoemde organisaties van de open tuinen, maar ook nog eens zo'n 150 andere liefdadigheidsinstellingen.
Het Scotland's Garden Scheme geeft elk jaar een boekje uit, *Gardens of Scotland.* Hierin staan meer dan 300 tuinen, die een of meer (zon)dag(middag)en per jaar speciaal voor dit doel open zijn. Meestal worden er in de open tuinen planten verkocht en kun je er theedrinken.

ADRES

Scotland's Garden Scheme, 31 Castle Terrace, Edinburgh Lothian EH1 2EL.

THE NATIONAL TRUST

'Welcome to National Trustland, natural home of the twinset and pearls. Please don't be afraid. You have now entered a country which above all else is safe, which is so utterly, utterly tasteful that the most offensive sights and sounds you'll encounter will be the dazzling rustle of Barbour jackets. This is a place where the codeword is "genteel", where the ploughman homeward plods his wary way, where there is honey still for tea – and jam and clotted cream, and fudge.'

The National Trust is een instituut waar de Engelsen niet alleen de spot mee drijven, maar dat ze ook heel erg waarderen als behouder van hun culturele erfgoed. Op 12 januari 1895 werd The National Trust for Places of Historic Interest or Natural Beauty opgericht door Robert Hunter, Octavia Hill en Hardwicke Rawnsley. Het eerste wat The National Trust voor £ 10 kocht was Alfriston Clergy House. Nu, honderd jaar later, zorgt The National Trust voor 240.000 ha natuurgebied, 800 km kust, 230 historische huizen en 130 belangrijke tuinen in Engeland, Wales en Noord-Ierland. The National Trust is voor het inkomen volkomen afhankelijk van zijn leden en ontvangt geen overheidssubsidie.
De tuinen die The National Trust beheert zijn zeer deskundig onderhouden en gerestaureerd. Als je echt op tuinentoer gaat, is het de moeite waard om lid te worden van The National Trust.

Alle tuinen en andere bezittingen zijn voor leden gratis toegankelijk en je hebt dan niet alleen het lidmaatschap er al gauw uit, maar steunt ook nog een bijzondere organisatie.
De bekende National Trust-winkels, die we in veel tuinen vinden, zijn een typisch Engels fenomeen, en de moeite van het bezoeken waard. Net als de restaurants voor de *tea, jam and clotted cream.*

ADRES

The National Trust, 36 Queen Anne's Gate, London SW1H 9AS, tel. 0171-2229251.

THE NATIONAL TRUST FOR SCOTLAND

All we do, we do for you

De Schotse National Trust werd in 1931 opgericht door een aantal Schotten die zich bezorgd maakten over hun natuurlijke en culturele erfgoed. Deze vereniging ontvangt geen overheidssubsidie en wordt gesteund door een kwart miljoen leden. De NTS heeft meer dan 100 bezittingen in Schotland waar niet alleen tuinen toe behoren, maar ook historische gebouwen en natuurgebieden. Wat de National Trust voor Engeland, Wales en Noord-Ierland betekent is de National Trust for Scotland voor Schotland. Verdeeld over heel Schotland hebben zij 26 tuinen in bezit en ze hebben zelfs een eigen school. In deze Threave School of Horticulture leiden ze de *head gardeners* van de toekomst op.
Ook de Schotse National Trust heeft zijn eigen winkels, waar alles een Schots tintje heeft en de dienblaadjes voorzien zijn van Schotse distels. Wie lid is van de National Trust for Scotland mag niet alleen alle bezittingen gratis bezoeken, maar ook die van de National Trust en vice versa. Wat opvalt is dat de tuinen van de NTS vaak en vooral lang open zijn, sommige zelfs tot zonsondergang. Een goede reden om lid te worden van de Schotse National Trust, want de tuinen zijn de moeite waard om er lang te vertoeven.

ADRES

National Trust for Scotland, 5 Charlotte Square, Edinburgh, Lothian EH2 4DU, tel. 0131-2265922.

Register per graafschap

De cijfers tussen haakjes achter de tuinen verwijzen naar de kaart op blz. 8 en 9.

Plaatsnamenregister

Register

Fotoverantwoording

Perry's Plants, © Mr. & Mrs. Perry, blz. 193.
Tan Cottage, © Mr. & Mrs. Shaw, blz. 218.
De overige foto's zijn van George M. Otter.